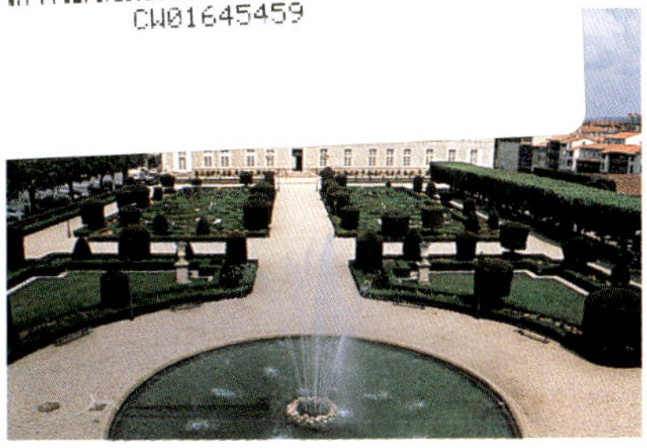

Hôtel de Ville, 81108 Castres

Heures d'ouverture:

du 22.09 au 31.03 : 9h à 12h–14h à 17h (sauf le lundi); du 01.04 au 21.09 : 9h à 12h–14h à 18h (sauf le lundi); juillet et août: tous les jours; dimanches et jours fériés: ouverture à 10h; fermé les 1er janvier, 1er mai, 1er novembre et 25 décembre

Téléphone: 05 63 71 59 27

Télécopie: 05 63 71 59 26

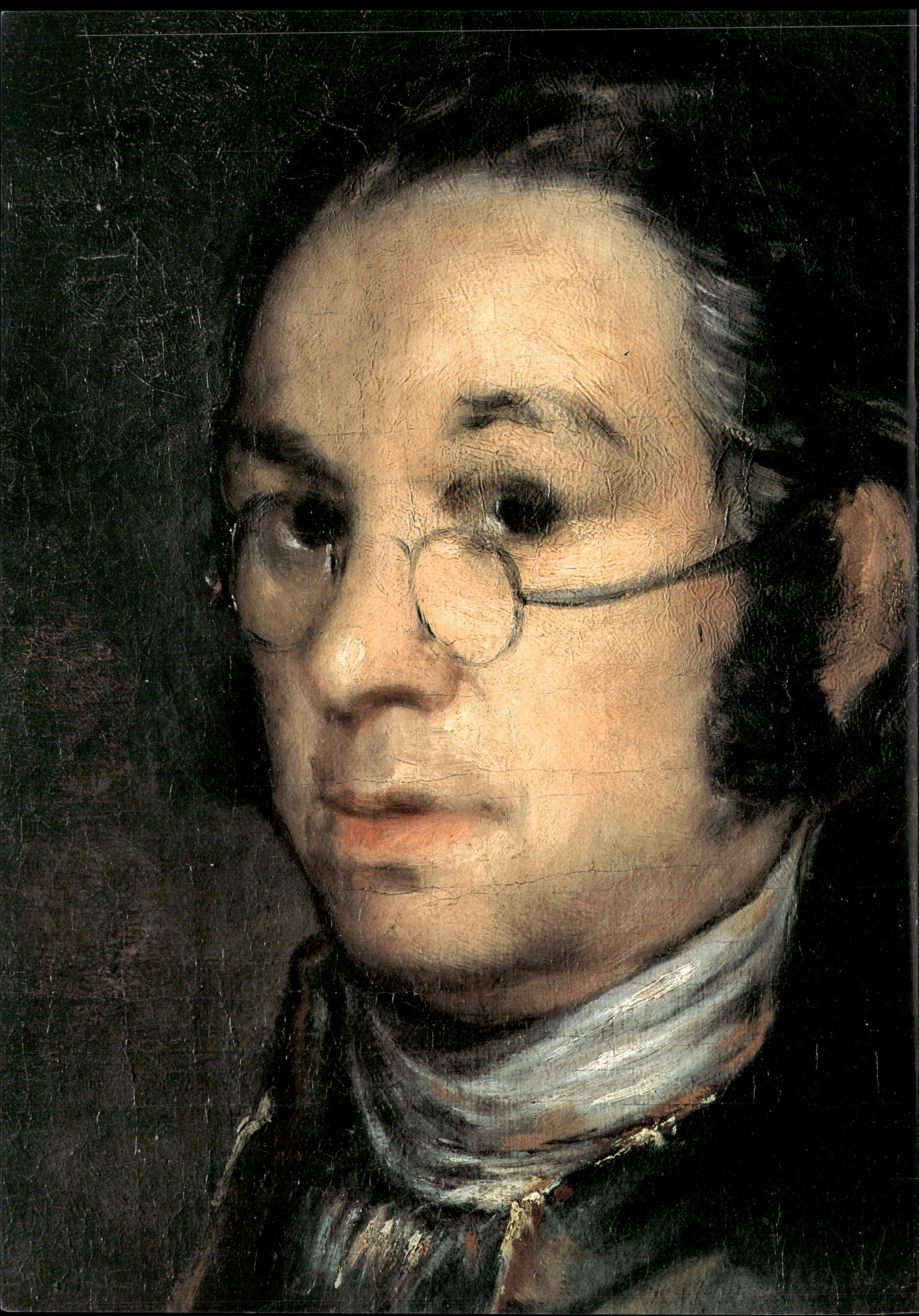

MUSÉES ET MONUMENTS DE FRANCE

PUBLIÉ SOUS LA DIRECTION DE PIERRE LEMOINE

Le Musée Goya, Castres

Jean-Louis Augé

Conservateur des musées de Castres

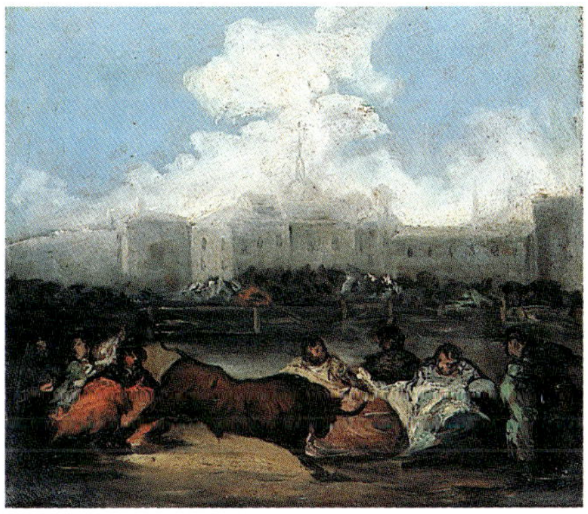

Fondation Paribas

Ministère de la Culture – D.R.A.C. Midi-Pyrénées

Conseil Régional de Midi-Pyrénées

Conseil Général du Tarn

Ville de Castres

Réunion des Musées Nationaux

Remerciements
Nous tenons à exprimer toute notre gratitude à la Direction et à l'Inspection Générales des Musées de France, à la Direction Régionale des Affaires culturelles de Midi-Pyrénées, au Conseil Régional de Midi-Pyrénées, au Conseil Général du Tarn, à la Ville de Castres et à l'Association des Amis des musées de Castres qui, par leur participation financière et leur soutien, ont rendu possible cet ouvrage.
Nos remerciements s'adressent en particulier à :

Mme Françoise Cachin,
Directeur des Musées de France

M. Dominique Viéville,
Chef de l'Inspection Générale des Musées

M. Didier Deschamps,
Directeur régional des Affaires Culturelles

M. Marc Censi,
Président du Conseil Régional de Midi-Pyrénées

Mme Jacqueline Salvan,
Premier Vice-Président du Conseil Régional de Midi-Pyrénées

M. Thierry Carcenac,
Président du Conseil Général du Tarn

M. Alain Rondepierre,
Préfet du Tarn

M. Arnaud Mandement,
Vice-Président du Conseil Général du Tarn et Maire de la Ville de Castres

M. Philippe Guérineau,
Maire-adjoint de la Ville de Castres, délégué à la culture

M. Pierre Schmauch,
Secrétaire général de la Ville de Castres

M. Charles Schaettel,
Délégué régional des musées

Mlle Jeannine Baticle,
Conservateur général honoraire du Musée du Louvre

Mlle Claudie Ressort,
Documentaliste au Département des Peintures du musée du Louvre

Mlle Pantixa Béguerie,
Conservateur au Musée Unterlinden de Colmar

Mme Marie-Paule Romanens,
Conservateur aux Musées Goya et Jaurès

Mme Francesca Español

Mme Françoise Baron,
Conservateur en chef au Musée du Louvre

Mme Sophie Guyot de Suduiraut,
Conservateur au Musée du Louvre

M. Elisée Trenc Ballester

Mme Sylvie Augé

Mme María Carmen Lacarra

Couverture:
Francisco Pacheco
Le Christ servi par les anges dans le désert, 1616.
Détail de l'ill. 20, p. 29.

Frontispice:
Francisco Goya y Lucientes
Autoportrait aux lunettes, vers 1800.
Détail de l'ill. 39, p. 50.

A la page 3:
Eugenio Lucas y Velázquez
Madrid, 1817–1870
Course de taureaux, vers 1860. Huile sur toile, 27 x 31. Achat de la ville de Castres en 1979. Inv. 79-2-1

Le Musée Goya de Castres est un joyau méconnu. Dire cela n'est pas faire injure à ceux qui quotidiennement agissent pour en assurer la promotion, mais simplement constater, ainsi que le font tous les visiteurs et amateurs qui y passent, combien ce musée recèle de surprises et provoque d'étonnement.
Installé dans l'étage de l'ancien palais épiscopal, aujourd'hui hôtel de ville, le Musée Goya abrite la deuxième collection de peintures espagnoles en France, immédiatement après le Louvre.
Bien sûr le grand maître aragonais y est présent, mais avec lui Velázquez, Murillo, Ribera, Cano, artistes majeurs du Siècle d'Or. Portées et enrichies grâce au travail remarquable des conservateurs, les collections du musée sont variées, surprenantes mais s'inscrivent toujours dans la continuité thématique de l'Espagne. Les municipalités successives ont également, par leurs choix budgétaires, accompagné cette volonté. Mais un musée ne peut être simplement un lieu passif où l'on vient voir des œuvres figées. Il existe à Castres la volonté de le faire vivre. L'animation permanente autour de concepts pédagogiques avec les scolaires, la mise en œuvre d'un centre d'études hispaniques, la présence fidèle et dynamique de la Société des Amis du Musée sont les instruments de cette volonté. La ville envisage dans les prochaines années d'améliorer encore «l'écrin» en rénovant et en modifiant l'architecture du musée.
Dans l'attente de ces importants travaux, le rythme des acquisitions se poursuit, ce qui permet au Musée Goya de saisir toutes les opportunités du marché de l'art.
En relation étroite avec les musées nationaux, dont le Louvre, les tableaux du Musée Goya figurent fréquemment dans de grandes expositions nationales ou internationales. Il y trouve ainsi la reconnaissance de sa qualité. Avec ce catalogue, soutenu par la Fondation Paribas, le Musée Goya va disposer d'un outil de promotion remarquable, digne des œuvres qu'il accueille et puissant encouragement à l'enrichir encore. Je formule le vœu que les lecteurs de ce catalogue soient aussi agréablement surpris que l'ont déjà été tous ceux que leurs pas ont conduits à Castres, au Musée Goya. Longue vie au Musée Goya!

Arnaud Mandement
Maire de Castres
Vice-Président du Conseil Général du Tarn
Castres, le 23 juin 1997

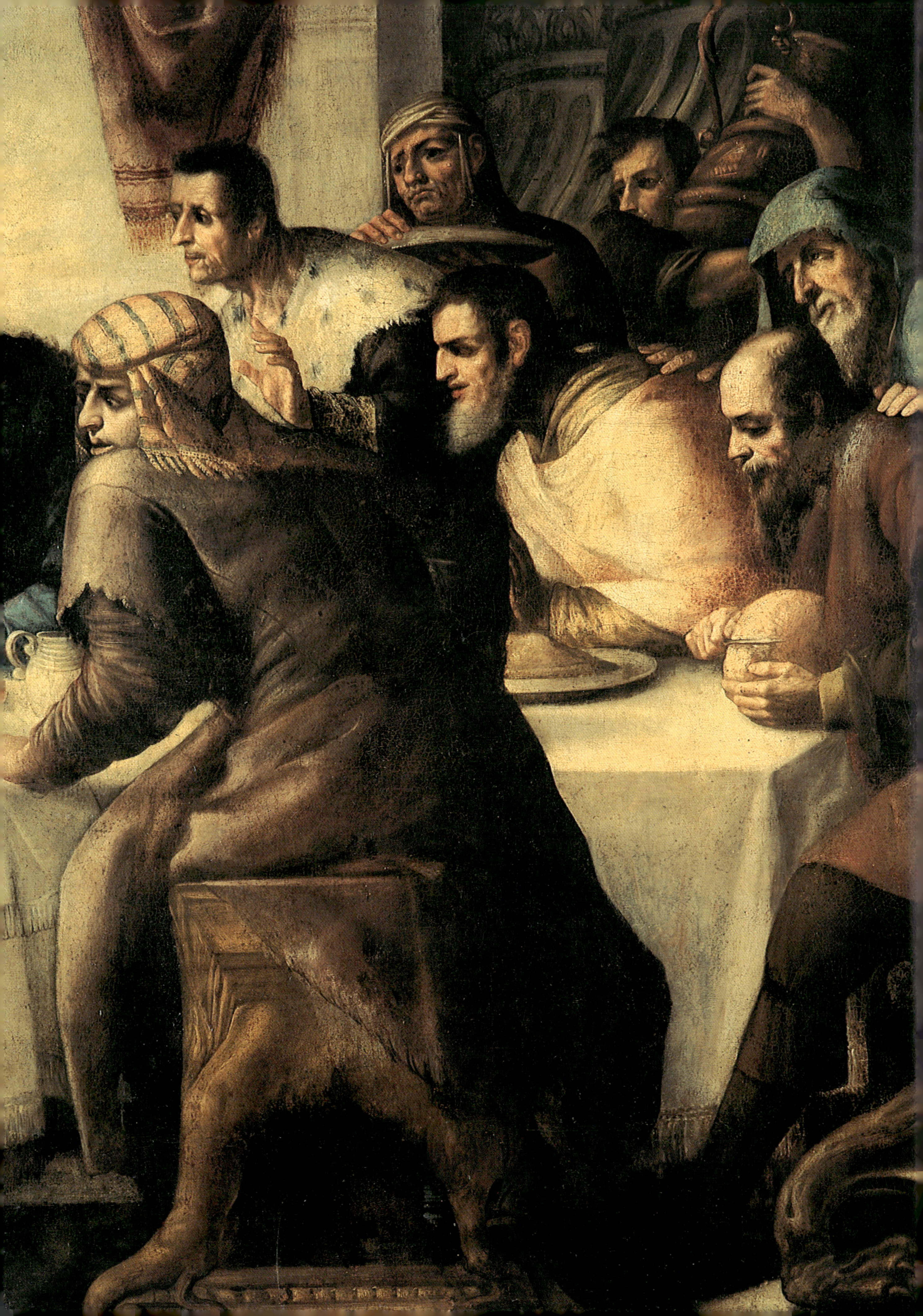

Historique du musée

La naissance du musée

Le musée de Castres ne s'est pas toujours nommé Musée Goya. Cette prestigieuse appellation ne date en effet que de 1947. Toutefois, avant cette période de l'après Deuxième Guerre mondiale, le musée a suivi un parcours des plus intéressants.

La ville de Castres se développa à partir du IXe siècle autour de l'abbaye Saint-Benoît qui s'élevait sur l'emplacement de la cathédrale actuelle. Ville marchande mais aussi centre de culture, elle possédait au XVIIe siècle une académie fondée le 19 novembre 1648. Autre institution importante, la fameuse Chambre de l'édit ou chambre mi-partie, issue de l'édit de Poitiers en 1577, s'installa à Castres, ville protestante, le 22 mars 1632. Cette instance, chargée de régler les différends entre les deux communautés religieuses, entraîna à Castres la présence de personnages illustres comme Paul Pelisson-Fontanier (1624–1693), futur secrétaire du roi et membre de l'Académie Française ; Pierre de Fermat (1601–1661), grand mathématicien qui siégea huit ans à la Chambre de l'édit et mourut à Castres ; le pasteur Raymond Gaches (vers 1615–1668), orateur de talent. Le personnage le plus intéressant pour notre propos est Pierre Borel (Castres, vers 1620–1671), médecin du roi, auteur des *Antiquitez de Castres* (1649) et propriétaire d'un remarquable cabinet de curiosités.

Malheureusement la disparition, en 1670, de la Chambre de l'édit (transférée à Castelnaudary) et celle de l'académie, dont la dernière séance date du 15 avril 1670, interrompirent cette dynamique. De 1665 à 1673, sous l'épiscopat de monseigneur Michel de Tubœuf, confesseur du roi Louis XIII, le nouvel évêché fut construit sur des plans de Jules Hardouin-Mansart ; les jardins (1670) furent le fait de Le Nôtre. Ainsi voulait-on affirmer, de façon manifeste, la puissance royale et celle de la religion catholique. Ce bâtiment, devenu bien national sous la Révolution, fut acquis par la commune en 1794 ; l'administration s'y installe et s'y trouve encore de nos jours.

Il fallut attendre le XVIIIe siècle pour que soit créée à Castres une académie de dessin dans un contexte favorisé par la présence de deux loges maçonniques et l'action de la famille de Labarthe depuis 1750. Cette académie vit le jour en 1786, à l'initiative des consuls, et fut confiée au sieur Dauphin chargé de dispenser un enseignement gratuit. Ce dernier joua également un certain rôle à Castres durant la Révolution.

En fait, la première tentative de création d'un musée à Castres date de 1792 et est due à Jean Jacques Louis Béranger (Genève, 1736–Réalmont, 1802) et à son assistant, Rousseau, peintre et architecte. Chargés par le comité d'Instruction publique d'organiser un dépôt littéraire, c'est-à-dire une bibliothèque publique à Castres, les deux

Ecole de Madrid, XVIIe siècle
Les Noces de Cana, détail (voir également ill. 36, p. 45)

hommes conçurent le projet d'un muséum national doté de quatre salles dans l'ancienne demeure des Labarthe, l'hôtel Frascati. Faute de crédits, le projet resta lettre morte et la «salle du Peuple souverain» ne fut pas ouverte. Ce fut le début d'une longue période d'attente, surtout en raison des événements survenus en 1797 après l'agitation royaliste, période pendant laquelle la préfecture du Tarn fut transférée à Albi.

La véritable naissance du musée doit être située en 1840, comme nous l'indique le premier catalogue des collections publié en 1866. En 1840 donc, les neuf tableaux que possédait la ville depuis son établissement dans l'évêché sous la Révolution furent rassemblés dans une salle pompeusement dénommée «musée». Ces pièces sont loin d'être des chefs-d'œuvre : un *Saint Michel* attribué à Jean-Pierre Rivalz, un *Hercule et Omphale* de Charles Joseph Natoire, deux batailles attribuées à Jacques Courtois, une *Marine* de l'Ecole de Joseph Vernet, etc.

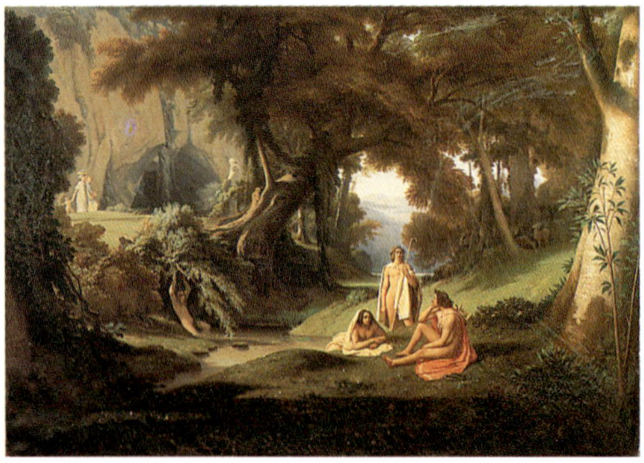

1 Théodore Caruelle d'Aligny
Chaumes, 1798–Lyon, 1871
Les bergers de Virgile. Huile sur toile, 90 x 130. Dépôt de l'Etat en 1842.
Inv. D 842–1–1.

Aussi modeste fût-il, le musée suscita, dès cette année-là, à la fois les dons et les dépôts de l'Etat. Charles Valette (1813–1888), peintre et paysagiste, offrit à sa ville natale une *Vue de la forêt de Fontainebleau* exposée au Salon parisien, don accepté le 9 octobre par délibération du Conseil municipal. Le premier dépôt de l'Etat (on disait alors «don du Gouvernement») intervint aussitôt ; il s'agit du *Site du Dauphiné* d'Isidore Dagnan (1794–1873) suivi, deux ans plus tard, du magnifique tableau *Les bergers de Virgile* de Théodore Caruelle d'Aligny (1798–1871) et de la *Bénédiction Urbi et Orbi* de Jean-Auguste Bard (1812–1862), élève d'Ingres. Jusqu'en 1860, vingt-trois œuvres vinrent enrichir le fonds existant, comme le *Portrait de Louis-Philippe* d'après Winterhalter, dépôt de l'Etat, ou la *Nature morte au lièvre* de Jacques-Hippolyte Serres (Castres, 1816–vers 1892), don de l'artiste.

En réalité ce musée, assez rudimentaire selon les termes d'Adalbert Chamayou, conservateur en 1911, ne prit sa véritable signification qu'après 1867, date à laquelle la ville procéda elle-même à des achats d'œuvres d'art. L'année précédente, un conservateur, Augustin Tailhades, avait été nommé par le maire Alquier Bouffard.

D'abord situées dans l'aile est de l'évêché au premier étage, ces trente-deux toiles furent accompagnées de collections d'histoire naturelle dès le 12 août 1844, quand la municipalité acquit le cabinet du sieur Brianne pour la somme de 2000 F. Ceci entraîna le déplacement des collections de peinture dans l'actuelle salle du Conseil municipal. Entre 1860 et 1866, dix-sept tableaux vinrent enrichir le fonds. A un dépôt de l'Etat, les *Ruines de Tusculum* de Charles Lecointe (1824–1886), attribué en 1855, il faut ajouter le don de trois tableaux *(Bataille de Bozul, Le port d'Oran, Saint-Paul)*, par Eugène Pereire, député du Tarn. Le premier catalogue du musée, *Notice des tableaux exposés dans les deux salles de la mairie de Castres (Tarn)*, édité en 1866, comptait quarante-neuf œuvres.

Le 19 janvier 1867, la ville acquit auprès du sieur Guédy treize toiles au prix de 1800 F. Le 29 janvier 1869, l'ingénieur Teraillon céda sa collection minéralogique comportant 2030 échantillons pour 1200 F. En 1878, la ville poursuivit encore son effort afin de regrouper toute la collection dans l'aile est de l'hôtel de ville et fit exécuter des travaux dès le mois d'août. L'année suivante, elle acheta, à la suite d'une exposition à Castres, quelques œuvres d'Adolphe Appian, élève de Corot, *L'orpheline* de Gabriel Golse, les *Falaises dans le Finistère* de Maurice Maniquet, et un dessin d'Isidore Pils.

En 1884, le conservateur Victor Bonnet, ingénieur de la ville, publia la seconde édition du catalogue dénommé *Catalogue des tableaux, statues et gravures exposés au musée de Castres*. Comme nous pouvons le constater, la diversification des collections ainsi que leur éclectisme faisaient alors de l'établissement un ensemble à vocation encyclopédique. L'année 1871 avait vu arriver de prestigieux dépôts de l'Etat et en particulier des sculptures : *La cigale* de Jules Cambos, malheureusement fondue en 1942, et l'*Achille blessé* d'Henri Maniglier. En 1872, le Musée du Louvre procéda à un envoi massif (neuf toiles) dont un *Portrait du maréchal Soult* par Désiré Court ainsi que deux scènes de batailles par Jacques Courtois. Cette politique dépositaire demeura inchangée jusqu'en 1927. Le transfert de la bibliothèque, en 1887,

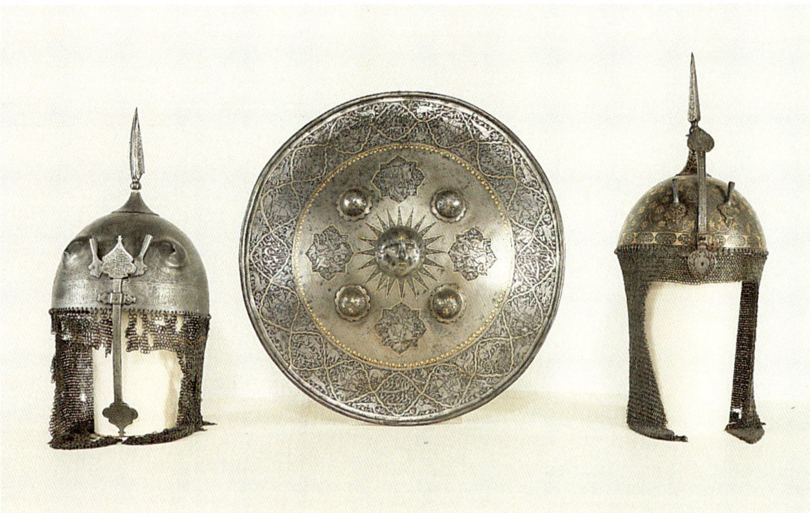

2 Rondache et casques indo-persans Perse, XVIIIe–XIXe siècle. Legs Pierre Briguiboul en 1894. Inv. 894–2–24 et 894–1–6 à 8.

donna lieu à une nouvelle extension du musée (trois salles). Une troisième édition du catalogue fut publiée ; on dénombrait alors quatre-vingt-dix-sept tableaux, quarante et un bustes et statues, dont huit pièces de Jules Cambos, vingt-cinq gravures et une galerie historique du pays castrais composée de soixante-dix-sept portraits.

Cette galerie fut créée entre 1884 et 1888 par Louis Barbaza (1830–1902), écrivain originaire de Castres. C'est durant cette période de 1880 à 1890 qu'il faut situer l'ère des grandes donations.

Le temps des grandes donations

Déjà en 1881, Marcel Briguiboul (1837–1892) avait donné deux de ses œuvres : *Caïn mourant* et *Mars et Minerve*. En 1893, son fils Pierre légua à la ville un ensemble exceptionnel d'œuvres d'art, accepté par le Conseil municipal le 27 septembre 1894. Dès le 6 août précédent, les
trois chefs-d'œuvre de Goya, l'*Autoportrait aux lunettes*, le *Portrait de Fran-* 39, 40
cisco del Mazo et la *Junte des Philippines*, avaient été amenés au musée en 41
compagnie de soixante-douze objets dont seize tableaux, des meu-
bles, des armes et des tapisseries. Parmi les peintures figurait le *Saint* 13
Jean à Pathmos de Juan Mates et parmi les objets d'art, le casque en 91
ivoire de George II d'Angleterre. A terme ce legs, complété en 1927 par une nouvelle cession légataire de la part de madame Briguiboul, devait être à l'origine de la vocation hispanique du musée.

Outre une collection de fossiles et de coquillages donnée par le naturaliste Léonce Roux du Carla, il faut noter en 1890 le don de collections de minéralogie, géologie, paléontologie et ornithologie proposé

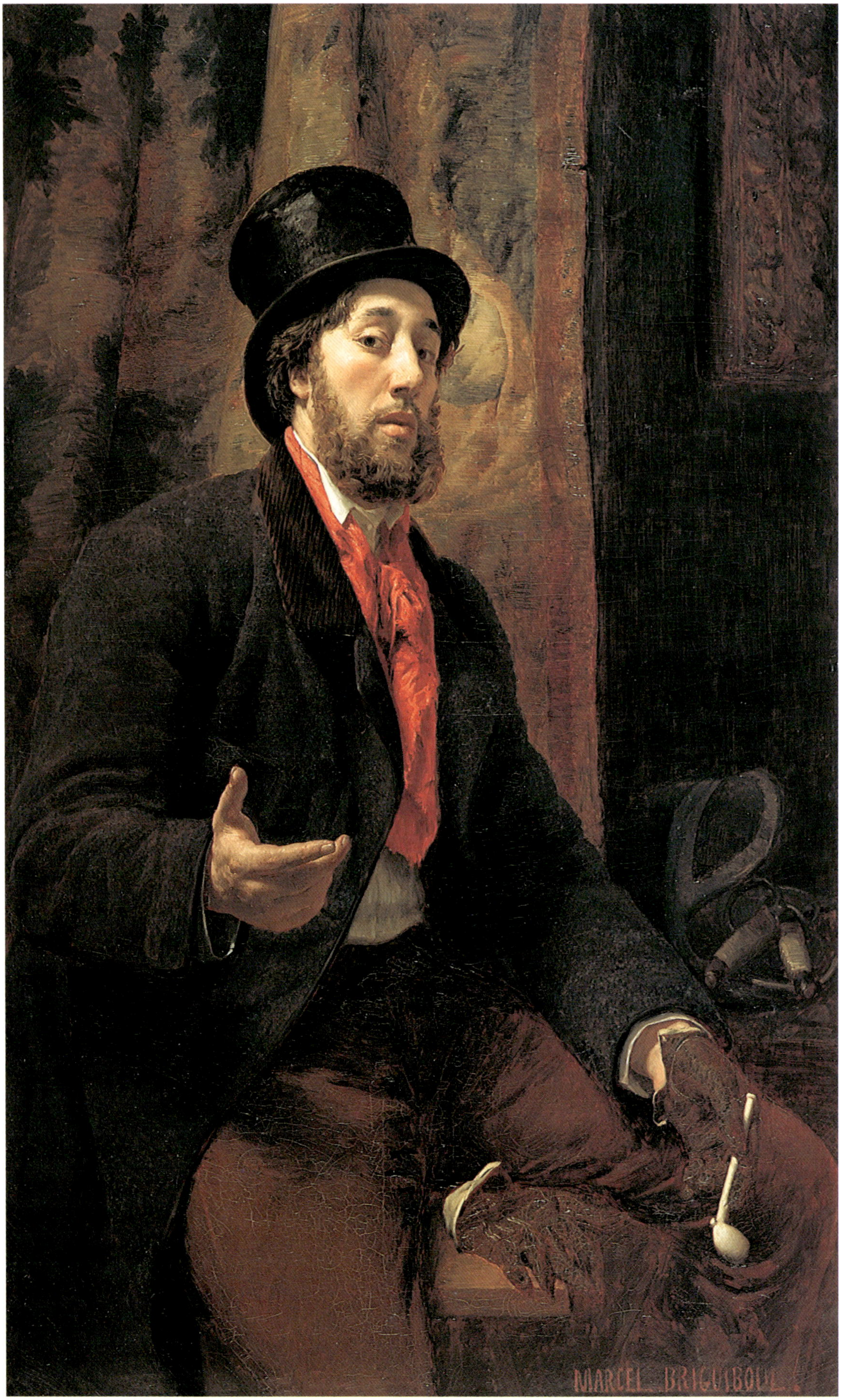
MARCEL BRIGUIBOUL.

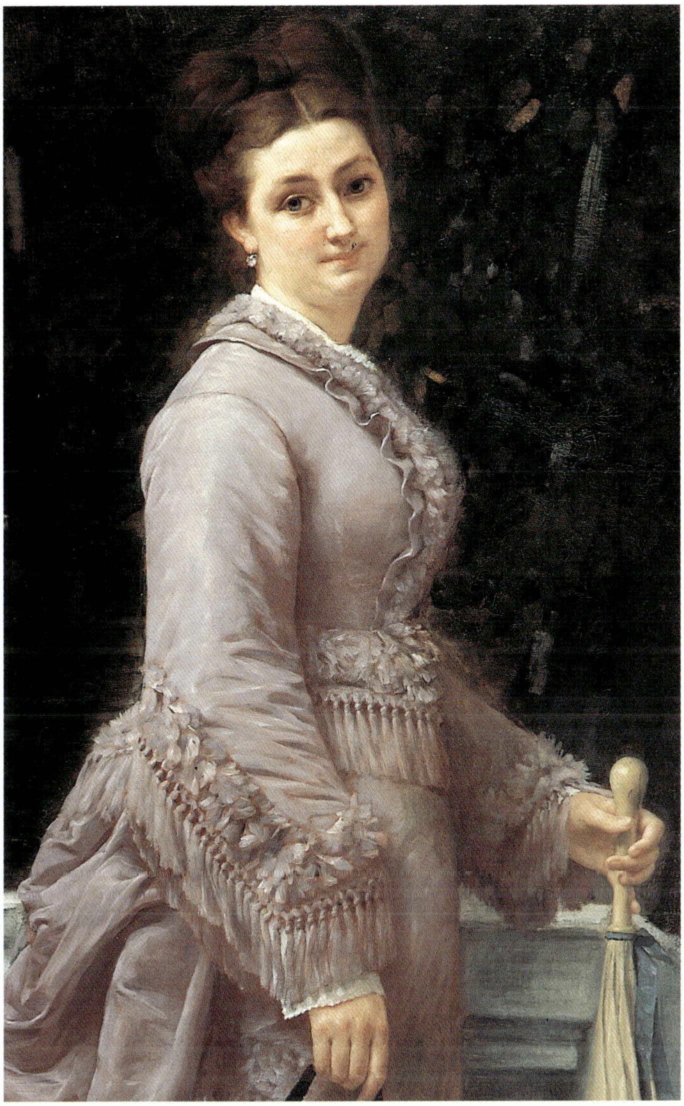

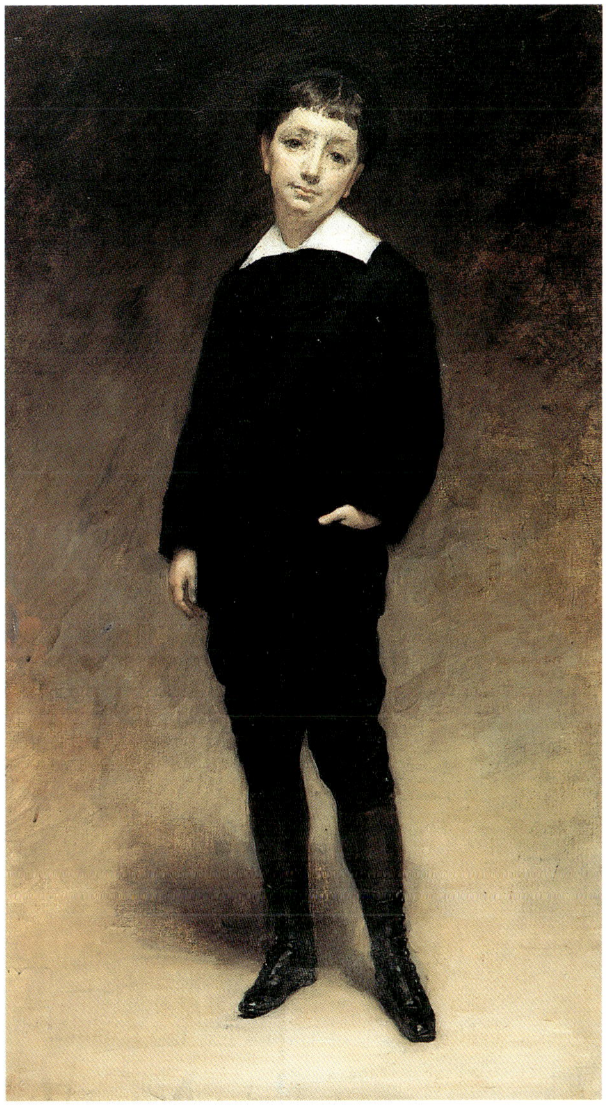

4 Marcel Briguiboul
Portrait de madame Briguiboul (1853–1927) à l'ombrelle, vers 1880–1885.
Huile sur toile, 101 x 64,4.
Inv. 28-1-20.

5 Marcel Briguiboul
Portrait de Pierre Briguiboul (1871–1893), 1882–1883. Huile sur toile, 68 x 39,2.
Inv. 28-1-17.

3 Marcel Briguiboul
Sainte-Colombe-sur-l'Hers, 1837–Nîmes, 1892
Autoportrait au haut de forme et à la pipe.
Huile sur toile, 131 x 82. Salon de 1861. Inv. 28-1-7.

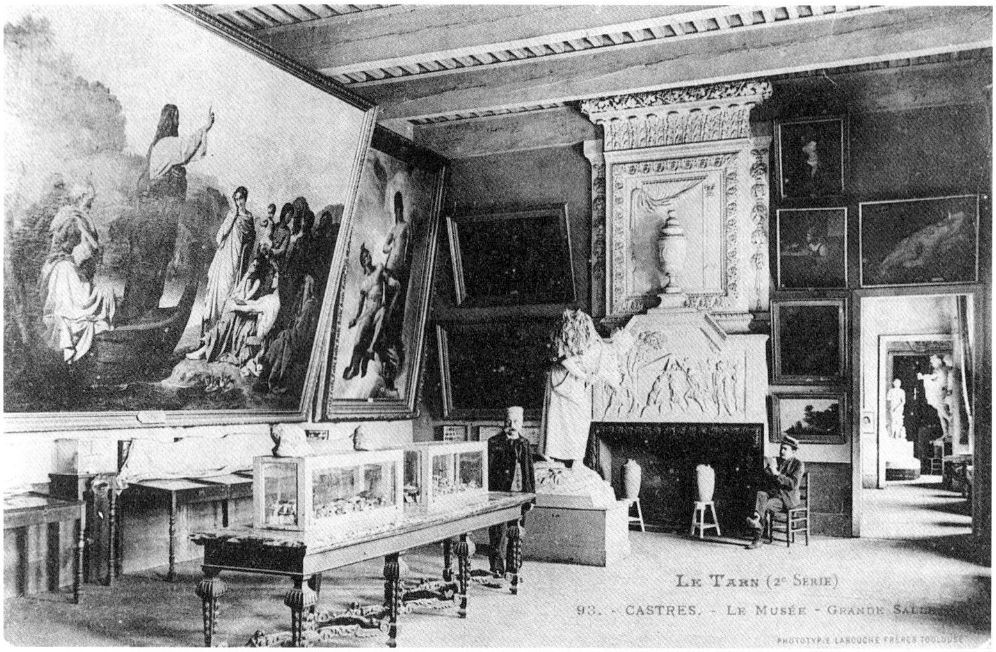

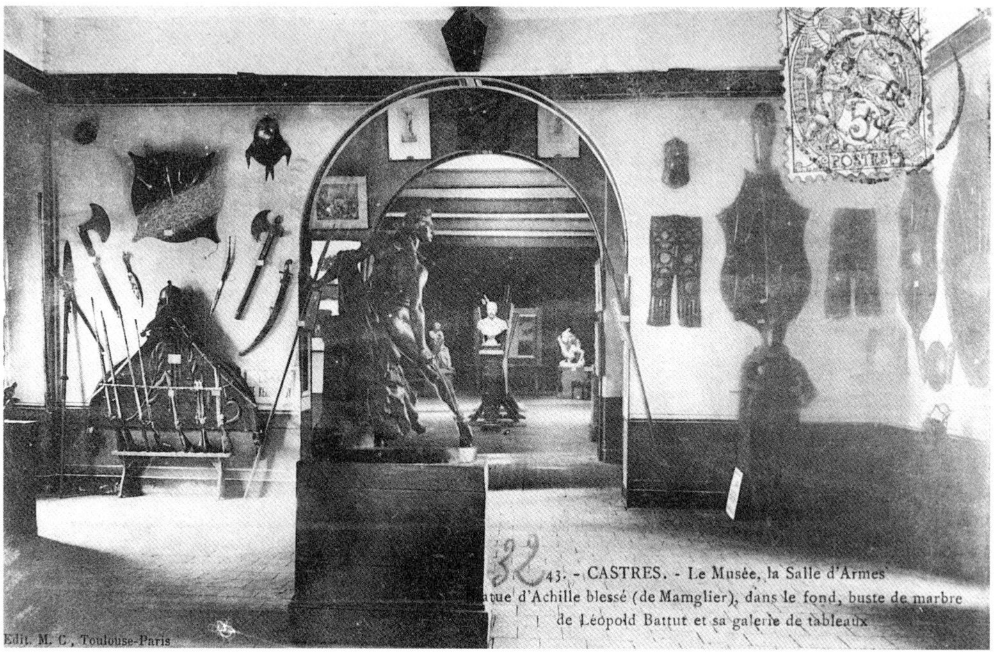

6 Intérieur du musée de Castres entre 1887 et 1911 : la salle des Etats.

7 Intérieur du musée de Castres après 1910 : la future aile Goya avec la collection d'armes anciennes.

par l'avocat Adalbert Chamayou. Cette libéralité acceptée en 1891, Chamayou fut nommé conservateur du musée le 31 mai 1892 ; c'est lui qui devait réaliser la quatrième édition du catalogue du musée en 1911 *(Catalogue raisonné du musée)*.

De 1890 à 1911, le musée continua à s'enrichir. Le comte Cillard de Kermainguy céda, en 1896, un ensemble remarquable d'armes anciennes. Valentin Jumel de Noireterre (1824–1902) donna à son tour en 1896 des peintures et des dessins de sa main ainsi qu'une collection mexicaine de tout premier ordre. Le peintre François Batut (1828–1907) offrit des peintures parmi lesquelles les portraits de Jaurès et du sculpteur Cambos, des dessins ou aquarelles de lui-même ainsi que de son fils Léopold Jean François Batut (1858–1902). En 1902, le legs d'Ernest Barthe, qui laissait une part de sa fortune pour l'entretien du musée et de la bibliothèque, permit en 1909 la réfection complète du musée qui ouvrit à nouveau ses portes le 27 mars 1910 au premier étage de l'hôtel de ville. Onze salles existaient alors dont sept consacrées à la peinture et à la sculpture, quatre à l'archéologie et aux sciences naturelles. Le musée possédait 154 tableaux, quarante-deux statues, sept bustes, quatre bas-reliefs, quatre-vingt-seize portraits de la galerie historique, vingt-cinq gravures et aquarelles.

La guerre de 14–18 entraîna une période de repli. Après *Le guignol des Champs-Elysées* d'Edmond Alexis Dehodencq (1889), *La rue* de Jules Adler (1894), *L'absoute* de Georges Claude (1897), *L'église Saint-Séverin* de Charles Darrieux (1912), les grands dépôts de l'Etat s'interrompirent pour très longtemps : deux en 1927, puis plus rien jusqu'en 1949. Le legs de madame veuve Briguiboul fait en 1927 et accepté l'année suivante, fit entrer au musée le reste des collections de Marcel Briguiboul ainsi que ses propres œuvres et octroya à la municipalité la villa de Maillot construite en 1902. Cette «villa Briguiboul» devait, selon la volonté de madame Briguiboul, devenir un musée. Ouvert en 1929, celui-ci eut une brève existence : fermé durant l'Occupation, il rouvrit ses portes le 17 octobre 1948, mais les ferma définitivement le 7 août 1951 par manque de moyens et de locaux adaptés à sa fonction.

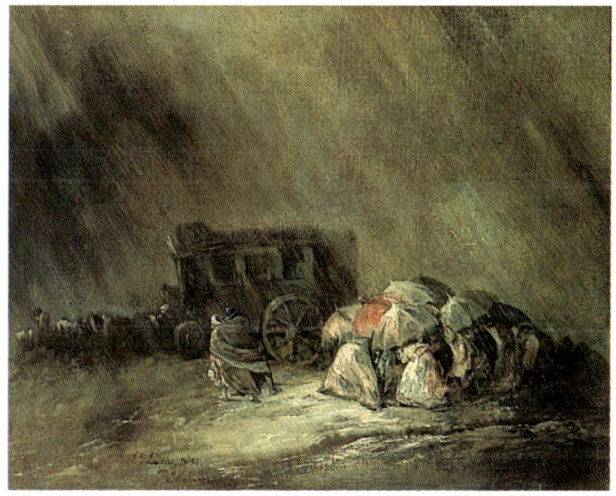

8 Eugenio Lucas y Velázquez
Madrid, 1817–1870
La diligence sous l'orage, 1856. Huile sur toile, 49 x 63. Dépôt du Louvre en 1954. Inv. RF 1954–21 et D 54–3–1.

Du «Musée de Castres» au Musée Goya

Au milieu de ce désintérêt quasi général, il fallut attendre 1931 pour que la situation du musée évolue. Jean Laran, futur administrateur général de la Bibliothèque Nationale, Gabriel Rouchès, conservateur du Cabinet des dessins du Louvre, René Huyghe et Xavier Desparmet Fitz-Gérald s'intéressèrent aux collections. En 1938, l'exposition «Peintures de Goya dans les collections de France», organisée à l'Orangerie par René Huyghe et Charles Sterling, permit de présenter à Paris les trois tableaux de Goya qui seront restaurés en 1962 par Jean Gabriel Goulinat.

En 1941, Marcel Delaunay (Rouen, 1876–1959), peintre normand, président de la Société pour la protection des monuments et des sites de l'Eure, allait être à l'origine de la rénovation du musée et de la création de la Société des amis des musées dont la présidence fut assurée par Jean Lasbordes (1899–1968), amateur éclairé et donateur généreux. Lors de cette rénovation fut découverte, en 1942, dans la salle des Etats diocésains, la frise des blasons des évêques de Castres de 1317 à 1802. Le 17 juin 1945, le musée, complètement mis à neuf, fut inauguré par René Huyghe. La nomination, en 1947, de Gaston

Poulain au poste de conservateur couronna cette renaissance. En accord avec les instances de l'Etat et de la ville, le musée de Castres prit alors le nom de «Musée Goya». En 1949, une série de dépôts prestigieux vint préciser cette vocation hispanique avec le soutien de l'Inspection générale des musées de province, dirigée par Jean Vergnet-
27 Ruiz. Parmi ces dépôts, nous trouvons deux toiles essentielles: le *Portrait*
32 *de Philippe IV* par Velázquez et la *Vierge au chapelet* de Murillo. La salle
Philippe IV, consacrée aux œuvres du Siècle d'Or, fut ouverte au public en 1956.

En 1952, un guide sommaire du Musée Goya vit le jour; cette publication fut rééditée en 1955, puis remplacée par un album illustré en 1961. Entre-temps, le Musée Jean Jaurès fut inauguré en 1954 après

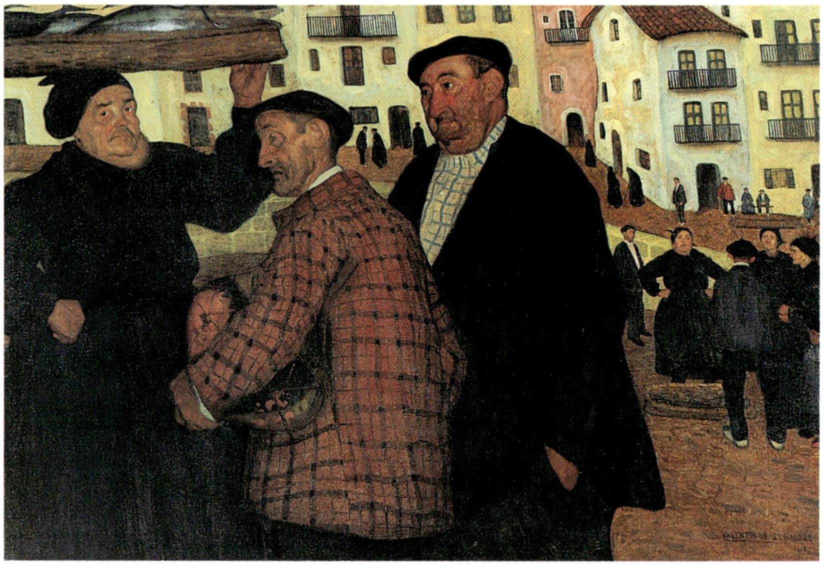

9 Valentín Zubiaurre Aguirrezabal
Madrid, 1879–1963
Le marché, 1908. Huile sur toile, 97 x 146. Dépôt de l'Etat en 1961. Inv. JDP 139 et D 61–1–1.

l'exposition centenaire de la naissance du tribun socialiste originaire de Castres. Enfin en 1957, étant donné la richesse des collections, le Musée Goya fut porté sur la liste des musées classés de France; l'année suivante, une salle dédiée aux gravures du maître aragonais fut aménagée. Elle prit en 1969 le nom de salle Jean Lasbordes en hommage à ce grand donateur disparu. L'œuvre gravé de Goya se
139–141 trouva complété en 1971 par l'achat de la série des *Disparates* et en
142, 143 1972 par celle de la *Tauromachie.* Cette même année, le conservateur
Roger Gaud put inaugurer une salle consacrée à la peinture du
11 Moyen Age où *L'adoration des Mages* d'Alejo Fernández prit place
après son acquisition en vente publique en 1973.

Déjà avec Gaston Poulain, une politique active d'expositions temporaires avait largement contribué à étendre la renommée du musée. Une deuxième édition du guide illustré vit le jour en 1964, suivie de quatre autres jusqu'en 1981. Durant les années 70, des expositions internationales se succédèrent: «Eugenio Lucas et les satellites de Goya» (1972), «Mariano Fortuny et ses amis français» (1974), «Salvador Dalí – Hommage à Goya» (1977), «Martín Rico» (1979).

Entre 1980 et 1986, sous la direction de Jeannine Baticle, conservateur au département des peintures du Louvre, le musée allait entrer dans une phase active de développement. La salle Goya et les salles des XVIIe–XVIIIe siècles furent rénovées entre 1982 et 1986. L'inventaire général des collections fut alors entrepris selon des normes modernes et le musée se dota d'un laboratoire photographique ainsi que de réserves. Un nouveau petit album fut édité en 1986, 1987, 1989.

Mais c'est dans le domaine des acquisitions que les progrès furent les plus spectaculaires, par le biais de la mise en place des Fonds Régionaux d'Acquisition des Musées à partir de 1982. En dix ans, le Musée Goya put ainsi acquérir cinquante œuvres grâce au FRAM, aux dépôts de l'Etat, aux achats des Amis des musées et à un certain nombre de dons. L'octroi par la ville de crédits d'acquisition à partir de 1990 permit même d'intervenir en vente publique. Parmi ces acquisitions, il
faut citer *Les enfants du comte Casa Florez* de Vicente López (achat FRAM 46
1984), *L'Annonciation, La Visitation* et *Le Mariage de la Vierge* d'Alonso 29-31
Cano (achat FRAM et Amis des musées en 1983, et don anonyme
en 1986), *La Crucifixion et la Transfiguration du Christ sur le mont Thabor* 14
de Juan Rexach (achat FRAM en 1985) et le *Portrait d'homme écrivant* 68
de Pablo Picasso (dépôt en 1992 à la suite de la dation Jacqueline Picasso).

Cette politique d'enrichissement, plus que jamais active, s'est vue
couronnée en 1993 par l'achat exceptionnel du *Christ servi par les anges* 20
dans le désert de Francisco Pacheco qui fit l'objet de l'intervention du Fonds National du Patrimoine, de la Région Midi-Pyrénées, de la Ville ainsi que de mécénat privé. Depuis lors, le Musée Goya a pu encore étoffer ses collections grâce à l'acquisition du second chef-d'œuvre de Pacheco, *Le Jugement dernier* (1996), de deux panneaux de Pedro García de Benabarre, de sculptures médiévales, de gravures de Goya et de Ribera, d'œuvres d'artistes français inspirés par l'Espagne au XIXe siècle. La restauration systématique des fonds, l'ouverture d'un cabinet d'art graphique, d'une bibliothèque spécialisée et d'un service pédagogique annoncent la rénovation et l'extension du musée dans les prochaines années. Aux collections hispaniques, immédiatement situées après celles du Louvre, il convient d'ajouter les collections anciennes (fonds Briguiboul, Jumel de Noireterre, armes, faïences, etc.). Depuis 1987, une politique assidue d'expositions temporaires («Picasso chez Goya», «Les élèves espagnols de David», «La France et la conquête de l'Amérique», «Les peintres français et l'Espagne de Delacroix à Manet») a permis d'atteindre un niveau scientifique national et international. En 1993 a été créé le Centre d'études hispaniques Francisco Goya, association aux buts scientifiques qui, en 1995, a publié l'ouvrage *Image du Nouveau Monde en France* à la suite d'un colloque sur le sujet. Son action encore modeste est amenée à se développer, en relation avec l'Espagne, en vue d'octroi de bourses d'études. Enfin, les Amis des musées de Castres, en relation avec la Casa de España du Tarn, se sont restructurés en 1996 sur de nouveaux statuts permettant aux associations d'adhérer. Le Musée Goya est donc, à l'heure actuelle, dans une phase cruciale, à l'aube du troisième millénaire et de la formation de l'unité européenne. Par son histoire et ses richesses présentes, il est devenu une sorte de petit sanctuaire de l'hispanité en France. Il doit devenir, au cœur du pays castrais, un grand musée spécialisé doté aussi de ses collections régionales, ouvert à la recherche mais aussi à la musique ; un lieu où l'on aime à venir apprendre, chercher et se délecter.

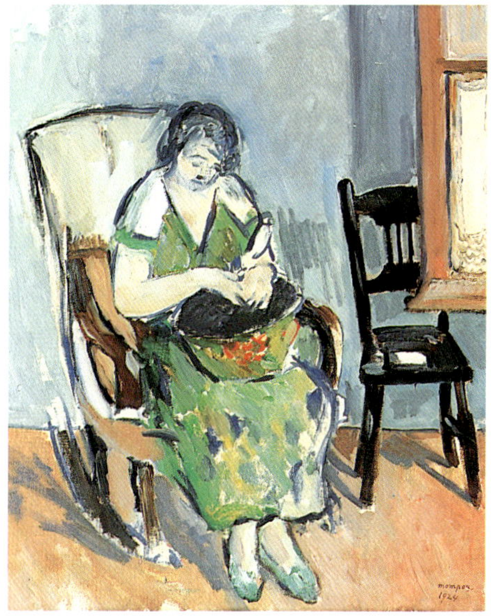

10 Joseph Mompou i Dencausse
Barcelone, 1888–Vich, 1968
Femme cousant, 1924. Huile sur toile, 73 x 60. Dépôt de l'Etat en 1955. Inv. 9799 et D 55-1-3.

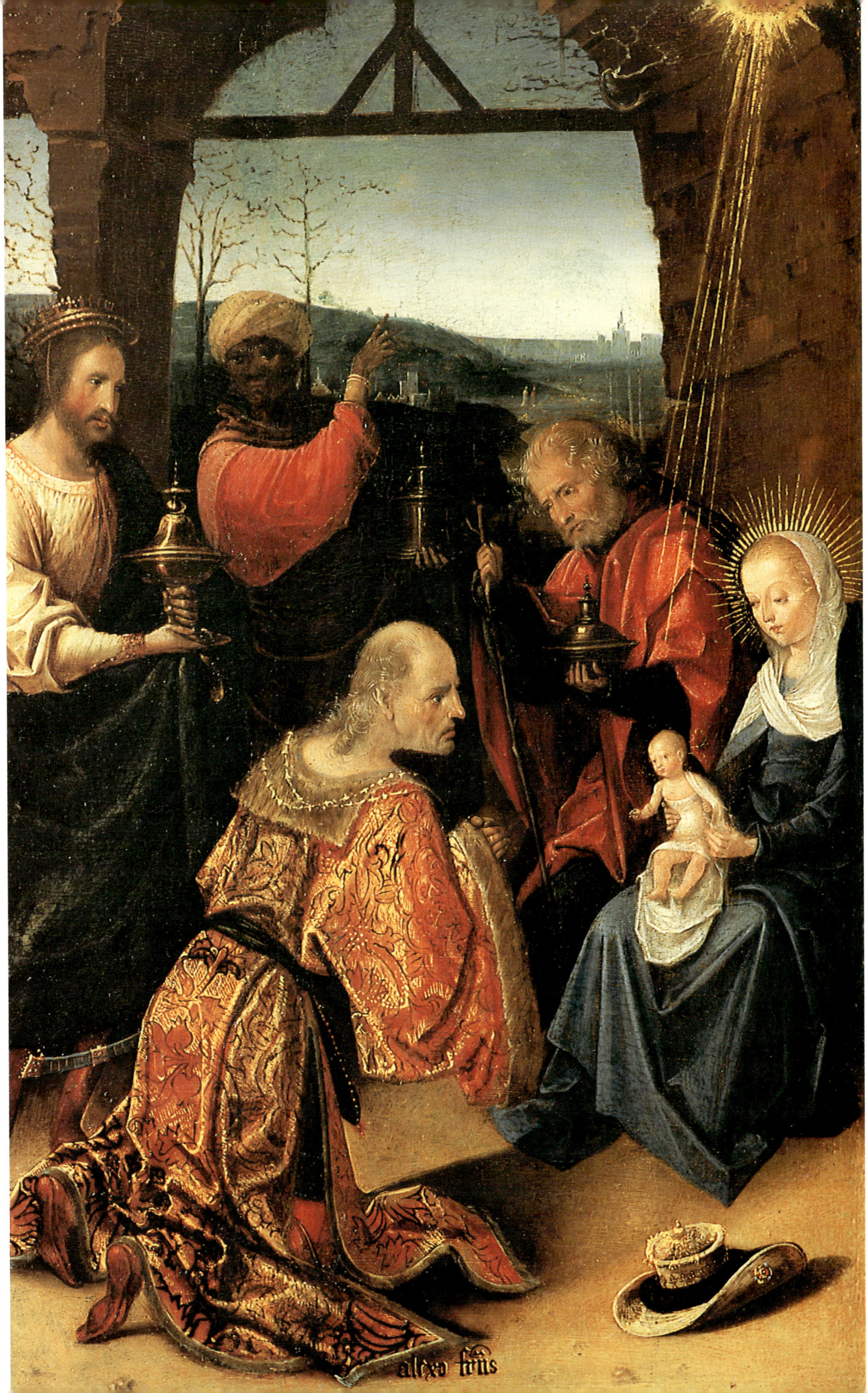
alexo frũs

Le Moyen Age et la Renaissance

Depuis la conquête musulmane entamée dès 711 par Tarik, vainqueur du roi wisigoth Rodrigue, l'histoire de la péninsule Ibérique s'est trouvée partagée durant sept siècles entre royaumes chrétiens et arabes. Dès la seconde moitié du VIIIe siècle, Cordoue, siège de l'émirat omeyade, brille d'un éclat tout particulier. Dès 718, avec la victoire de Covadonga remportée par les Asturiens, la *Reconquista* (Reconquête) s'amorce, semée d'échecs et de victoires jusqu'à la chute finale de Grenade qui se livre aux Rois Catholiques en 1492.

Au cours du XIIIe siècle, cette *Reconquista* est aux trois quarts complète ; l'Ibérie se compose alors de cinq royaumes chrétiens face au royaume musulman de Grenade : le Portugal, la Castille, le León, la Navarre et l'Aragon. En effet, le 14 juillet 1212, la coalition des chrétiens, regroupés autour d'Alphonse VIII de Castille, remporte sur les Almohades la victoire décisive de Las Navas de Tolosa près de Jaén. Séville est reconquise en 1248 par Ferdinand III de Castille et s'il faut attendre encore plus de deux siècles pour voir s'achever cette entreprise, c'est bien en raison des divisions au sein des royaumes chrétiens.

A côté des souverains et des nobles, le peuple des bourgeois et des paysans se partage entre chrétiens et mudéjars (musulmans sous domination chrétienne) qui, jusqu'au XIIIe siècle, vivent en bonne intelligence. Par la suite, ces derniers seront regroupés dans des *morerias*, quartiers spécifiques qui leur sont assignés. La communauté juive, forte et influente, fournit aux instances royales jusqu'au XIVe siècle des médecins, des savants, des juristes et des banquiers. La grande peste de 1345 provoque une terrible persécution à leur égard, l'instauration des *juderías* (quartiers juifs) et la méfiance de la population vis-à-vis des *conversos* (convertis).

L'Eglise se présente comme un corps homogène bénéficiant de privilèges très conséquents. Face aux séductions de l'Islam, elle a su très vite opposer une rigueur intransigeante, une très haute spiritualité, qui se traduit avec force dans la peinture. De façon indissoluble, elle s'identifie au pays, à l'Etat, tout en vivant ses règles propres particulièrement sensibles dans le succès des ordres hospitaliers et militaires (Calatrava, Santiago, Alcántara). L'art hispanique, dans ce contexte brièvement évoqué, ne peut être que religieux.

Depuis l'an mil, ce dernier s'est illustré par l'enluminure, le décor intérieur à fresque et les devants d'autels, ancêtres des retables. Alors qu'au XIIIe siècle la Reconquête prend un tour nouveau, les influences françaises et italiennes vont s'exercer au siècle suivant à l'initiative des bénédictins, dominicains ou franciscains qui font décorer leurs églises ou monastères.

La collection médiévale du Musée Goya, quoique modeste, débute

11 Alejo Fernández
actif à Cordoue en 1496–Séville, 1545
L'adoration des Mages, entre 1508 et 1520. Huile sur bois, 46 x 29.
Achat de la Ville de Castres en 1973. Inv. 73-3-1.

à cette époque avec une œuvre de Luis Borassa et de son atelier,
12 *La flagellation du Christ.* Né à Gérone vers 1360 et mort à Barcelone vers 1425, Borassa fut le premier à illustrer en Catalogne, dans la tradition des frères Serra, le courant gothique international, courant pictural se situant entre 1380 et 1460 dans toute l'Europe. En Espagne, nous voyons fleurir les influences florentines, bourguignonnes et flamandes à travers des scènes narratives aux couleurs brillantes servies par des lignes élégantes, raffinées et par une recherche évidente du volume sans que les peintres se départissent pour autant des caractères propres à l'art de la péninsule.

Le panneau conservé au musée doit être daté des environs de 1416–1420, dans la dernière décennie d'activité du maître qui laisse à cette époque de plus en plus de responsabilités à son atelier. Ce fragment originaire de Gérone fait partie d'un retable de la Passion du Christ dont on connaît trois autres éléments représentant *La Crucifixion, L'arrestation du Christ* et *Le Christ devant Pilate,* conservés dans des collections privées à Barcelone et au North Carolina Museum of Art de Raleigh aux Etats-Unis. Cette *Flagellation* s'inscrit dans les préoccupations du maître catalan pour les contrastes de couleurs. Son goût prononcé pour les mises en situation dynamique très narratives et même anecdotiques se fait jour au sein d'un environnement spatial étudié où l'on dénote une réelle volonté de traduire un espace à trois dimensions sur une surface plane. Soucieux de varier les expressions de ses modèles, il parvient dans certains cas à leur conférer un caractère expressif assez marqué.

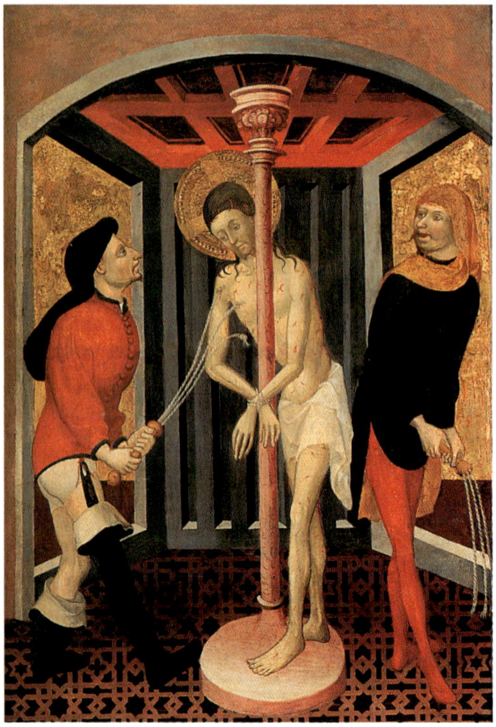

12 Luis Borassa et son atelier
Gérone, vers 1360–
Barcelone, vers 1425
La flagellation du Christ, vers 1416–1420.
Huile sur bois, 84 x 61. Dépôt du
Louvre en 1946. Inv. RF 1942–10.
et D 46–1–1

Autre peintre catalan de qualité, Juan Mates (actif à Barcelone à partir de 1391 jusqu'en 1431, date de sa mort dans cette même ville) se situe dans la mouvance de Pedro Serra à la suite duquel il travaille
13 dans la cathédrale barcelonaise. Le *Saint Jean à Pathmos* que possède le musée de Castres prend sa place au sein d'un ensemble consacré à saint Jean-Baptiste et à saint Jean l'Evangéliste. Ce retable démantelé nous est connu de façon partielle par des panneaux conservés en des mains privées à Barcelone et dans la collection Thyssen-Bornemisza. Le style de cet artiste demeure très reconnaissable, beaucoup plus réservé que celui de Borassa. L'élégance de la ligne et des attitudes s'accorde avec la vigueur de la palette ; particulièrement attentif aux détails ainsi qu'à la mise en scène synthétique, il nous offre ici la vision de l'île de Pathmos vue à la verticale où prend place l'apôtre, occupé à rédiger l'évangile en présence de l'aigle. La bête de l'Apocalypse ainsi que la barque et la modeste demeure de branchages d'un pêcheur complètent cette image symbolique ornée d'une végétation stylisée et décorative. La pièce peut être datée de la maturité de l'artiste, après 1418.

L'Ecole de Valence se trouve représentée par un magnifique panneau
14 ayant pour thème *La Crucifixion et la Transfiguration du Christ sur le mont Thabor*, œuvre de Juan Rexach. Documenté de 1431 à 1484, cet artiste demeure lié de façon étroite à Jacomart (Jaime Baço ; Valence, vers 1411–1461), le plus important peintre valencien du XVe siècle avec qui il travaille. Signé et daté de 1468, le *Retable de sainte Ursule* (Barcelone, Musée d'Art de Catalogne) en provenance de l'église de Cubells s'avère l'œuvre de référence avec laquelle le panneau du Musée Goya peut être mis en relation directe. *La Crucifixion,* très anecdotique, met en scène des personnages déliés aux visages arrondis. Les couleurs employées, très vives, ont une forte proportion de rouge ; le fond or

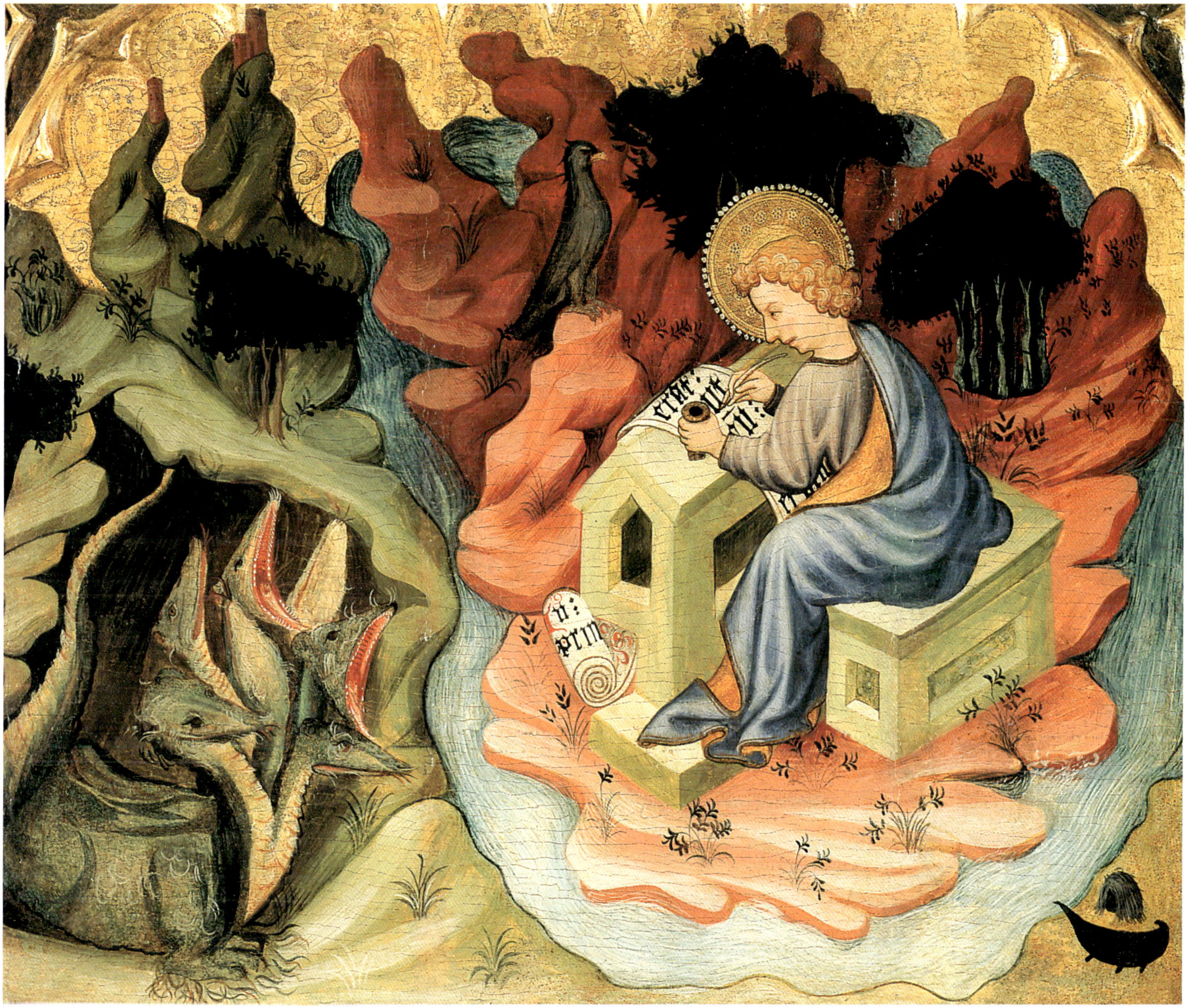

13 Juan Mates
Villafranca del Panades, (?) –
Barcelone, 1431
Saint Jean à Pathmos. Huile sur bois,
78,5 x 92. Elément de retable.
Legs Pierre Briguiboul en 1894.
Inv. 894-5-1.

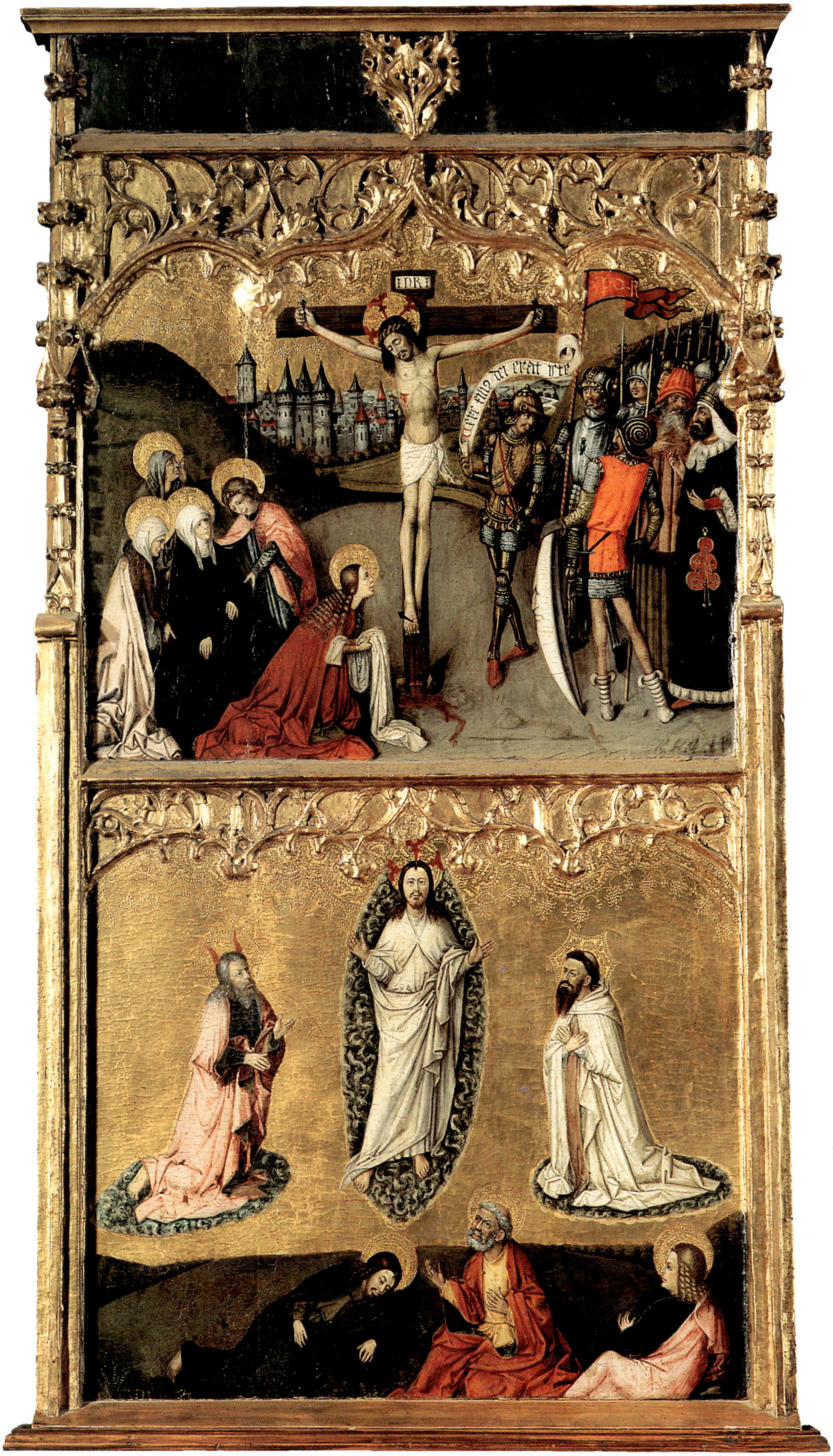

14 Juan Rexach
actif à Valence et en Catalogne de 1431 à 1484
La Crucifixion et la Transfiguration du Christ sur le mont Thabor. Elément de retable.
Huile sur bois, 173 x 91,5.
Achat du FRAM Midi-Pyrénées et des Amis des musées de Castres en 1985.
Inv. 85-7-1.

guilloché occupe une bonne partie du support au-dessus d'un paysage simplifié dans lequel apparaissent des architectures complexes. L'influence flamande demeure très sensible dans le souci du rendu des plis, des expressions humaines et des détails tirés de miniatures, comme le bouclier en forme de croissant de lune et le phylactère avec l'inscription «Vere Filius Dei erat iste» que tient le centurion. *La Transfiguration* du Sauveur sur le mont Thabor, entre Moïse et Elie, se trouve simplifiée à l'extrême ; l'habit des carmes que porte Elie suggère une éventuelle origine au sein d'un couvent de l'ordre. Dès le XIIIe siècle, les carmes chaussés s'étaient en effet installés à Valence. Particulièrement bien conservé, cet ensemble doit donc être restitué dans le couronnement d'un retable destiné à prendre place sur le maître-autel d'un sanctuaire dédié au Christ.

Les écoles catalanes et aragonaises, déjà illustrées par Juan Mates, le sont aussi par deux panneaux de Pedro García, une œuvre du Maître de Viella et une *Annonciation*. Les deux panneaux représentant *Saint Pierre* et *Saint Antoine abbé* témoignent des nombreuses vicissitudes qu'ont subies les œuvres du Moyen Age. A l'origine, un saint Paul accompagnait saint Pierre et un saint tenant un livre côtoyait saint Antoine. Les deux compositions ont donc été retaillées et il demeure impossible, pour le moment, de situer l'origine exacte de ces deux pièces de qualité. Leur auteur, Pedro García, originaire de Benabarre dans la province de Huesca, fut actif en Aragon et en Catalogne entre 1445 et 1496. On sait que, dès 1455, il souscrit un contrat avec la veuve de Bernardo Martorell à Barcelone. Contemporain de Jaime Huguet, son style très réaliste non dénué d'élégance s'attache à une réelle expression des modèles tout en présentant une certaine retenue dans la gestuelle. Sensible aux formes resplendissantes et à la richesse des costumes privilégiées par Huguet, il a su en traduire de façon plus modeste toute la force d'évocation.

Dans son entourage immédiat se situent *L'adoration des Mages* du 16
Maître de Viella et *L'Annonciation*, œuvre d'un anonyme. Le Maître de Viella fut sans nul doute un proche collaborateur de Pedro García, probablement formé au sein de l'atelier de ce dernier. Connu par son travail du retable majeur de l'église Sant Joan del Mercat à Lérida, nous savons qu'il œuvre dans les années 1470 dans la région de Viella, Betrén, Escalarre et dans les contrées proches de la Catalogne. Très productif, il met en place des compositions quelque peu rigides et archaïsantes où l'on remarque l'attention toute particulière accordée aux paysages, aux architectures effilées, aux petites silhouettes cheminant dans le lointain. Le panneau de Castres doit être associé étroitement à une *Nativité* conservée au Musée Maricel de Mar à Sitgès. Par le style, il demeure très proche du retable de l'église Sant Miguel de Viella. Ici encore le sens de l'espace demeure une préoccupation constante, en particulier dans la composition triangulaire et la mise en situation de l'étable. L'influence des miniatures ainsi que des costumes orientaux demeure tangible bien que l'artiste privilégie la vision synthétique et le travail de sculpture des auréoles et des objets, offrandes des Mages. *L'Annonciation*, autre œuvre du XVe siècle, devait 15
faire partie de la travée gauche d'un retable consacré à la Vierge. Celle-ci, occupée à lire un texte d'Isaïe, reçoit la visite de l'archange Gabriel qui prononce les mots de l'évangile de saint Luc inscrits dans un phylactère : «Ave Maria gratia plena Domi(nus) ...» Dans la partie supérieure et à gauche apparaît la tête de Dieu le Père qui envoie le

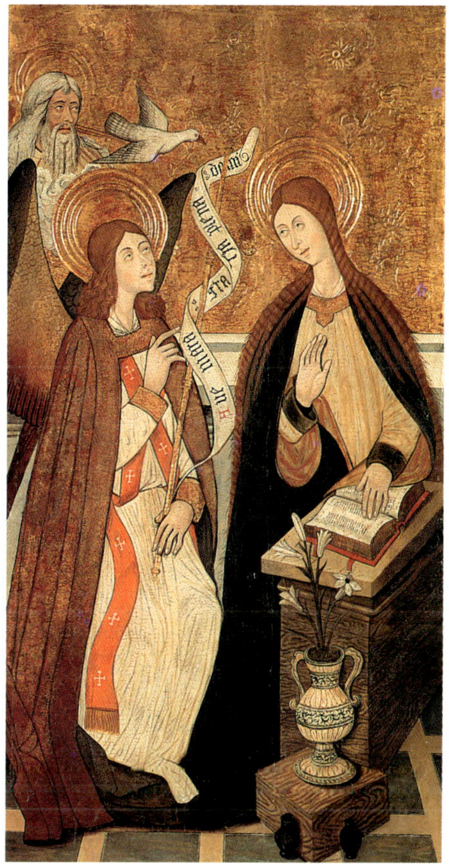

15 Ecole espagnole, XVe siècle
L'Annonciation. Huile sur bois, 143 x 75. Achat du FRAM Midi-Pyrénées et de la Ville de Castres en 1995. Inv. 95-1-3.

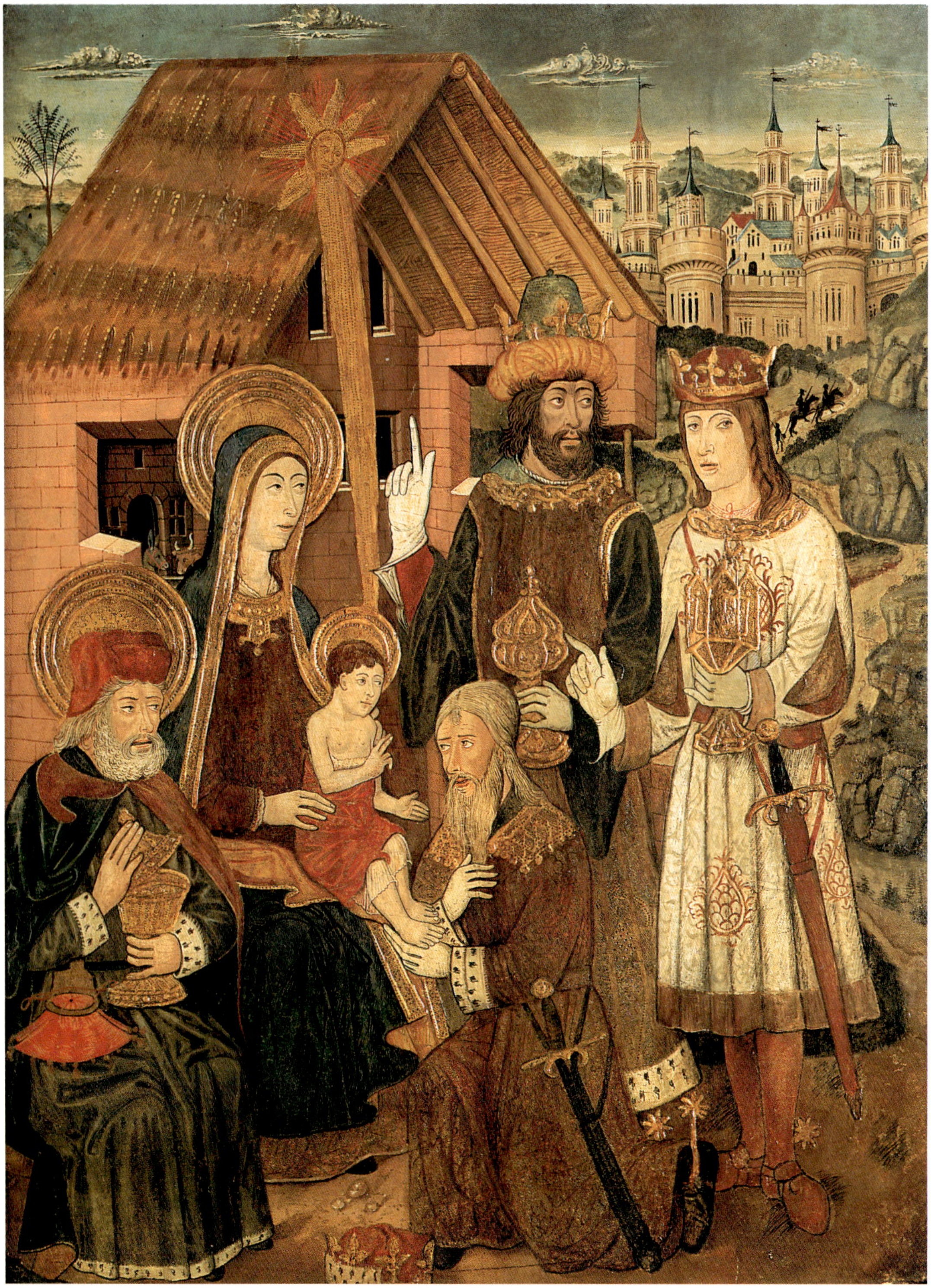

16 Maître de Viella
actif en Val d'Aran et Pallars
dans les années 1470
L'adoration des Mages. Huile sur bois,
119 x 91. Don Jean Lasbordes et des
Amis des musées de Castres en 1954.
Inv. 54-1-1.

17 Francisco de Osona
Valence (?), vers 1465-vers 1514 (?)
La mort de saint Martin. Huile sur bois,
54 x 34. Achat de la Ville de Castres
en 1964. Inv. 65-1-1.

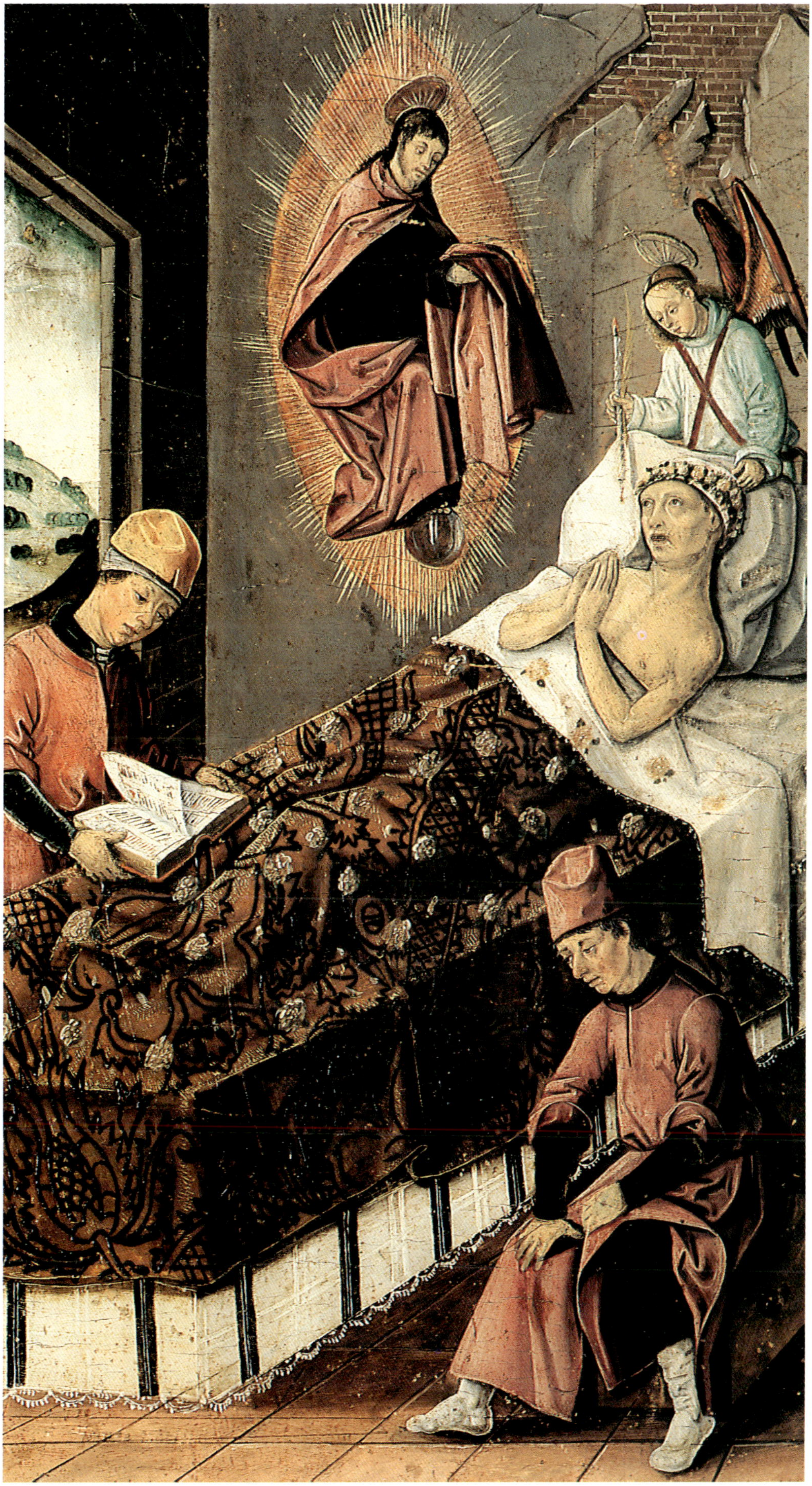

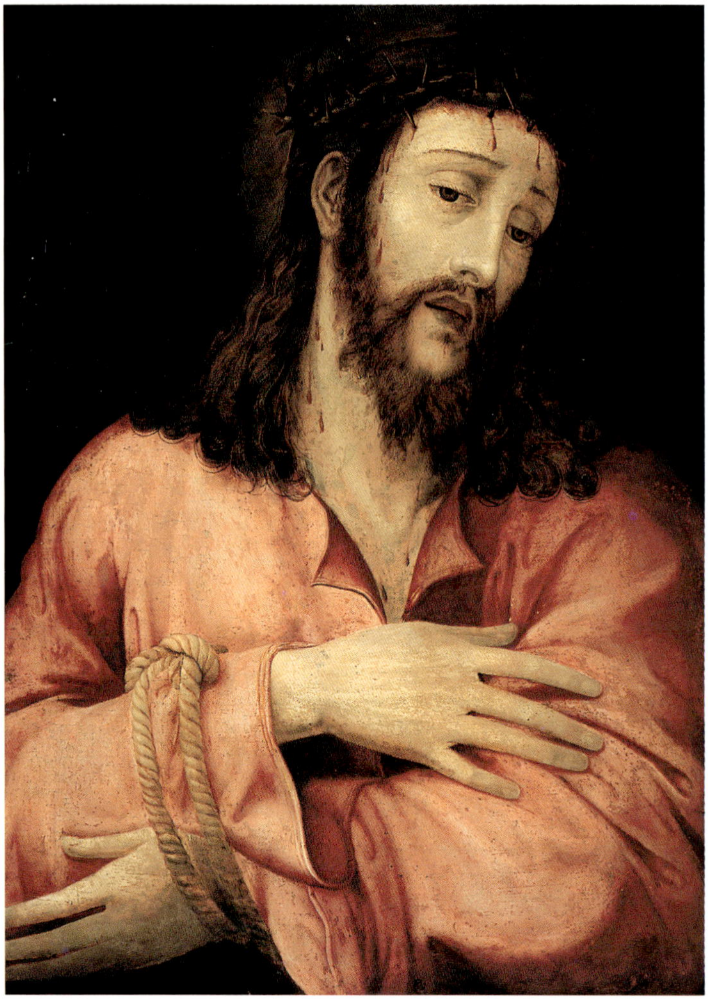

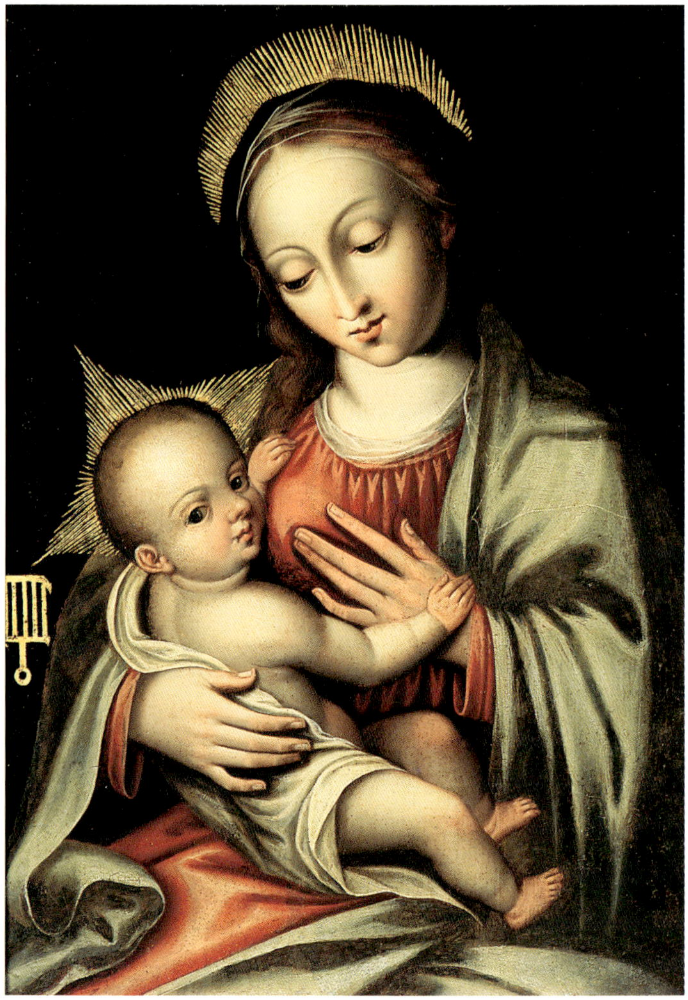

Saint-Esprit sous la forme d'une colombe. Outre le sol en perspective relevée, le dessin délicat et les lignes douces, le modèle des visages situe cette œuvre en Haut-Aragon au nord de Huesca, de la main d'un peintre anonyme contemporain de Pedro García et de Pedro Espalargues à qui on l'a un temps attribuée. Un petit panneau anonyme de *Saint Jean l'Evangéliste* complète l'ensemble du fonds d'origine catalane.

La mort de saint Martin par Francisco de Osona nous situe au sein de 17
l'Ecole de Valence vers 1465–1514, dates où l'artiste, fils de Rodrigo de Osona, se trouve documenté. La production de Francisco de Osona dénote en particulier les tendances de l'art flamand ainsi que l'intégration timide des concepts de la Renaissance italienne (influence de Paolo de San Leocadio). Le panneau du Musée Goya a certainement fait partie de la prédelle d'un petit retable ou bien d'un ensemble de dévotion privée. Saint Martin, évêque de Tours mort vers 400, est représenté sur son lit de mort entouré par deux personnages. La virtuosité technique et chromatique sensible dans l'effet de miniature et les couleurs vives opposées au blanc du lit témoignent de l'apport italien, qui se fait également jour à travers les costumes et le paysage très simplifié. Le Christ venant rendre le pan du manteau offert jadis au pauvre apparaît dans une mandorle, sorte d'amande lumineuse qui est un thème iconographique roman.

Actif à Cordoue en 1496 où il réside jusqu'en 1508, Alejo Fernández, d'origine allemande, fut le plus grand peintre de Séville au XVIe siècle. Il s'y installe dès 1508 avec son frère Jorge qui était sculpteur ; il meurt en 1545. Son style reflète à la fois sa formation au sein du courant flamand et l'assimilation de la peinture italienne contemporaine. Il n'est pas impossible que l'artiste ait voyagé en Italie vers 1495.

L'adoration des Mages, déjà traitée pour la cathédrale de Séville (*in situ*, sacristie des calices), témoigne à la fois de son sens de la perspective, du souci du détail très soigné et de la recherche des effets lumineux. Les attitudes posées, les physionomies féminines très typées font état de l'influence des maniéristes nordiques, tels l'Anversois Quentin Metsys et l'Allemand Martin Schongauer. Le petit panneau de Castres, très semblable à la composition de la cathédrale de Séville, laisse apparaître un décor plus modeste ainsi que des effets chromatiques moins tranchés. La composition triangulaire et oblique dirige notre regard vers la Vierge et l'Enfant Jésus que le rayon de l'étoile vient désigner. Le paysage, véritable miniature, ménage des effets de transparence d'une finesse extrême. Pour la petite histoire, le personnage du Roi mage agenouillé, très similaire à son homologue dans *La Vierge des navigateurs* (Alcazar de Séville), serait, selon certains, Christophe Colomb lui-même qui prépara à Séville en 1501 son quatrième et dernier voyage entrepris l'année suivante au départ de Cadix. Détail important, l'œuvre du Musée Goya est signée «ALEXO FRNS» (pour Fernández), ce qui reflète l'évolution sociale de l'artiste au XVIe siècle, de mieux en mieux reconnu dans son identité propre.

La collection se complète de pièces mineures : une *Vierge à l'Enfant* 19
dite *Vierge au gril* qui, selon une inscription au verso, aurait appartenu
à Philippe II à l'Escorial, mais aussi un *Christ aux liens* que l'on a long- 18
temps attribué à Luis Morales. Il faut aujourd'hui abandonner cette hypothèse ; cette œuvre au dessin soigné, certes expressive, ne possède ni le relief, ni la facture du maître de Badajoz.

18 Ecole espagnole du XVIe siècle *Le Christ aux liens*. Bois, 68 x 53. Dépôt du Louvre en 1950, don Villemant. Inv. RF 1950–22 et D 51–1–1.

19 Ecole espagnole du XVIe siècle *Vierge à l'Enfant*. Huile sur bois, 49,2 x 37. Dépôt du Louvre en 1957. Inv. RF 2813 et D 58–2–1.

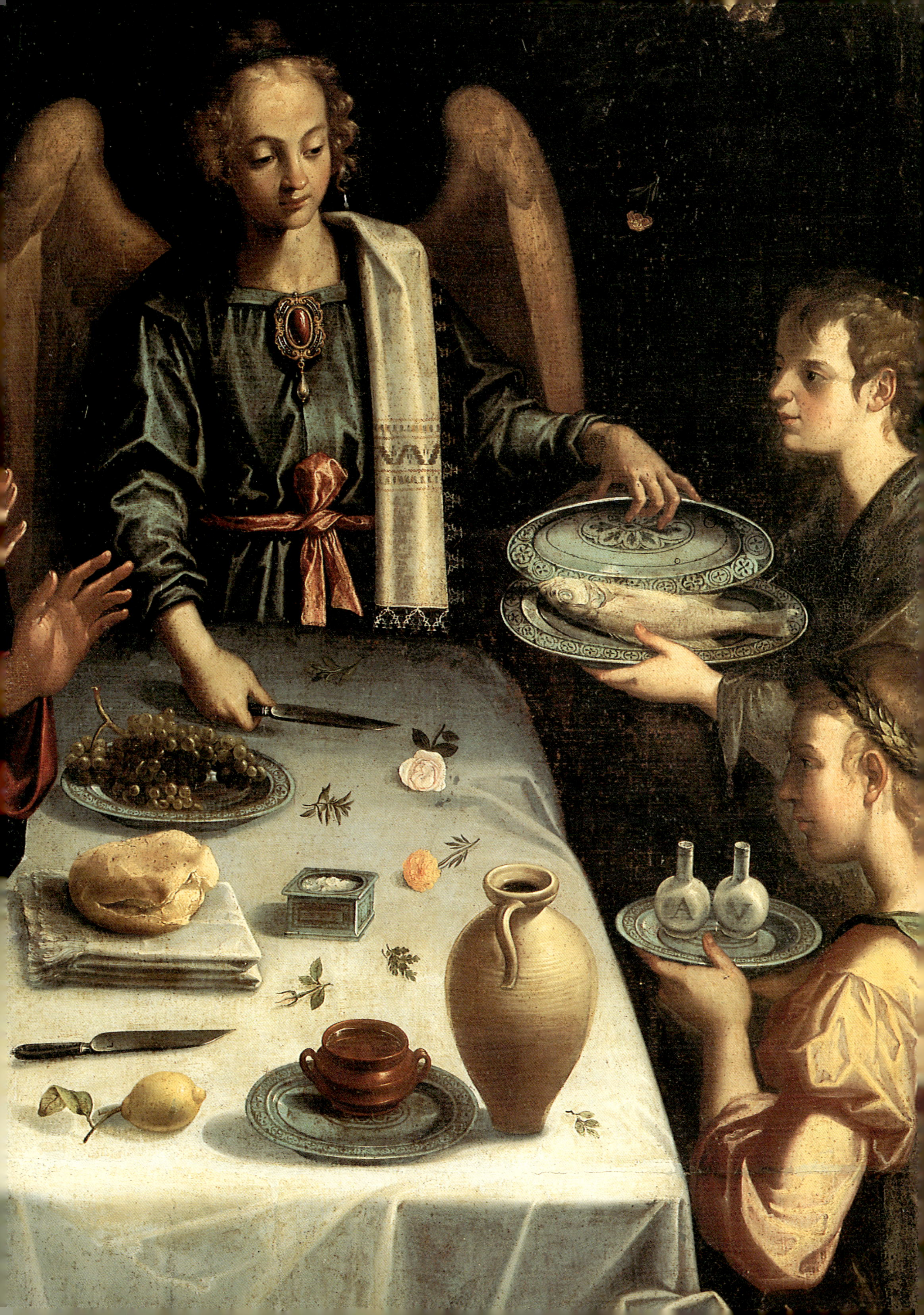
A
V

Le Siècle d'Or

Le XVIIe siècle en Espagne porte le qualificatif prestigieux de «Siècle d'Or» tant les arts y ont brillé d'un éclat tout particulier. En effet les beaux-arts, la littérature, le théâtre et la musique ont donné alors à la péninsule Ibérique des œuvres splendides qui demeurent, par bien des aspects, inégalées. Toutefois, cette période extraordinaire correspond aussi au lent déclin politique d'un pays qui, un siècle plus tôt, était parvenu au rang de puissance européenne. Charles Quint puis Philippe II avaient réuni au XVIe siècle entre leurs mains les royaumes espagnols, la couronne du Saint Empire (1519) et celle du Portugal (1578), et avaient constitué un empire colonial immense, seulement vingt-cinq ans après le débarquement de Colomb aux Antilles, le 12 octobre 1492. Ainsi les richesses du Nouveau Monde allaient-elles affluer vers l'Espagne, en particulier le produit des mines d'or et d'argent. En 1503, à cet effet, fut fondée à Séville la *Casa de contratación*, organisme qui disposait du monopole du commerce avec les Amériques. Sous la tutelle du Conseil des Indes qui devait durer trois siècles, elle présida à l'installation des colons, des fonctionnaires de la Couronne et des missionnaires.
D'autre part, le concile de Trente (1545–1563) avait entamé une réforme interne de l'Eglise catholique dont les effets, face à la religion réformée, devaient se faire sentir pendant quatre siècles. L'Espagne devint ainsi le champion de la Contre-Réforme en Europe.
Malgré la victoire de Lepante (1571), le déclin s'amorça avec le désastre de l'Invincible Armada en 1588 et une situation économique catastrophique : en 1595, l'Etat espagnol suspendit ses paiements. En 1598, à la mort de Philippe II, son fils Philippe III inaugura l'ère des *validos* ou favoris. L'expulsion des Morisques en 1609 et 1610 allait alors priver le pays de ses meilleurs agriculteurs en Galice, en Aragon et en pays valencien. Roi à l'âge de seize ans, Philippe IV (1605–1665) devint le souverain cultivé, ami des arts, qui présida au lent déclin de l'Espagne. Le Portugal fut perdu en 1640, les Flandres en 1648. A la mort de Charles II (1700), dernier des souverains Habsbourg et faible de caractère, le pays décimé par les guerres et les épidémies comptait six millions d'habitants.
La collection du musée de Castres regroupe un ensemble exceptionnel d'œuvres avec au moins un témoignage de chacun des grands maîtres, hormis le Greco.
Francisco Pacheco (1564–1644) se trouve représenté par ses deux chefs-d'œuvre : *Le Jugement dernier* et *Le Christ servi par les anges dans le désert.* *20*
Pacheco est à la fois le maître et le beau-père de Diego Velázquez aussi bien qu'un théoricien de la peinture. Il a joué un rôle de premier plan dans l'histoire de l'art à Séville à la fin du XVIe siècle et du-

Francisco Pacheco
Le Christ servi par les anges dans le désert, 1616.
Détail de l'ill. 20, p. 29

rant le premier tiers du XVIIe siècle. Lié au milieu érudit ainsi qu'à l'Inquisition dont il est le vérificateur *(Veedor)* des peintures sacrées, il œuvre pour les grands couvents de la capitale andalouse ainsi qu'à la Casa de Pilatos pour le compte du duc d'Alcalá. Il demeure célèbre pour son fameux traité de la peinture, *Arte de la Pintura,* édité après sa mort en 1649.

Formé au sein du courant hispano-flamand, il sut être sensible aux influences extérieures comme le maniérisme italien, tout en étant dépassé, à la fin de sa vie, par les nouvelles tendances ténébristes et baroques. En 1611, deux événements majeurs préludent à la réalisation du *Jugement dernier:* l'entrée dans l'atelier de Pacheco du tout jeune Velázquez et la rencontre avec le Greco lors d'un voyage à Madrid. Le style et la composition de cette œuvre sont à mettre en rapport avec le fameux *Martyre de saint Maurice* (1580-1582, monastère de l'Escorial), peint par le Greco pour le compte de Philippe II. Pacheco nous indique dans son traité que le tableau faisait partie d'un retable construit par Martínez Montañés entre 1610 et 1614 sur un projet de Juan de Oviedo; le contrat de commande concernant la peinture est passé le 28 juillet 1610 avec de riches donateurs, Hernando de Palma Carillo et son épouse, qui offrent cet ensemble de qualité au couvent Santa Isabel de Séville. Nous connaissons son prix élevé (700 ducats) et nous savons que l'inscription latine située sur une pierre dans la partie inférieure gauche a été composée par le poète Francisco de Medina. Elle date la composition de 1611 alors que le peintre précise qu'il l'achève en 1614.

Le tableau se divise en deux parties. Sur terre, l'archange saint Michel sépare les damnés des élus alors que quatre anges sonnent aux quatre points cardinaux la fin des temps. Dans le registre céleste trône le Christ avec, à sa droite, la Vierge Marie. Ils sont encadrés par l'ange de la Miséricorde et l'ange de la Justice divine. Aux pieds du Sauveur, l'archange Gabriel porte la croix de la Passion. De part et d'autre se distribuent les apôtres dont saint Pierre, saint Jean-Baptiste, saint André, saint Joseph et les prophètes Elie, Moïse, le roi David. L'ensemble de la composition est conçu comme un passage illustré de la Bible ainsi que des sept consignes établies par Pacheco dans son traité (chapitre III). Velázquez, né en 1599, travaillant dans l'atelier depuis 1610, n'a pu manquer d'assister à la réalisation de cette importante commande et par conséquent de subir l'influence indirecte du Greco. Pacheco, imprégné de l'art de Michel-Ange, a voulu faire référence au *Jugement dernier* de la chapelle Sixtine; de plus, il a inclus dans le tableau son propre autoportrait à l'âge de cinquante ans.

20 Entre 1615 et 1616, le maître va peindre *Le Christ servi par les anges dans le désert,* qui demeure son incontestable chef-d'œuvre. Etant donné le thème et la symbolique, le grand tableau, exécuté en un peu plus d'une année si l'on se réfère au dessin préparatoire daté du 7 octobre 1615 (Barcelone, Musée d'Art de Catalogne), n'est autre qu'un rébus sacré ainsi qu'une véritable leçon de peinture. Pacheco en décrit avec soin la composition dans son traité (livre III, chapitre XIII) et précise qu'il se situait dans le réfectoire d'un des plus importants couvents de Séville, San Clemente el Real. Elevé à partir de 1255 après la prise de Séville sur les Maures en 1248, cet établissement de religieuses cisterciennes abrite des sépultures royales dont celle de Marie de Portugal, épouse d'Alphonse XI. Entièrement reconstruit à partir du règne de Philippe II, le couvent fut un des chantiers les plus importants de la

20 Francisco Pacheco
Sanlucar de Barrameda, 1564-Séville, 1644
Le Christ servi par les anges dans le désert,
1616. 268 x 418. Achat, en 1993, du Fonds National du Patrimoine, du Conseil Régional de Midi-Pyrénées, de la Ville de Castres avec la participation de la Lyonnaise des Eaux-Dumez et des Laboratoires pharmaceutiques Pierre Fabre.
Inv. 93-1-1.

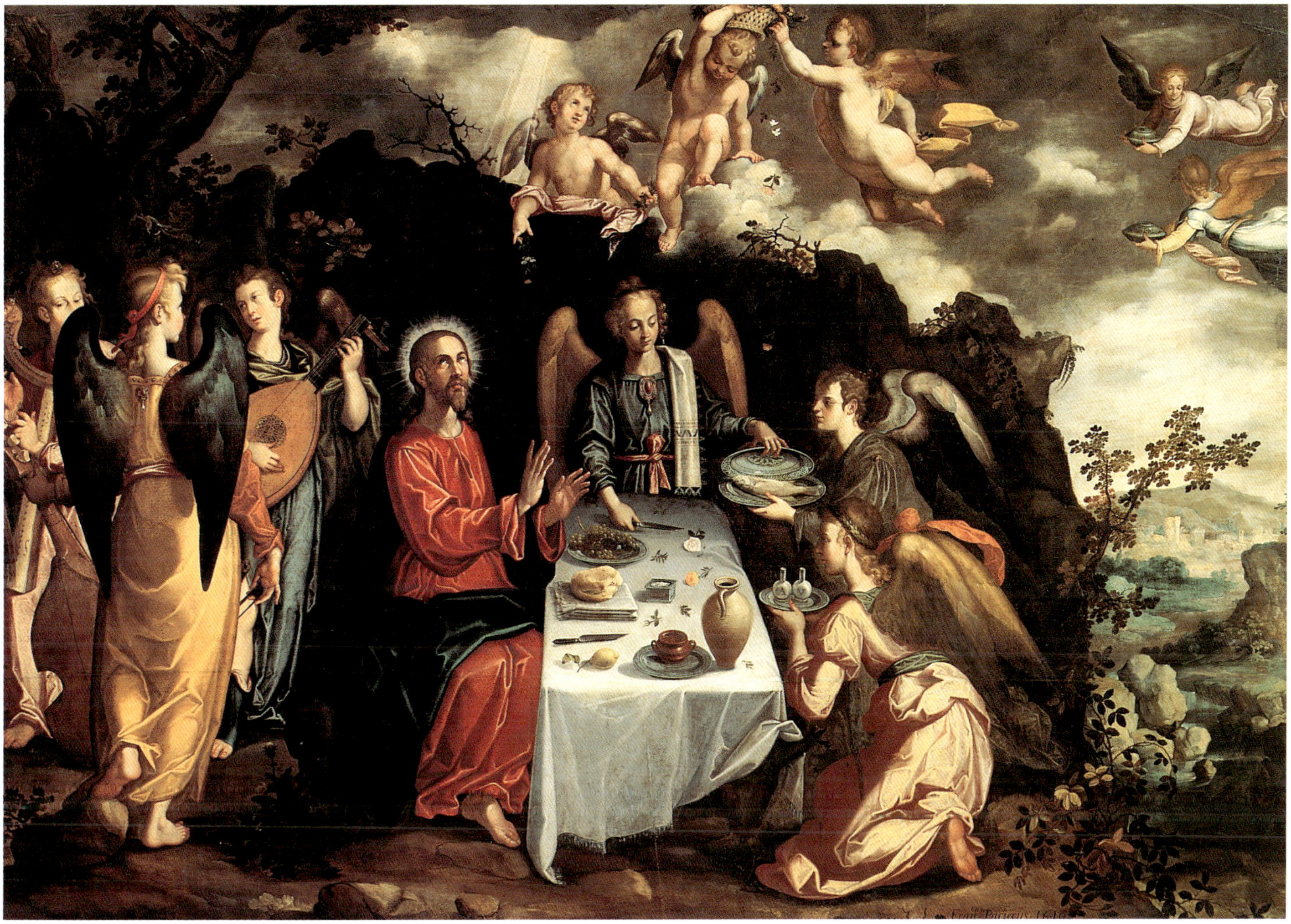

ville jusqu'au milieu du Siècle d'Or. Dans l'église, le *Retable de Saint Jean-Baptiste* avait déjà été exécuté entre 1608 et 1610 par Gaspar Nuñez Delgado, assisté de Pacheco. C'est donc dans cette dynamique que le maître de Velázquez fut mandaté pour illustrer un nouveau thème mis à l'honneur par les jésuites au XVIe siècle : le repas de Jésus après son jeûne dans le désert et sa victoire sur le démon.
Dans ce type de représentation qui remplaçait la Cène – avec un caractère moins douloureux –, les objets disposés sur la table devant le Christ sont agencés comme une nature morte *(bodegón)* très symbolique. Le pain et la grappe de raisin sont la nourriture spirituelle consacrée lors de la messe. Le poisson (ἰχθυς), initiales du Christ, sauveur, fils de Dieu et signe des premiers chrétiens, rappelle l'épisode de la multiplication des pains et des poissons. Le couteau fait référence à la Passion en tant qu'instrument du sacrifice ; le vase de terre contient l'eau pure du baptême et le cédrat, fruit de l'Andalousie, est le symbole de la longévité et de la fécondité. Le service réglé par un ange «maître d'hôtel», comme l'écrit Pacheco, demeure celui du protocole royal alors que des angelots dispersent des fleurs, signes de l'abondance des biens célestes. La rose exprime l'amour divin, l'œillet l'amour humain, les branches de chêne, d'acacia et d'olivier ont des connotations bibliques précises alors que le chardon aux pieds du Christ représente l'âpreté de la vie, l'austérité ainsi que la protection du cœur contre le mal extérieur. Plusieurs niveaux de lecture s'agencent dans cette œuvre depuis la vision la plus quotidienne jusqu'à la plus subtile puisque le tableau a été construit selon la section dorée. Les couleurs employées font référence à la puissance temporelle et céleste (la tunique cramoisie du Christ et son manteau bleu) alors que les anges musiciens sont vêtus de vert et de jaune, symboles d'espérance et de richesse spirituelle.
Mais la chose la plus exceptionnelle dans cette peinture demeure la participation effective du jeune Velázquez. En effet, comme l'a prouvé l'analyse comparative radiographique de l'œuvre, c'est sans aucun doute ce dernier, âgé de dix-sept ans à peine, qui réalise la nature morte au centre du tableau. A en croire Pacheco, très fier des qualités de son gendre en la matière, il n'y avait pas là de quoi s'étonner. *Le Christ servi par les anges* est donc précieux à double titre : par son exceptionnelle richesse symbolique, ouverte aux influences maniéristes, et parce qu'il s'agit de la première nature morte d'un tout jeune artiste de génie.

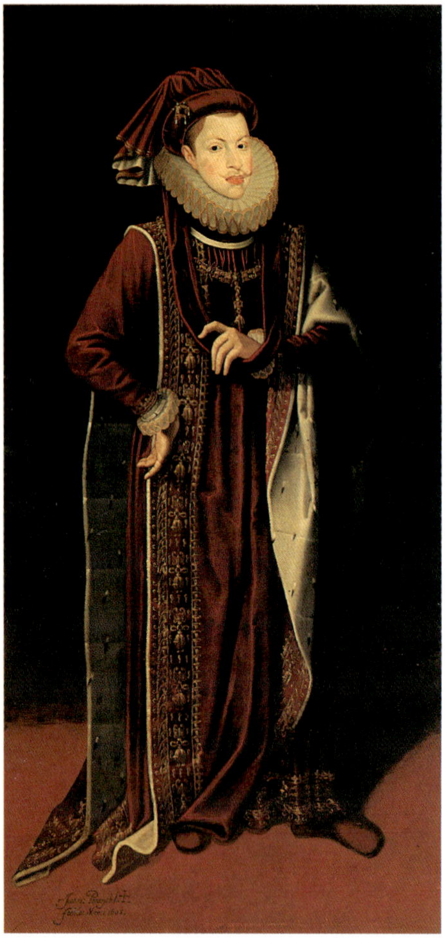

21 Juan Pantoja de la Cruz
Valladolid, 1553–Madrid, 1608
Portrait de Philippe III (1578–1621), 1608. Huile sur toile, 204 x 102,5. Dépôt du Louvre en 1984. Inv. RF 3817 et D 84-1-1.

Juan Pantoja de la Cruz (1553–1608), disciple de Sánchez Coello, a
21 signé l'année de sa mort le *Portrait de Philippe III*. Le souverain espagnol porte l'habit de grand maître de l'ordre de la Toison d'or, ce qui explique son costume d'un autre âge. Cet ordre de chevalerie qui existe toujours avait été fondé en 1429 par Philippe le Bon, duc de Bourgogne. Par le jeu des alliances matrimoniales et politiques, il passa en 1477 aux Habsbourg et puis plus tard aux Bourbons qui décidèrent que l'ordre existerait à la fois en Espagne et en Autriche. Juan Pantoja de la Cruz a minutieusement reproduit l'habit du XVe siècle ainsi que l'insigne de l'ordre, le grand collier à briquets où pend la Toison du bélier de Colchide.
La composition, fidèle à l'enseignement de Sánchez Coello, demeure simple. Le roi est represénté en pied, dans une position stéréotypée. Il s'agit d'un portrait officiel d'apparat ; aussi, aucune expression ne marque le visage du souverain traité comme une image désincarnée.

D'après la signature du peintre, cette œuvre fut exécutée à Madrid. Francisco Herrera le Vieux (vers 1590–1654) inaugure à Séville l'ère baroque. De caractère violent et passionné, il aurait été élève de Pacheco tout comme Velázquez et Alonso Cano. Tout d'abord maniériste, il évolue à la fin des années 1620 vers un style réaliste, coloré, aux formes puissantes et structurées. Contrairement à ses contemporains, il ne s'attache pas au ténébrisme issu des préceptes du Caravage.
La multiplication des pains confirme la palette du peintre dans sa pleine 22
maturité ; les personnages sont campés de façon libre et alerte, le pay-

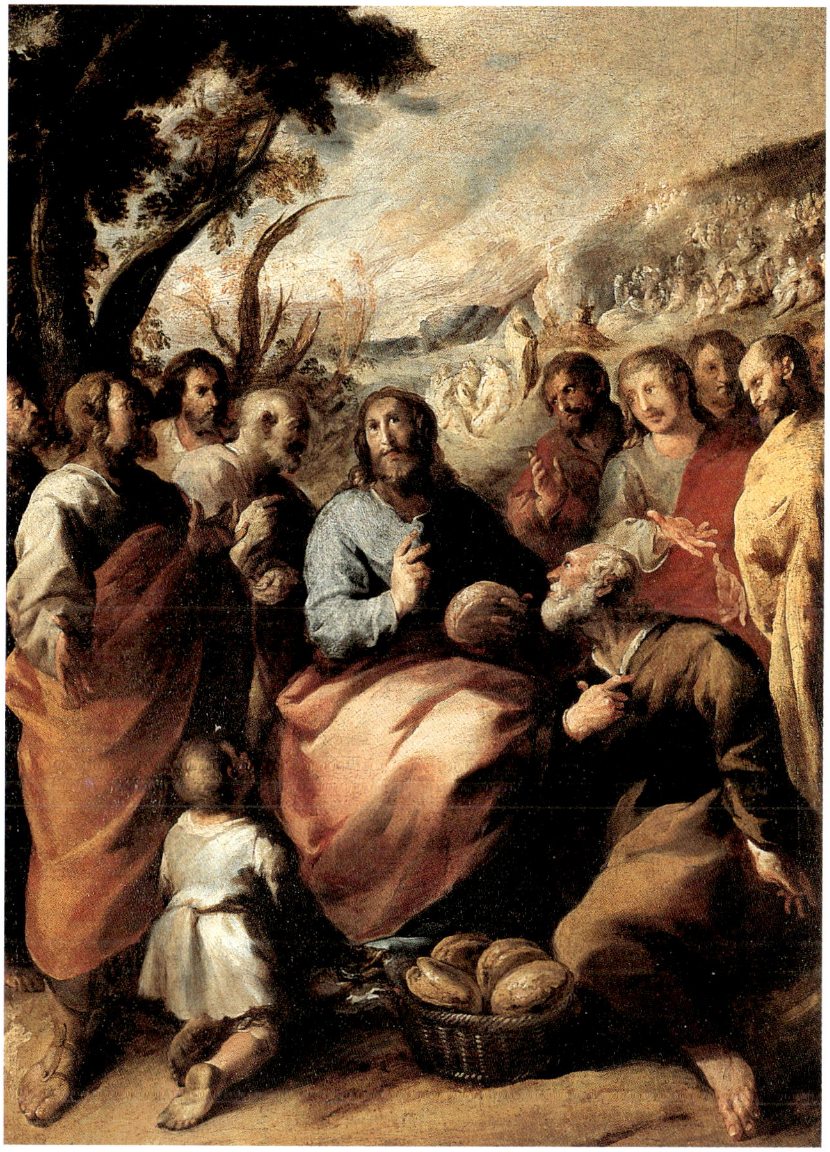

22 Francisco Herrera le Vieux
Séville, vers 1590–Madrid, 1654
La multiplication des pains. Huile sur toile, 111 x 82. Achat du FRAM Midi-Pyrénées et des Amis des musées de Castres en 1986. Inv. 89-2-1.

sage très enlevé abrite des silhouettes lointaines traitées avec une grande souplesse. Herrera, plus habitué à des premiers plans synthétiques, développe ici une scène moins monumentale où le paysage n'est pas occulté par l'action première. A sa suite, son fils Francisco Herrera le Jeune (1627–1685) sut développer un style baroque des plus dynamiques.
Pedro Orrente (1580–1645), surnommé le «Bassano espagnol», se situe par contre, avec un goût marqué pour les compositions pastorales, de façon pleine et entière dans le courant ténébriste. Un voyage en Italie, entre 1600 et 1612, lui permit de s'imprégner en particulier de la peinture vénitienne. En 1626, l'artiste se fixe à Tolède où il se lie

d'amitié avec le fils du Greco, Jorge Manuel. En 1639, il retourne dans sa ville natale Murcie, et finit ses jours à Valence.

23 *L'adoration des bergers* présentée à Castres et datée du premier tiers du XVIIe siècle s'inscrit dans toute une série d'œuvres comparables conservées au Musée du Prado, au Musée Mandet de Riom, au Musée Santa Cruz et à la cathédrale de Tolède. Orrente privilégie le réalisme des attitudes et des expressions accentuées par le violent éclairage du premier plan. Au contraire, les plans lointains, très assombris, ménagent un effet crépusculaire des plus intéressants. Un dessin pré-

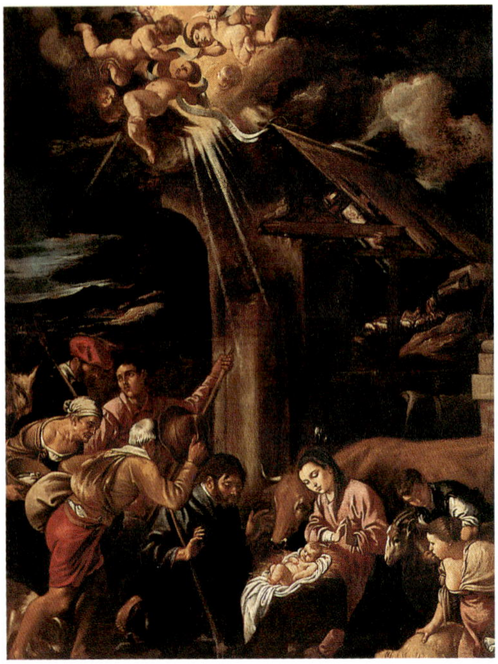

23 Pedro Orrente
Murcie, 1580–Valence, 1645
L'adoration des bergers, premier tiers du XVIIe siècle. Huile sur toile, 136 x 106,5. Achat du musée en 1994. Inv. 94–5–1.

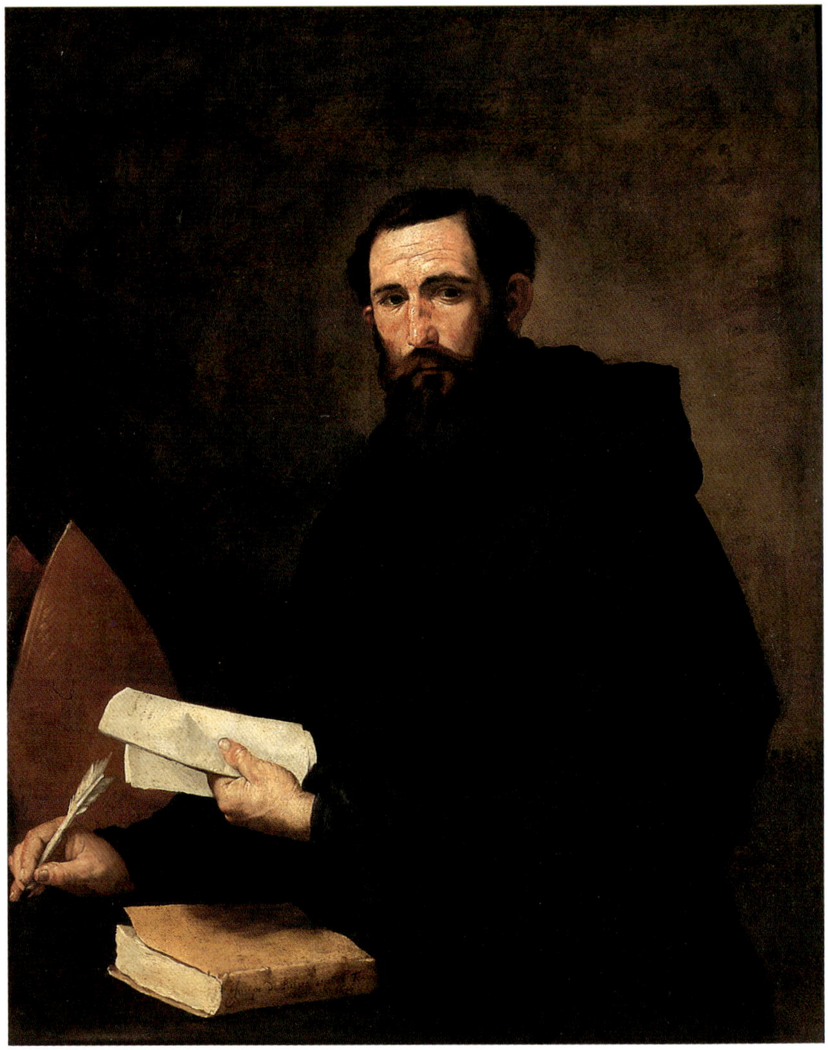

24 Jusepe de Ribera
Játiva, province de Valence, 1591–Naples, 1652
Saint Augustin (?), 1616. Huile sur toile, 126 x 100. Dépôt du Louvre en 1963. Inv. RF 1952–18 et D 63–2–1.

paratoire conservé au musée de Valence représente la jeune femme tenant un agneau ; il confirme l'attribution à ce maître tolédan qui parvient à développer un naturalisme ténébriste propre aux exigences du milieu artistique espagnol de l'époque.

Jusepe de Ribera, né à Játiva dans la province de Valence en 1591, représente un cas très particulier parmi les grands maîtres espagnols. Dès 1611, il s'expatrie en Italie, d'abord à Rome en 1615–1616, puis à Naples où il disparaît en 1652. Membre de l'Académie de Saint-Luc et protégé par les vice-rois de Naples, il a su tenir une place prépondérante parmi les peintres italiens du moment, tout en revendiquant ses origines car il signe ses œuvres *Ribera español.* Tout d'abord fidèles aux principes du Caravage, ses peintures sont marquées par de violents contrastes lumineux, un exceptionnel sens du détail allant jusqu'à reproduire la texture même de la chair. A partir de 1635, sa palette s'éclaircit au sein de grandes compositions monumentales; un léger retour au ténébrisme marque cependant la fin de sa vie.

De Ribera, le Musée Goya possède un *Saint Augustin* (dit aussi *Abbé* 24
mitré) ainsi qu'un *Martyre de saint André,* œuvre qui lui est attribuée mais qui émane plus sûrement de l'atelier. Le *Saint Augustin* est une composition très sobre, forte, où tout l'accent est mis sur la puissance intérieure du personnage dans un environnement simplifié à l'extrême et aux tonalités assourdies. Sur l'habit religieux noir se détache le visage ascétique du docteur de l'Eglise; son geste suspendu évoque l'inspiration et la foi intense. Les mains du saint homme, noueuses et rudes, témoignent de ce souci propre à Ribera de traduire la matérialité des choses et des êtres. L'œuvre, signée et datée sur le livre, porte la fameuse mention *español* qui valut autrefois au peintre son surnom de *Spagnoletto.*

Le *Martyre de saint André,* dépôt du Musée des Augustins de Toulouse, doit être mis en relation avec la composition originale du maître, datée de 1628 et conservée au Szepmüveszeti museum de Budapest. On y retrouve la violence du contraste lumineux, le dynamisme de la composition délibérément spectaculaire, l'opposition entre le corps du martyr et les formes sombres, affairées des bourreaux. Toutefois l'œuvre n'a ni la souplesse, ni la profondeur d'évocation de l'original car l'esprit du maître a été traduit sans que son sens du rendu des formes et de la matière n'ait été assimilé. Il semble toutefois que Ribera soit bien l'auteur de la figure de saint André; tous les détails de ce visage sont en effet traduits avec une réalité quasi tactile.

Quoique né dans la province de Badajoz (Estrémadure), à Fuente de Cantos en 1598, et mort à Madrid en 1664, Francisco de Zurbarán nous relie à la grande génération des peintres andalous. Fils d'un commerçant basque, il accomplit des débuts assez confus auprès d'un peintre obscur, Pedro Diaz de Villanueva. Il y a tout lieu de penser qu'il a connu, avant 1617 à Séville, les artistes les plus en vue comme Herrera ou Roelas ainsi que Cano et Velázquez. Installé à Séville à partir de 1629, il travaille en particulier pour les grands couvents (dominicains, mercédaires). Durant cette période brillante entre toutes, il est amené en 1634 à participer à la décoration du nouveau palais royal du Buen Retiro à travers des compositions mythologiques représentant les travaux d'Hercule (Musée du Prado). Entre 1636 et 1640, il a l'occasion de peindre une série pour le cloître bas du couvent de la Merced Descalza de Séville. Cet ensemble comprenait une importante succession de petits tableaux représentant le martyre de religieux de l'ordre de la Merci dont on rappellera qu'ils étaient voués au rachat des captifs. On sait qu'en 1810 trente-huit de ces pièces avaient été réunies par les Français dans le dépôt de l'Alcazar de Séville; la Galerie espagnole de Louis-Philippe n'en comptait pas moins de seize.

Le *Martyr mercédaire,* s'il échappe au recensement cité plus haut, cor- 25
respond parfaitement par ses dimensions aux petites toiles de cette commande très importante. Si la collaboration de l'atelier peut être envisagée comme systématique, la finesse d'exécution de cette œuvre suggère une intervention du maître tant l'expression du moine enfermé dans une grotte est intense, le rendu du costume religieux soigné, l'économie de moyens poussée à l'extrême. Nous retrouvons ici la très grande spiritualité de Zurbarán qui préfère évoquer, comme dans le *Saint Sérapion* (Wadsworth Atheneum, Hartford, Connecticut), le supplice des religieux sans excès sanguinaire.

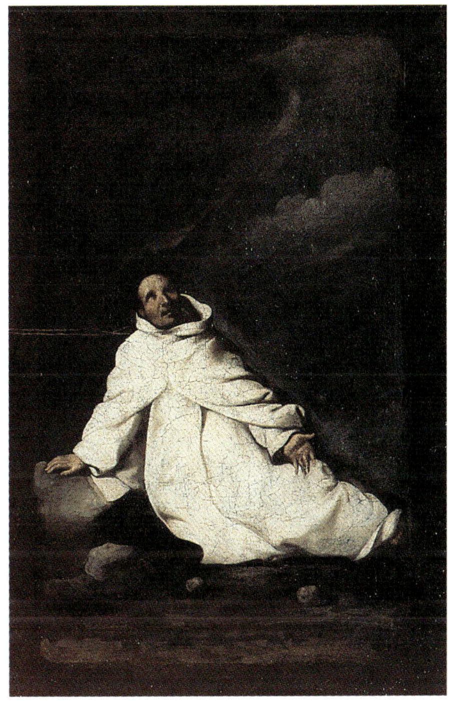

25 Francisco de Zurbarán
et son atelier
Fuente de Cantos, 1598–Madrid, 1664
Martyr mercédaire, vers 1636.
Huile sur toile, 63 x 43. Dépôt du Louvre en 1963. Inv. MI 1230 et D 63-1-1.

26 Le *Portrait d'Alvar Belázquez de Lara* faisait lui aussi partie d'une série peinte vers 1650, celle des infants de Lara qui provenait de la maison d'Arias de Saavedra. Il s'agit dans le cas présent d'un travail d'atelier destiné à illustrer la vieille légende castillane des infants de Lara (xe siècle). Ayant été gravement insulté par ses neveux, les sept fils de Gonzalo Bustos, seigneur de Salas et de la terre de Lara, Rodrigo de Lara livre les jeunes gens aux Maures, qui les massacrent à Almenar. Almanzor, calife de Cordoue, retient prisonnier le père de ces malheureux; leurs têtes lui sont présentées. Le captif séduit alors la fille du calife; leur fils Mudarra vengera ses frères assassinés. Notre tableau, dont une version existe au Museo Franz Mayer de Mexico, campe le personnage du cousin des infants, caparaçonné dans une armure de fantaisie telle qu'on pouvait en porter au théâtre. La série dont on connaît huit toiles devait avoir un certain effet d'ensemble; tous les personnages sont fièrement plantés sur un fond uni. Il faut toutefois remarquer la simplification de l'éclairage et le côté stéréotypé de cette œuvre.

En effet, face à la concurrence de Murillo, le maître a développé une production de moindre qualité destinée aux colonies d'Amérique du Sud. En 1658, il s'installe de façon définitive à Madrid après son troisième mariage. En fait, lorsqu'il disparaît en 1664, le monde artistique a évolué vers la théâtralisation de l'image religieuse. Peintre de la simplicité, de la pensée monastique et de la tendresse humaine, Zurbarán nous touche par ses qualités de coloriste, sa maîtrise absolue de l'éclairage, la plénitude de sa foi profonde qu'il a su traduire plus que tout autre peintre du Siècle d'Or. Tout ceci fait de lui la figure la plus accomplie d'une spiritualité qui trouve encore un écho de nos jours.

Diego Velázquez de Silva (1599–1660) peut seul lui être comparé et le dépasser dans le domaine d'une peinture savante, d'une éblouissante maîtrise de la couleur, de la lumière et de la composition. Le Musée
27 Goya a la très grande chance de conserver le *Portrait de Philippe IV*. Datée de 1634–1636, cette œuvre se rattache à une période de grande activité du peintre de la cour, puisque Velázquez participe alors à la décoration du nouveau palais du Buen Retiro à travers le programme du Salon des Royaumes. De façon conjointe, une série de portraits du roi, du cardinal-infant, frère du roi, et du prince Baltazar Carlos en costume de chasse va alors être peinte très probablement pour la Torre de la Parada, pavillon de chasse dans le parc du Pardo. Velázquez est déjà peintre du roi depuis 1623 et s'est rendu en Italie une première fois en 1629; il possède parfaitement son art qui a évolué des sujets naturalistes de sa jeunesse vers des thèmes officiels ou des portraits exécutés avec un raffinement extrême.

Etant donné sa qualité, le tableau de Castres s'avère être une réplique de l'original du Musée du Prado. Ce dernier laisse apparaître de façon très visible nombre de repentirs dans la pose et la longueur du fusil. Dans un premier temps, le maître a représenté le souverain tête nue, la casquette à la main gauche (Musée Goya), puis il a remanié sa composition et a posé un couvre-chef sur la tête du souverain (Musée du Prado). Velázquez, pour un sujet plus intime, obéit aux règles rigides de la représentation de l'image royale. La pose, définie une fois pour toutes, n'a pas changé depuis Sánchez Coello, mais ici le paysage naturel, traité dans les gris-bleu et les ocres, dote d'un environnement poétique le portrait du monarque. Sous l'oblique du fusil

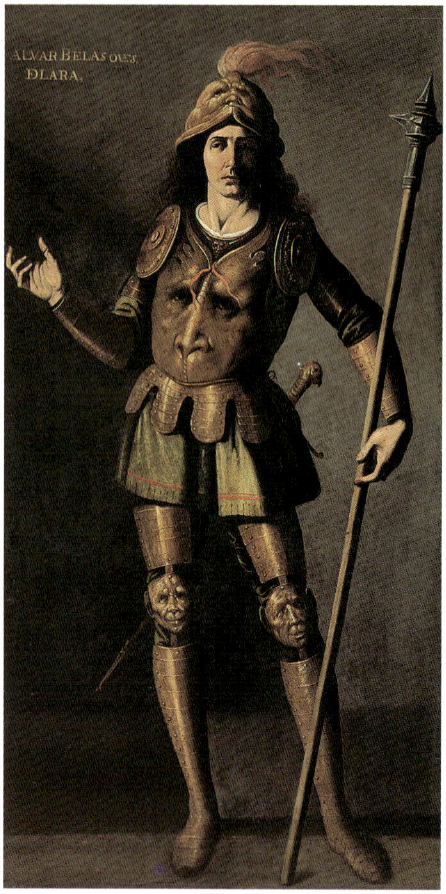

26 Francisco de Zurbarán (atelier de)
Fuente de Cantos, 1598–Madrid, 1664
Portrait d'Alvar Belázquez de Lara, vers 1650. Huile sur toile, 199 x 104. Dépôt du Louvre en 1959. Inv. RF 1959–16 et D 59–1–1.

27 Diego Velázquez de Silva
Séville, 1599–Madrid, 1660
Portrait de Philippe IV, 1634–1636. Huile sur toile, 200 x 120. Dépôt du Louvre en 1949. Inv. MI 292 et D 49–3–2.

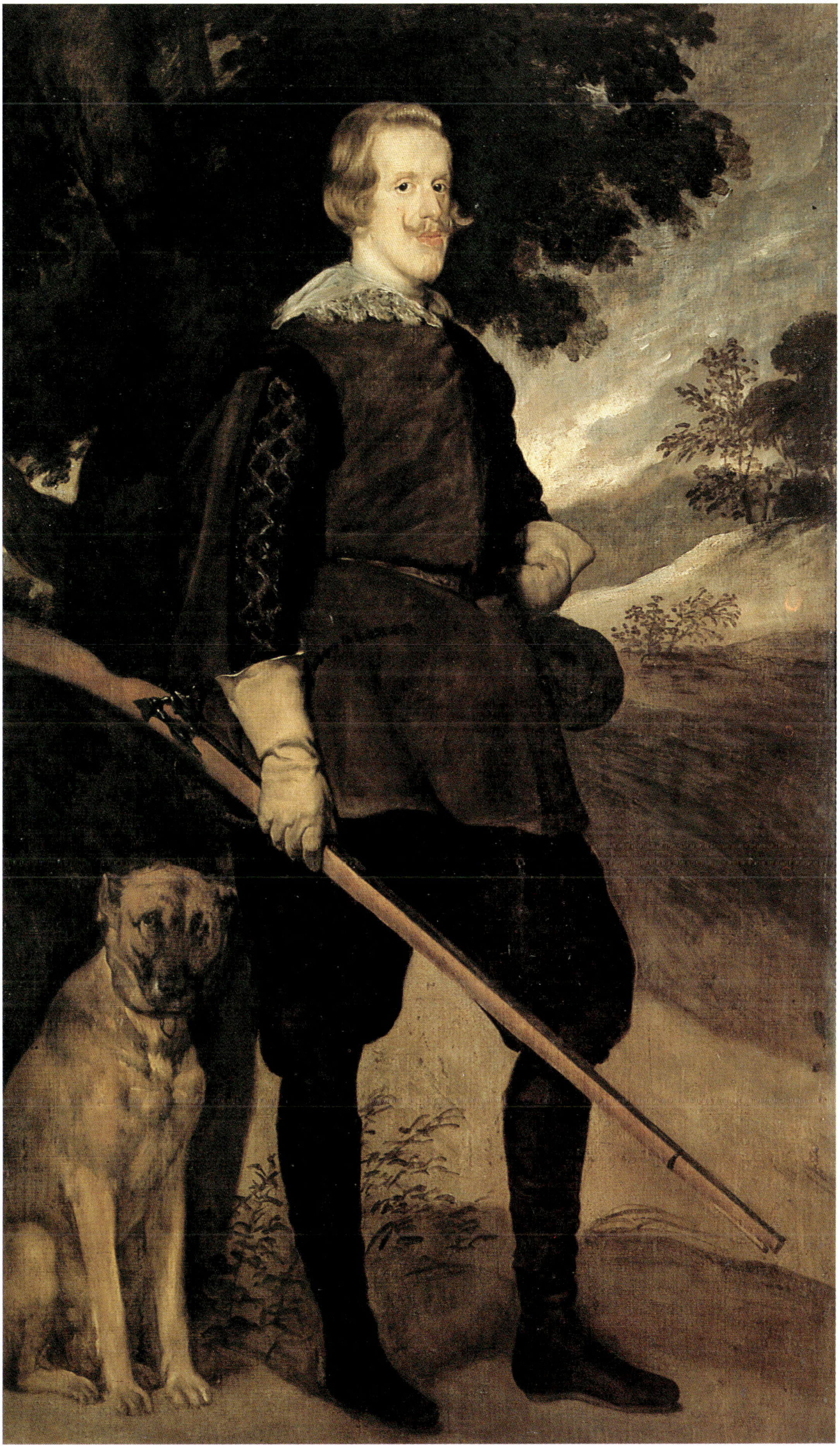

se tient le chien, fidèle serviteur, dont le pelage est traité par petites touches successives. Velázquez emploie de façon systématique le glacis sauf pour certaines parties de l'œuvre où il renforce l'effet coloré en pleine pâte. Le chêne, arbre royal par excellence, complète la mise en page discrète et efficace d'un portrait que l'on devine empreint de la personnalité de Philippe IV. Le regard, intelligent et intense, reflète cette disposition à gouverner propre aux Habsbourg, princes par nature. Seules les nuances chromatiques du visage, moins étudiées dans l'œuvre de Castres, nous donnent à penser que le maître a laissé à l'atelier une part d'exécution.

Alonso Cano (1601–1667), condisciple de Velázquez dans l'atelier de Francisco Pacheco, avait une formation très complète de peintre, d'architecte et en particulier de sculpteur, domaine où il étudia, semble-t-il, avec le grand Martínez Montañés. Sa vie très tumultueuse reste marquée par l'assassinat de son épouse en 1664 et sa mise en accusation. Son art évolue d'une peinture de jeunesse marquée par le ténébrisme vers une palette aux coloris brillants, clairs et recherchés qui ont pour référence les grands maîtres italiens de la Renaissance, en particulier Raphaël et les Vénitiens. Sa peinture met en avant une véritable recherche du modèle de la beauté idéale, en particulier dans le cycle marial peint pour l'église de l'Ange gardien de Grenade vers 1660.

Trois des six compositions de ce cycle ont intégré les collections du
29–31 Musée Goya : *L'Annonciation, La Visitation, Le Mariage de la Vierge.* Outre l'indéniable puissance des coloris, Cano développe dans ces trois œuvres un réel sens de l'espace, simplifié pour les besoins d'une évocation symbolique. Les formes, adaptées à la situation de ces peintures sur les piliers de l'église, ont été pensées pour éviter la déformation due à un tel emplacement ; l'art du sculpteur se distingue aisément, en particulier dans le rendu très caractéristique des plis amples et profonds. Très sensible à la beauté plastique de ses modèles féminins, Cano nous livre en la matière un merveilleux ensemble non dénué d'un certain lyrisme, évoquant avec discrétion et élégance une foi omniprésente.

Juan de Arellano (1614–1676), élève de Juan de Solis, s'est illustré avec un rare bonheur dans le domaine de la peinture de fleurs. Ses premiers travaux, datés de 1646, révèlent l'influence d'Antonio Ponce sur des modèles flamands comme Daniel Seghers. Inspiré par le peintre romain Mario Nuzzi (1603–1673) dit Mario di Fiori, il sut, au cours d'une production abondante, mettre au point des modèles originaux et dépourvus de tout artifice au moyen de fonds unis ou de supports stylisés. L'une de ses caractéristiques majeures est la combinaison subtile de couleurs pures au gré des essences florales, tempérées par toutes les nuances de blanc, de gris colorés, afin de traduire les effets de lumière.

28 La magnifique *Corbeille de fleurs* exposée sur nos cimaises s'avère très équilibrée, témoignant de la pleine maturité de l'artiste, probablement vers les années 1660. Pivoines, roses, jonquilles, narcisses, tulipes et iris se mêlent dans une corbeille d'osier avec un sens délicat de la composition et des rapports de tons. Comme dans toute peinture du genre, il faut y voir une connotation d'ordre symbolique et ce n'est pas sans raison que ces *floreros* étaient particulièrement prisés dans les intérieurs de couvents. Ainsi le narcisse est-il à la fois la fleur du sommeil des Anciens, une allusion au printemps et un attribut ma-

28 Juan de Arellano
Santorcaz, 1614–Madrid, 1676
Corbeille de fleurs. Huile sur toile, 86 x 59,5. Dépôt du Musée des Beaux-Arts de Carcassonne en 1988. Inv. 845-2-5 et D 89-2-1.

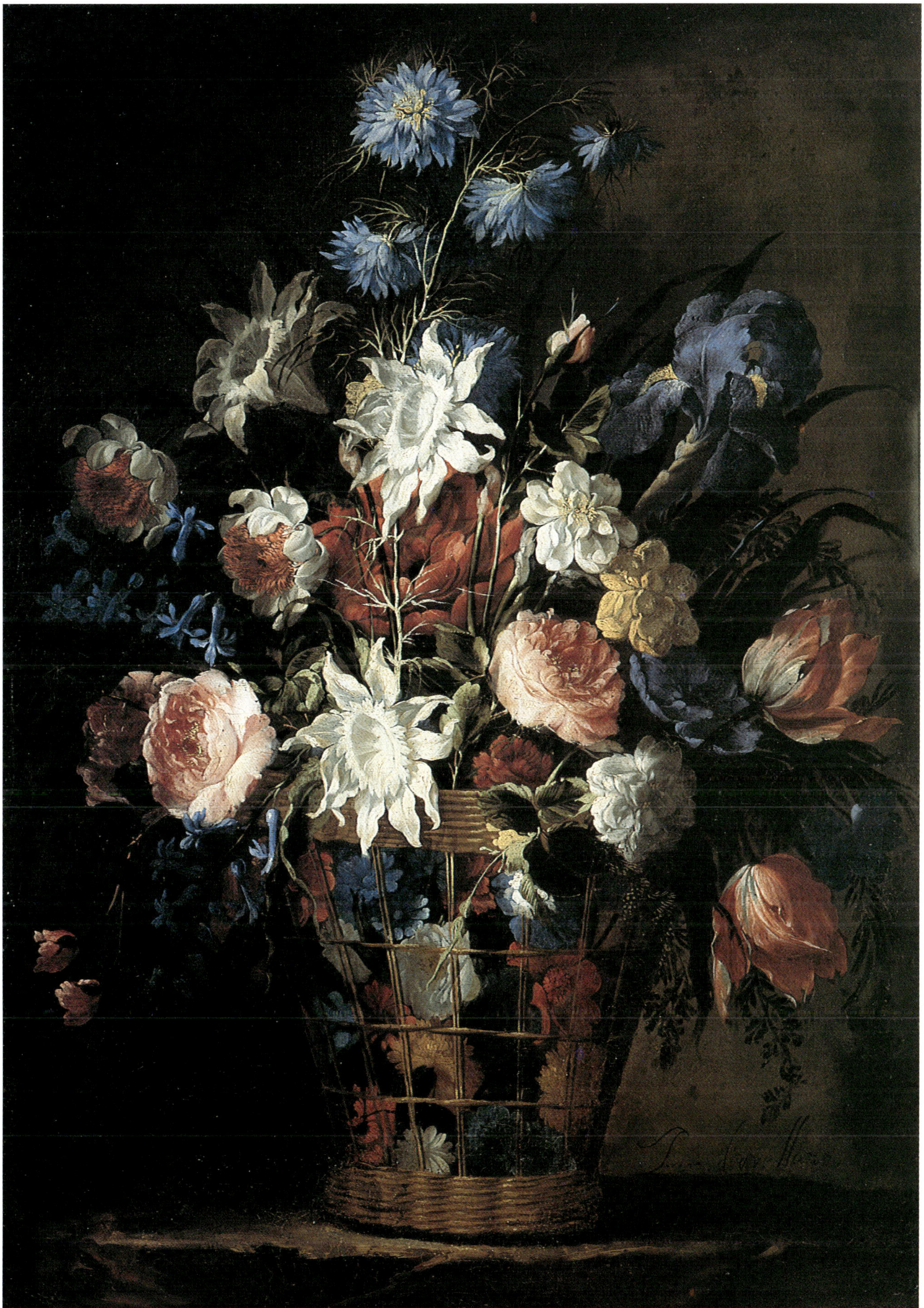

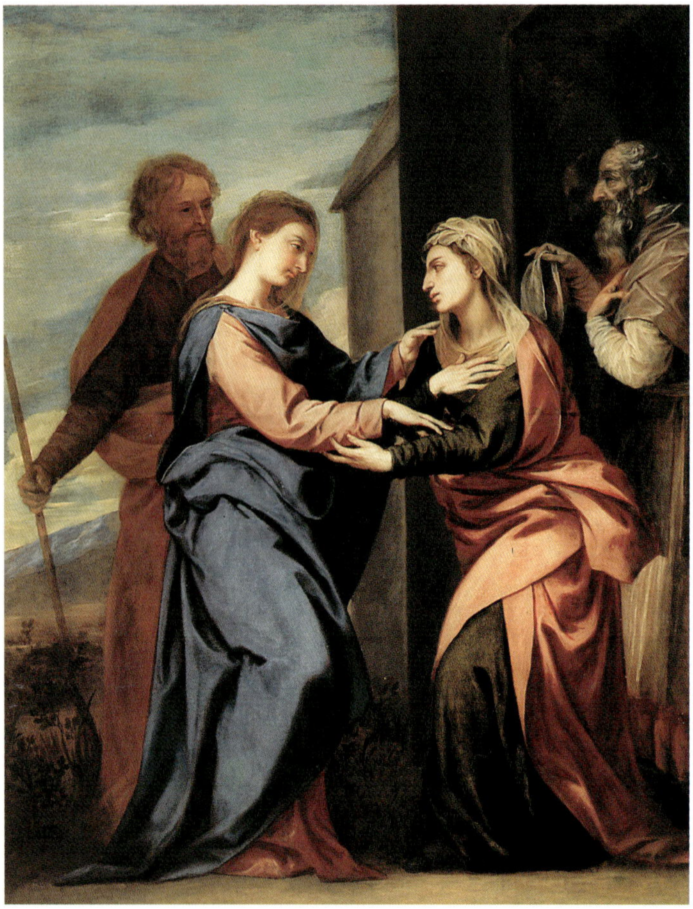

29 Alonso Cano
Grenade, 1601–1667
La Visitation, vers 1660. Huile sur toile, 222 x 175. Achat du FRAM Midi-Pyrénées et des Amis des musées de Castres en 1983. Inv. 85-1-2.

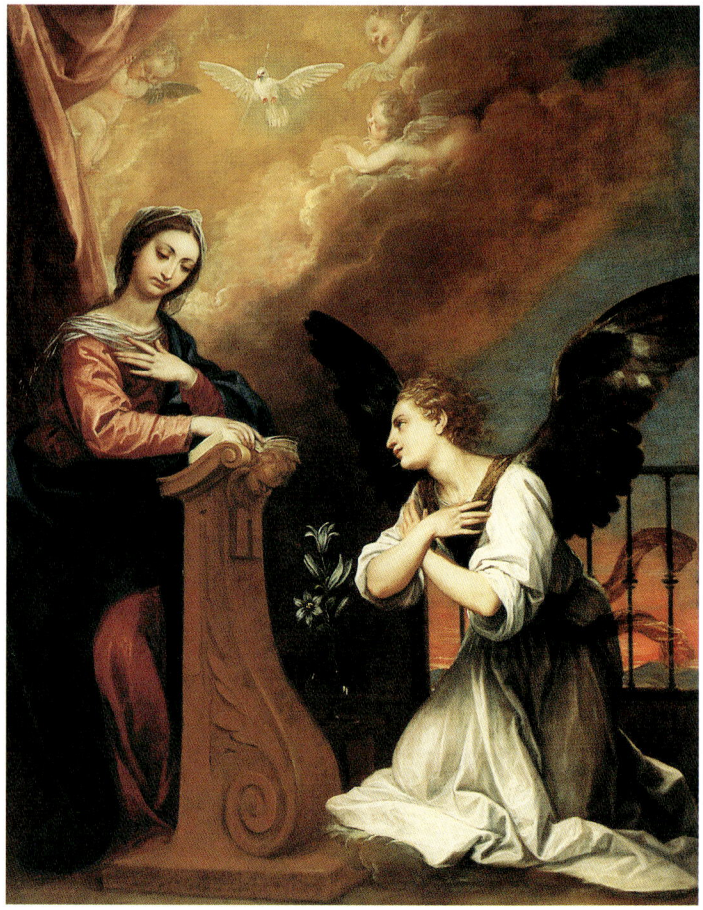

30 Alonso Cano
Grenade, 1601–1667
L'Annonciation, vers 1660. Huile sur toile, 220 x 173. Achat du FRAM Midi-Pyrénées et des Amis des musées de Castres en 1983. Inv. 85-1-1.

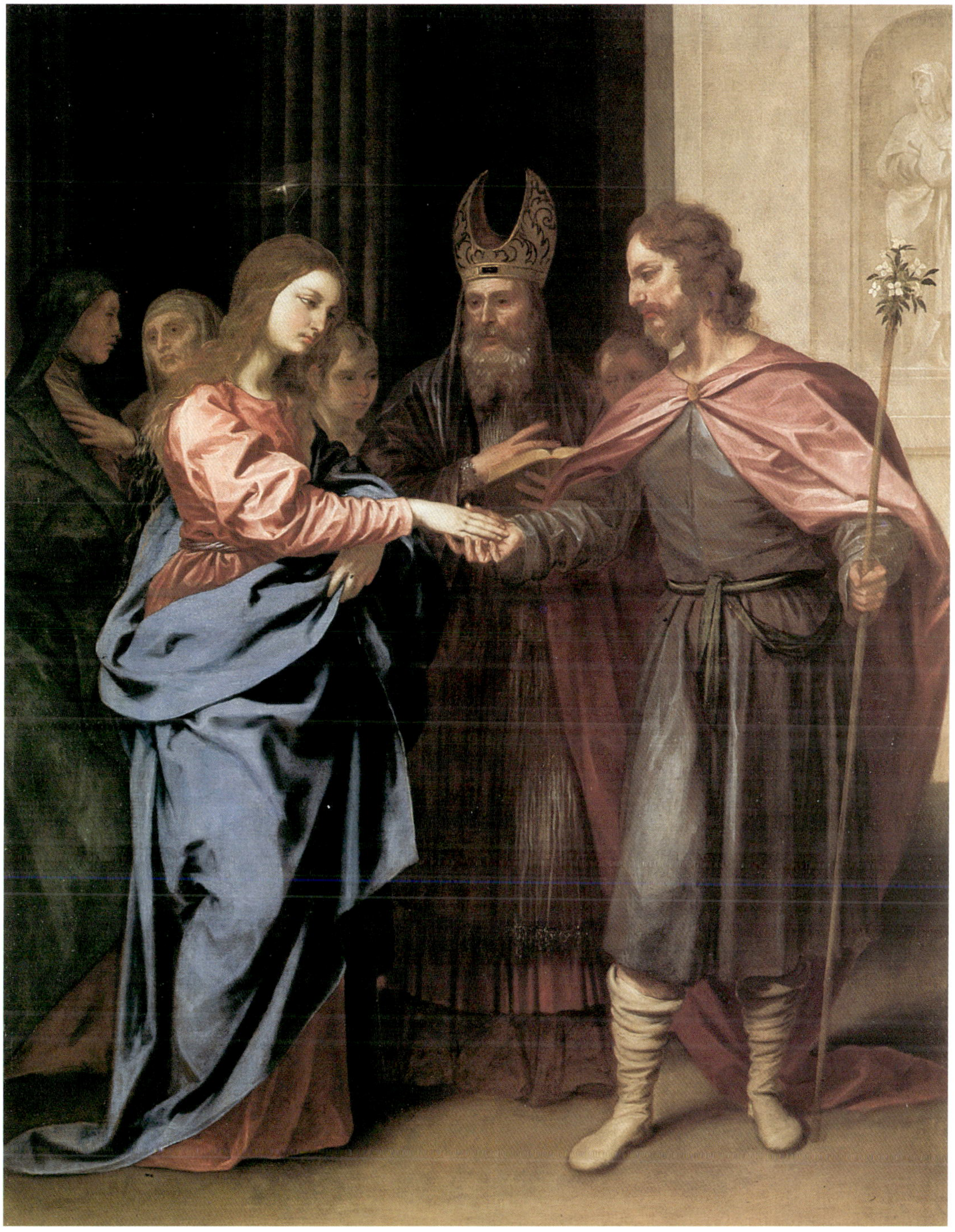

31 Alonso Cano
Grenade, 1601–1667
Le Mariage de la Vierge, vers 1660.
Huile sur toile, 215 x 171.
Don anonyme en 1986. Inv. 89-1-1.

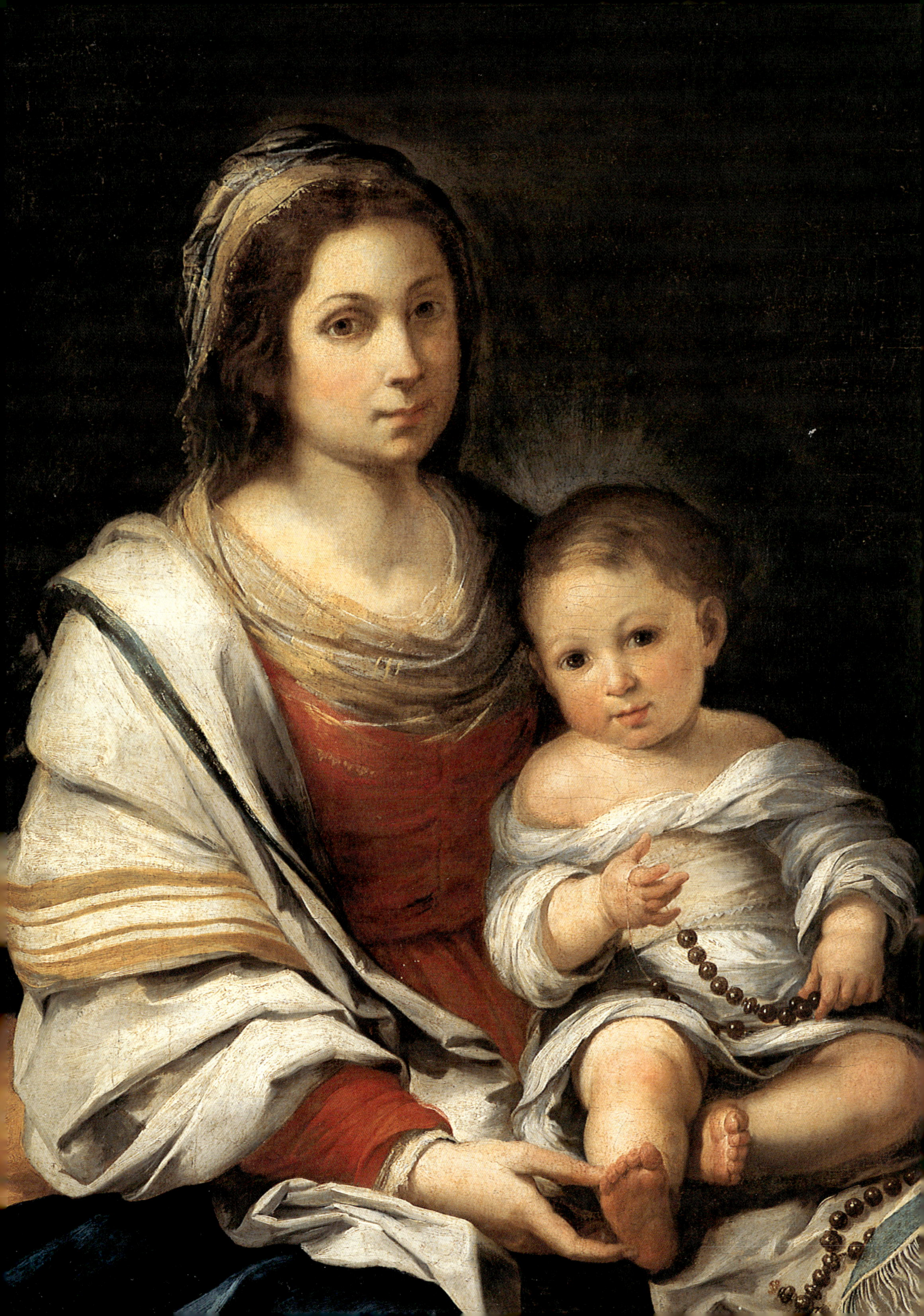

rial. La pivoine, outre ses vertus curatives, figure la dignité et l'honneur tout en étant elle aussi un symbole lié à la Vierge (la rose de Notre-Dame). La rose demeure synonyme de l'amour, en particulier divin, et image de renaissance. La tulipe, tant prisée au XVIIe siècle, objet de spéculation, est une représentation de la vanité des hommes. De la sorte, à travers un véritable langage symbolique bien oublié de nos jours, les artistes tel Arellano ont su – en des temps particulièrement troublés par les tragiques événements européens – porter un genre, jugé comme mineur, au-devant des préoccupations philosophiques et morales .

La *Vierge au chapelet* de Bartolomé Esteban Murillo (1628–1682) nous 32
révèle la facture du plus jeune des peintres de la grande génération du Siècle d'Or. Formé dans l'atelier de Juan del Castillo, il a très vite été reconnu par les franciscains comme un artiste novateur. Imprégné d'un profond naturalisme, il mêle le quotidien et le merveilleux dans des scènes où apparaissent souvent de très jeunes enfants. La *Vierge au chapelet* peut être datée des environs de 1650 et doit être mise en relation avec la *Vierge au rosaire* du Musée du Prado et la *Vierge à l'Enfant* du palais Pitti à Florence. Toutes ces compositions sont empreintes de tendresse, d'une inoubliable beauté plastique, alliée à un éclairage des plus modulés. Ici, la Vierge adopte les traits d'une toute jeune femme sévillane au regard songeur et au magnifique vêtement ample où se combinent les tonalités chaudes et froides. L'Enfant Jésus, tendrement appuyé sur sa mère, joue avec le chapelet dont il a séparé onze grains. L'œuvre entière traduit une impression de paix et de simplicité qui nous fait comprendre le qualificatif accordé à Murillo de «peintre de la douceur». Interprète de la ferveur religieuse de son temps comme Zurbarán, il sut mettre en œuvre, dans un style tout personnel, les représentations profanes et populaires alliées aux modèles d'une foi intemporelle et transcendante. Seul Velázquez sut le surpasser en ce sens.

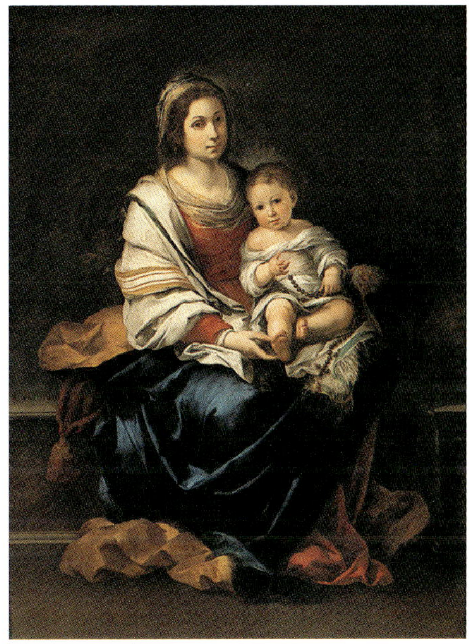

32 Bartolomé Esteban Murillo
Séville, 1628–1682
Vierge au chapelet, vers 1650.
Huile sur toile, 166 x 125.
Dépôt du Louvre en 1949.
Inv. 929 et D 49–3–1.

Juan de Valdés Leal (1622–1690) peut paraître l'exact contraire ; fougueux et même impétueux, il est à l'opposé de Murillo qui se préoccupait fort peu de théâtralisation. Valdés Leal n'a pas mérité son nom de «peintre de la mort», dû certainement aux terribles peintures de l'hôpital de la Charité de Séville (1671–1672) où le macabre le dispute au symbole religieux. Peu attiré par la beauté formelle, il représente l'autre aspect de l'âme espagnole du Siècle d'Or où l'énergie et la composition dynamique s'accordent avec l'aspect du baroque privilégiant l'instant dramatique plutôt que l'élégance ou l'harmonie de la composition.

Le Christ servi par les anges s'inscrit bien dans cet état d'esprit ; il peut se 33
situer dans les années 1663–1664. Outre le fait qu'elle peut se comparer avec la composition de Pacheco, nous savons que cette œuvre provient très certainement du réfectoire du couvent San Laureano de Séville. Ici la construction demeure réduite à l'essentiel : le Christ, deux anges, trois angelots figurés à grands coups de pinceau. L'harmonie colorée tourne pour l'essentiel autour des ocres, des terres d'ombre, des gris colorés. La lumière venue du coin supérieur gauche du tableau met en évidence l'essentiel : le Christ, la table aux mets symboliques, les deux anges serviteurs. Le peintre privilégie donc, au contraire de son prédécesseur, l'aspect surnaturel et spectaculaire avec une économie de moyens ainsi que d'incontestables audaces dans le rendu des raccourcis (main droite du Christ).

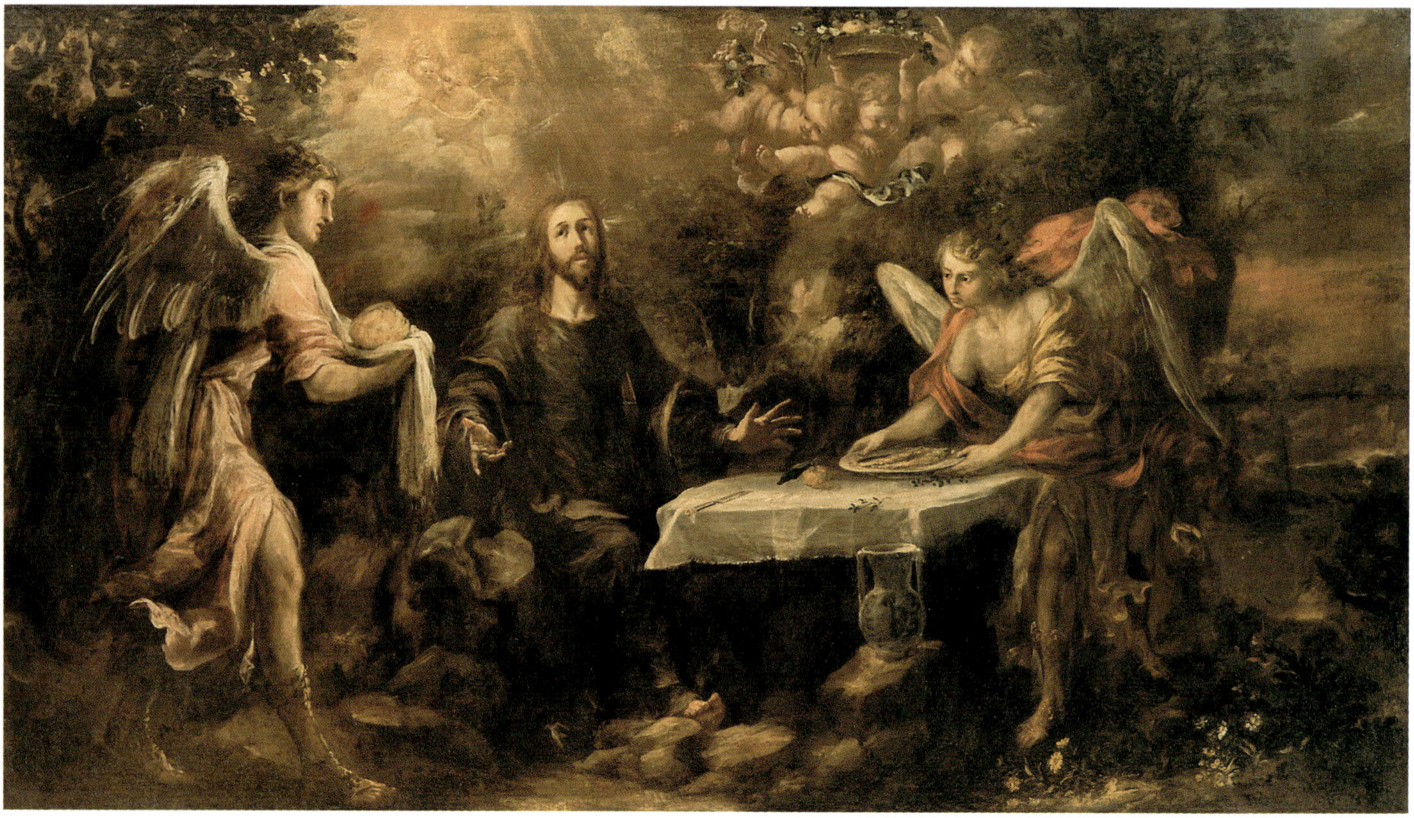

33 Juan de Valdés Leal
Séville, 1622–1690
Le Christ servi par les anges, 1663–1664.
Huile sur toile, 199 x 357,5.
Achat de la Ville de Castres en 1964.
Inv. 64-1-1.

La *Tête de sainte Catherine d'Alexandrie* lui a été attribuée, semble-t-il à 38
tort, tant ce thème de têtes tranchées lui a été associé après son travail sur le retable du couvent des carmélites de Cordoue en 1658. S'il demeure ardu d'avancer une attribution pour cette peinture (Lucas Valdés?), on ne peut rester insensible ici au contraste majeur entre l'horreur du sujet et la beauté de la tête de sainte Catherine dont la lourde chevelure s'orne d'un nœud rose, symbole de la fragilité de la beauté.

Enfin Claudio Coello (1642–1693) peut être considéré comme le dernier grand maître espagnol du Siècle d'Or. Après lui, ce sont les artistes italiens et notamment Luca Giordano qui bénéficièrent de la faveur royale. Pleinement baroque de par sa formation auprès de Francisco Rizi (mort en 1685), ouvert aux tendances flamandes et vénitiennes, il use de coloris chauds, de compositions très enlevées mais aussi d'un sens poussé de l'équilibre des formes. Ses préoccupations concernant l'espace se font jour dans *L'Immaculée Conception,* signée et 34
datée de 1676 où il s'inspire de Carreño de Miranda (1614–1685), ami et seul disciple véritable de Velázquez. Une version plus ample existe dans la cathédrale de Málaga (chapelle de la Purísima Concepción), autrefois attribuée à Mateo Cerezo. Dans ce tableau, l'artiste a su traduire le mouvement ascendant de la Vierge en particulier par l'effet des draperies du manteau. Nous retrouvons dans cette très belle évocation de Marie sous l'apparence d'une toute jeune fille comme l'exigeait l'iconographie en vigueur les symboles des *Litanies de la Vierge.* La mère du Christ se tient sur le croissant de lune, entourée des attributs qui lui sont associés : la Jérusalem céleste, le jardin clos, les lys de la pureté, le fruit de la tentation que tient le serpent, le miroir parfait de la fidélité, etc.

En tant que portraitiste, Coello se trouve représenté par le *Portrait de* 35
jeune Madrilène, miracle de fraîcheur et de beauté à peine sorti de l'adolescence. Douceur du visage légèrement mélancolique et somptuosité du costume font de cette image gracieuse une délicate harmonie.

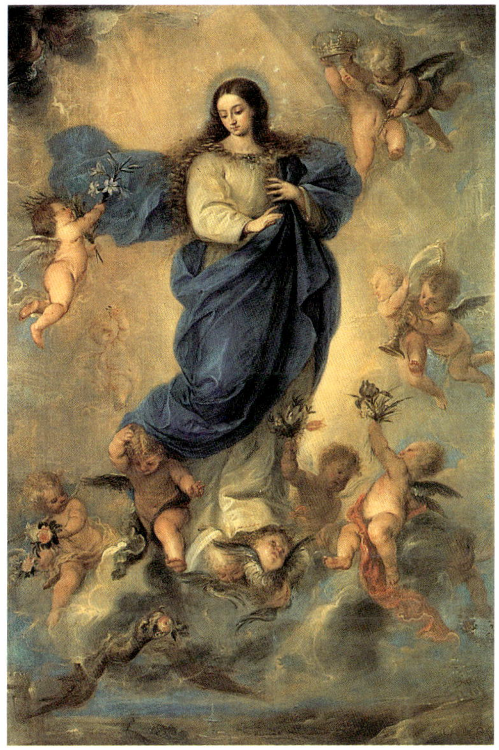

34 Claudio Coello
Madrid, 1642–1693
L'Immaculée Conception, 1676. Huile sur toile, 210 x 145. Achat de la Ville et des Amis des musées de Castres en 1966. Inv. 66–1–1.

Pour ce qui est des petits maîtres ainsi que des œuvres de moindre importance, il convient de signaler l'*Abisag* de Barnabé de Ayala (vers 1600–vers 1672), élève de Zurbarán. Cette toile représente la jeune fille de Sunam, près du mont Hermon, qui avait été choisie en raison de sa beauté pour assister le roi David dans sa vieillesse. Ayant acquis respect et haut rang parmi les Israélites, elle fut convoitée par Adonias, le quatrième fils de David, que Salomon fit mettre à mort car il conspirait. Selon toute vraisemblance, *Abisag* faisait partie d'une série de personnages féminins de la Bible, série dont au moins quatre pièces se trouvent dans des collections privées à Séville. L'inscription qui apparaît sur le tableau cite le *Livre des Rois ;* on ne peut s'empêcher d'être frappé par la similitude du type féminin de la jeune femme avec certaines représentations zurbaranesques *(Sainte Casilde).*

Pedro Anastasio Bocanegra (vers 1635–1689) était un élève d'Alonso Cano. L'*Allégorie de la peste,* signée et datée de 1684, s'avère intéres- 37
sante puisqu'il s'agit d'une copie inversée d'un détail du très célèbre tableau de Nicolas Poussin, *La peste d'Asdod* (1630–1631), connu dès l'époque par une gravure de Jean Baron datée de 1650 environ et une seconde d'Etienne Picart remontant à 1677. Les personnages du premier plan sont très fidèlement restitués par rapport à leur prestigieux modèle. Le second plan, par contre, fait apparaître de petites figures allégoriques : la Foi, descendant du ciel en tenant l'Eucharistie, alors

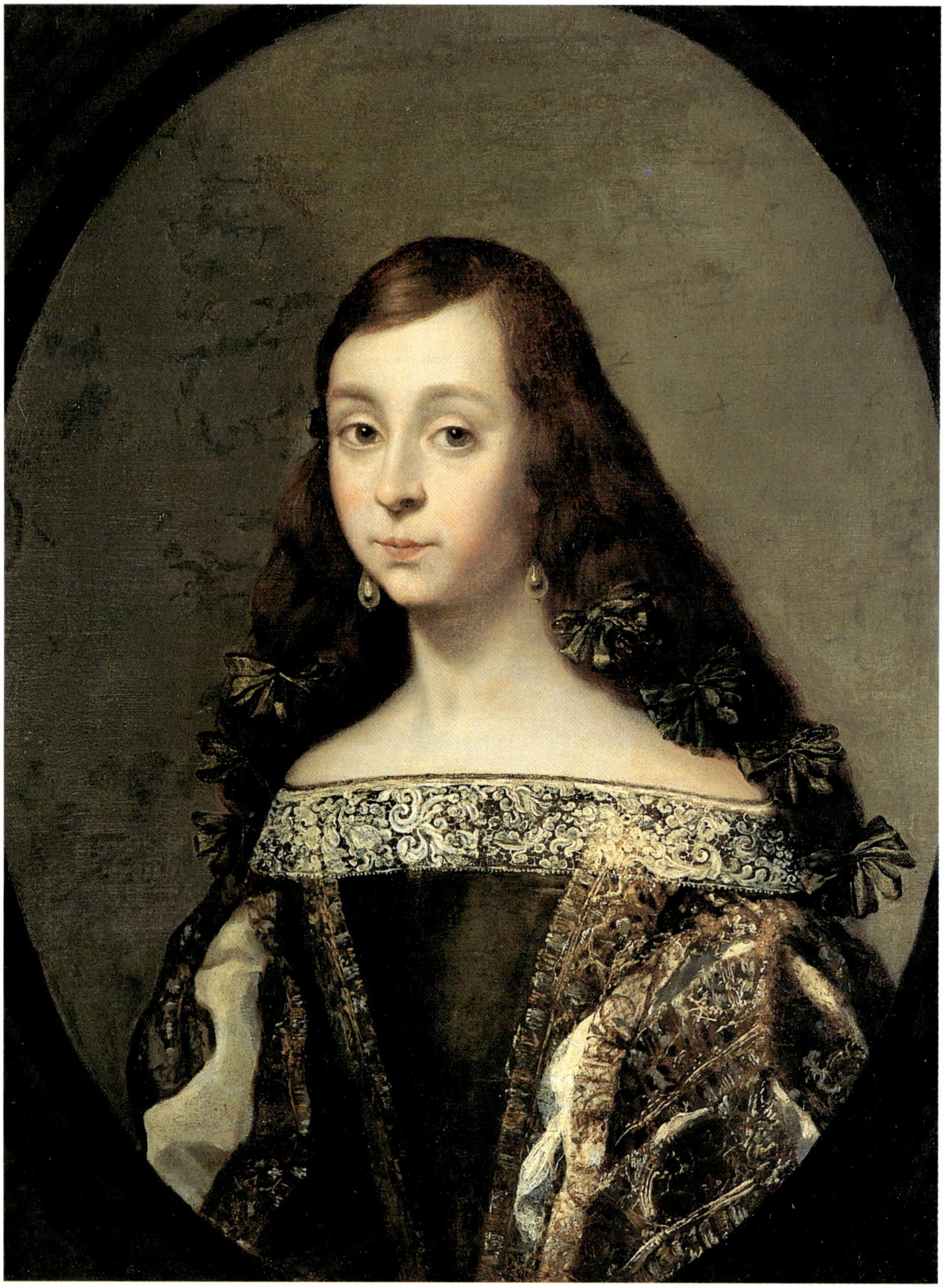

35 Claudio Coello
Madrid, 1642–1693
Portrait de jeune Madrilène. Huile sur toile, 75 x 60. Achat de la Ville de Castres et don Jean Lasbordes en 1962. Inv. 62–2–1.

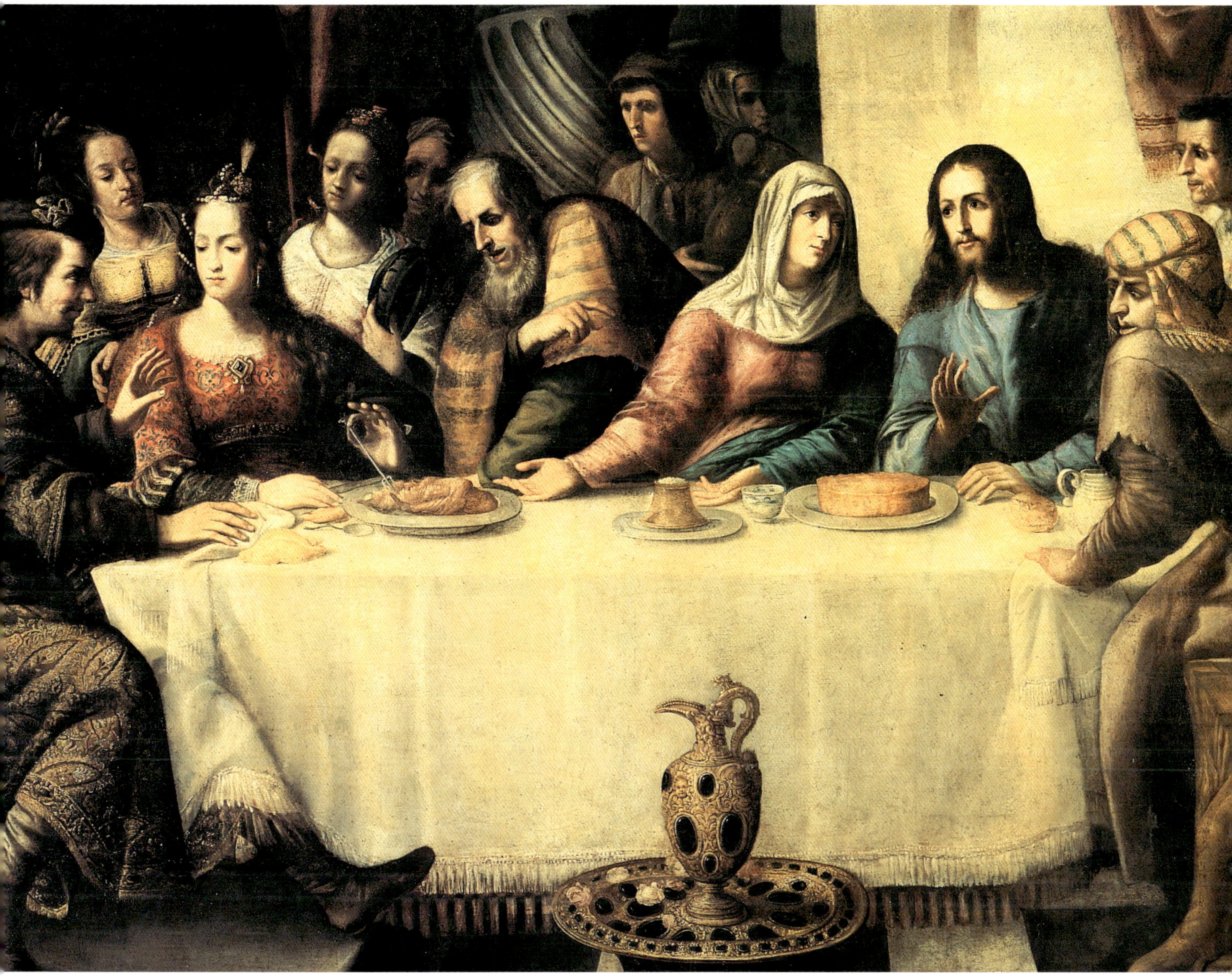

36 Ecole de Madrid, XVIIe siècle
Les Noces de Cana, détail. Huile sur toile, 243 x 573,5. Dépôt du Louvre en 1983. Inv. 20.308 et D 83-1-1.

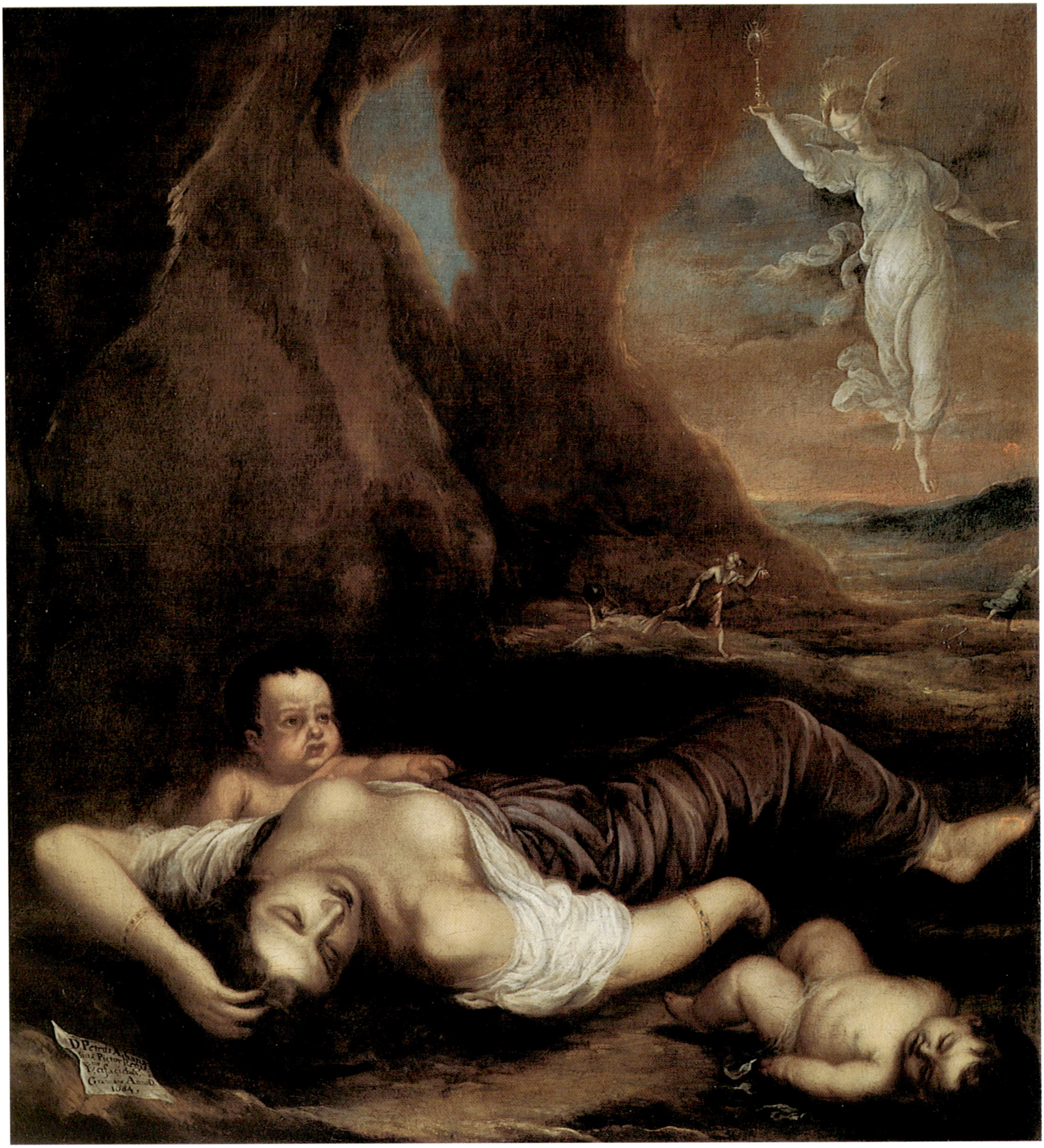

que sur terre l'Espérance s'enfuit et que la Cupidité entraîne le Temps qui soutient le globe terrestre.

Deux compositions anonymes méritent, par leurs qualités, d'être évoquées : *Les Noces de Cana*, probablement de l'Ecole de Madrid, et la *Nature morte aux côtelettes*. La première peinture développe une unité indéniable de composition, des modèles élégants et un sens narratif évident. Les objets inclus dans cet épisode célèbre inaugurant les miracles du Christ prouvent, s'il en est besoin, l'attention toute particulière des artistes espagnols pour les aspects de la vie quotidienne. L'Ecole de Madrid avait su, dès 1650, s'individualiser à la suite des grands chantiers de l'Escorial puis de l'Alcazar et du Buen Retiro. Ces peintres, souvent attirés par les Vénitiens ou Rubens, furent en 36

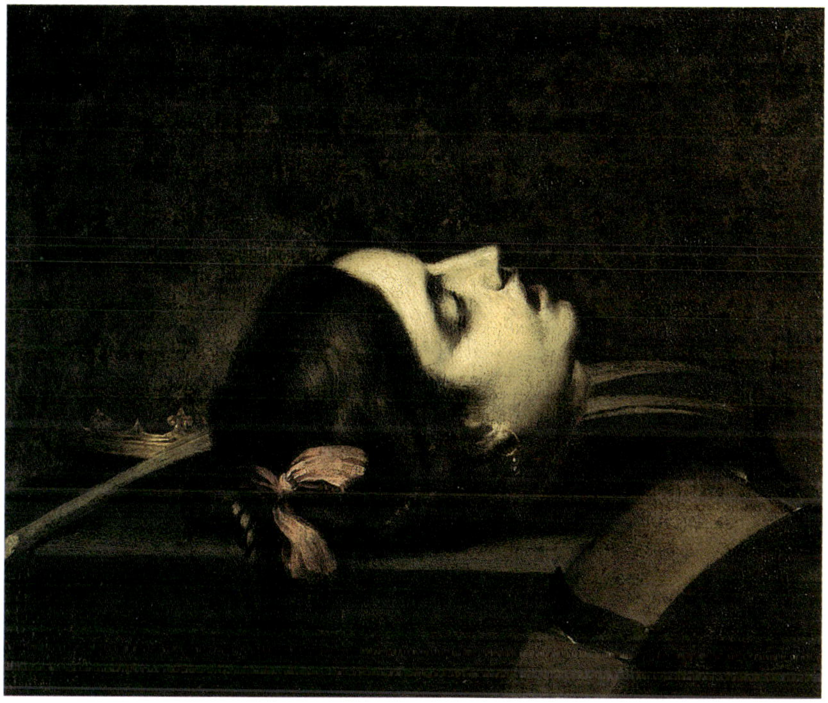

38 Ecole espagnole, XVIIe siècle *Tête de sainte Catherine d'Alexandrie*. Huile sur toile, 54 x 66,5. Achat des Amis des musées de Castres en 1983. Inv. 83-1-1.

37 Pedro Anastasio Bocanegra Grenade, vers 1635-(?), 1689 *Allégorie de la peste*, 1684. Huile sur toile, 134 x 124. Achat de la Ville de Castres en 1968. Inv. 68-1-1.

général d'un bon niveau. Certains d'entre eux, comme Collantes, Espinosa ou Ponce, se sont consacrés aux grands paysages et à la nature morte. La *Nature morte aux côtelettes*, d'une agréable mise en page, représente à elle seule une petite série de *bodegones* du Musée Goya. Déprécié par les théoriciens de la peinture bien qu'il fût très développé, le genre des *bodegones* inspira aux grands maîtres dont Velázquez, Zurbarán et Sanchez Cotán de merveilleuses réalisations. Cette petite composition traduit ici avec modestie le sens du réel qui fut, n'en doutons pas, l'une des caractéristiques majeures du XVIIe siècle espagnol, si fécond en artistes de qualité et animé d'une spiritualité omniprésente.

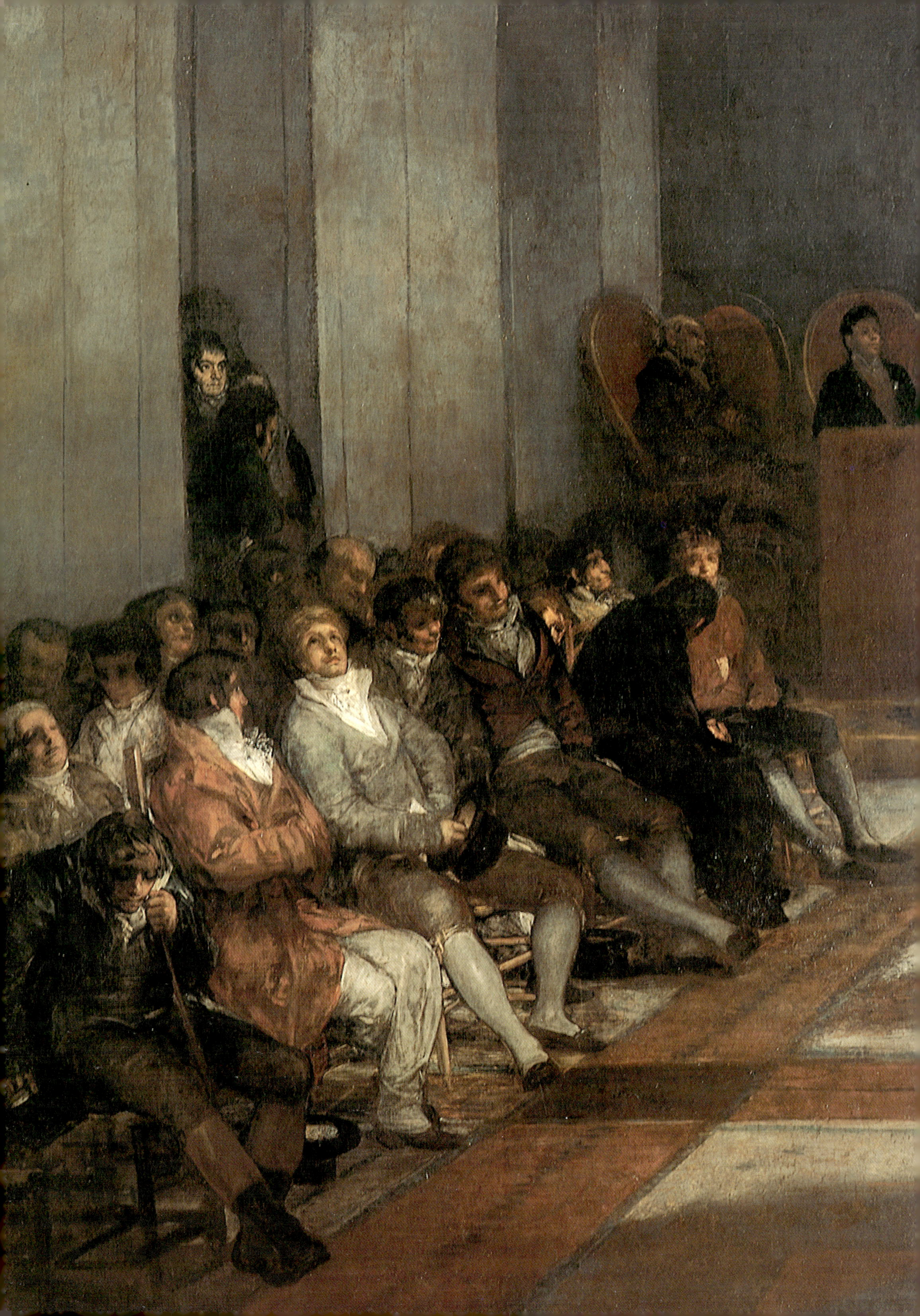

Goya et le XVIIIe siècle

Francisco Goya (1746–1828) demeure l'un des plus grands peintres, l'un de ces noms prestigieux que le grand public connaît à coup sûr avec le Greco, Velázquez et Picasso. L'image que l'on en donne encore trop souvent est celle d'un visionnaire illuminé, que la maladie avait transfiguré en une sorte de génie mû par une force inconnue. Rien de cette légende romantique n'est vérifié : Goya est avant tout le peintre de son temps ; son génie fut de peindre ce qu'il voyait tout en dénonçant des malheurs intemporels.

A l'aube du XVIIIe siècle, lorsque le dernier des Habsbourg, Charles II, disparaît, l'Espagne est un pays miné, épuisé par les guerres et les épidémies. Le redressement va s'amorcer dès le règne de Philippe V (1700–1746), en dépit de nombreux conflits européens. Sous l'action du premier prince de la famille des Bourbons, petit-fils de Louis XIV, les industries sont encouragées ainsi que les arts. Ferdinand VI (1746–1759) poursuit l'œuvre de son père ; on n'a pas assez souligné son action bienfaisante et prudente. De remarquables ministres modernisent le pays et l'on doit au monarque, amateur de musique, la création en 1752 de la Real Academia de Bellas Artes de San Fernando (Académie royale des Beaux-Arts).

Le règne suivant, celui de Charles III (1759–1788), consacre cet effort sans précédent. Durant les vingt-neuf années de son gouvernement, ce souverain éclairé et autoritaire fit de son pays une puissance respectée et en plein essor économique. Outre le creusement du canal d'Aragon qui fut, avec le grand chantier de la basilique du Pilar de Saragosse, une des entreprises majeures de l'époque dans la province natale de Goya, c'est la création, en 1782, de la banque de Saint-Charles (future Banque d'Espagne) qui demeure l'une des initiatives les plus remarquables de ce souverain. C'est dans ce milieu de la très haute finance, parmi des personnages ouverts aux idées des Lumières comme François Cabarrus, directeur de la banque, Gaspard Melchior de Jovellanos, futur ministre de la Justice en 1797, Bernardo de Iriarte, le poète Leandro de Moratín ou l'érudit Ceán Bermúdez, que Goya va évoluer, trouver ses modèles et ses commanditaires.

Son parcours fut difficile, étroitement lié aux vicissitudes politiques du temps. Formé dans sa jeunesse par le peintre José Luzán Martínez (1710–1785), Goya échoue à deux reprises, en 1763 et 1766, au concours de l'Académie San Fernando. Entre 1769 et 1771, il se rend en Italie où nous savons, grâce au fameux *Carnet italien* (Musée du Prado), qu'il copie l'antique. Il a sans nul doute côtoyé Giambattista Piranesi (1720–1778) dont il va s'inspirer pour ses célèbres gravures. De retour en Espagne, le peintre aragonais va, par son mariage, associer sa fortune à celle de la famille des Bayeu dont le chef de file,

Francisco Goya y Lucientes
Fuendetodos, 1746–
Bordeaux, 1828
Assemblée de la Compagnie royale des Philippines, 1815.
Détail de l'ill. 41, p. 52

Francisco Bayeu (1734–1795), sera un ombrageux mentor. Les diverses séries des cartons de tapisseries conservées au Musée du Prado et exécutées entre 1775 et 1791 vont faire de lui un artiste reconnu puisqu'il est nommé successivement peintre du Roi en 1786, puis peintre de la Chambre en 1789 lors de l'avènement de Charles IV. A la fin de 1792, une terrible maladie le laisse totalement sourd après une crise de paralysie; la Révolution française, sur ces entrefaites, va précipiter l'Espagne vers des heures sombres. Goya, qui a su très vite s'assurer une clientèle aristocratique ou de la haute bourgeoisie, multiplie les portraits officiels ou privés. Les fresques de la chapelle San Antonio de la Florida à Madrid couronnent son œuvre de fresquiste un peu plus d'un an avant sa nomination, le 31 octobre 1799, au poste tant envié de premier peintre de la Chambre. Outre la série gravée
124–133 des *Caprices,* publiée la même année, Goya, au faîte de sa carrière à la cour, va peindre, dans le second semestre 1800, la *Famille de Charles IV,* grand tableau où il a l'immense honneur de figurer avec les princes d'Espagne. Depuis Philippe V en 1743, aucun souverain espagnol ne s'était fait portraiturer en famille. L'artiste aragonais, se souvenant des *Ménines* de Velázquez, s'est représenté derrière le châssis d'un tableau, de manière effacée mais distincte. Il n'est pas impossi-
39 ble que l'*Autoportrait aux lunettes* de Castres ait été peint pour garder le souvenir, dans la famille du peintre, d'un tel triomphe. En effet la pose y est exactement la même que celle du peintre dans la *Famille de Charles IV.* Acquis en 1881 par le peintre Marcel Briguiboul en com-
40, 41 pagnie du *Portrait de Francisco del Mazo* et de l'*Assemblée de la Compagnie royale des Philippines* (dite *Junte des Philippines*), cet autoportrait n'apparaît qu'en 1896 dans le catalogue de Paul Lafond, deux ans après son entrée au musée de Castres. Or Jeannine Baticle a démontré que l'*Autoportrait aux lunettes* figurait dans l'inventaire des biens du peintre, daté de 1823–1824, comme un «retrato de Goya. busto» dont on nous donne les dimensions. Deux autres autoportraits en buste pourraient à première vue entrer en ligne de compte : l'autoportrait de jeunesse exécuté en 1771–1775, conservé dans une collection privée espagnole et celui de l'Académie San Fernando, daté de 1815; les formats mentionnés étant différents, le doute n'est cependant pas permis. Dans l'état actuel de nos connaissances, nous ne savons pas quelle fut ensuite la filiation entre la famille de Goya et Briguiboul qui, selon des documents d'archives datés d'août 1881, avait acheté à Madrid la *Junte des Philippines* et «un portrait du même artiste». Le port des lunettes a donné lieu à une hypothèse mettant en relation cette œuvre avec la parution du recueil des *Caprices* en 1799. Rien n'est moins sûr car dès 1792 Goya écrit à son fidèle ami Zapater à Saragosse qu'il doit porter des lunettes car sa vue s'est affaiblie. En tout état de cause, cet autoportrait est une des œuvres les plus intenses et les plus émouvantes du maître aragonais. Celui-ci porte sur lui-même un regard profond, interrogateur, comme pour découvrir au plus profond de lui quelque signe à venir. Avec une admirable facture, il parvient à traduire la texture de la chair, la vie propre de ce visage à la bouche expressive. L'effet lumineux à peine suggéré par des éclats de blanc sur l'habit d'un vert soutenu, l'arrière-plan sombre traité avec la plus grande économie de moyens, font de ce portrait un incontestable chef-d'œuvre. Goya devait poser sur ses modèles ce même regard attentif et profond.
40 Le *Portrait de Francisco del Mazo* a été identifié grâce au billet que le modèle tient dans la main et où on lit l'inscription suivante : «A D[o]n

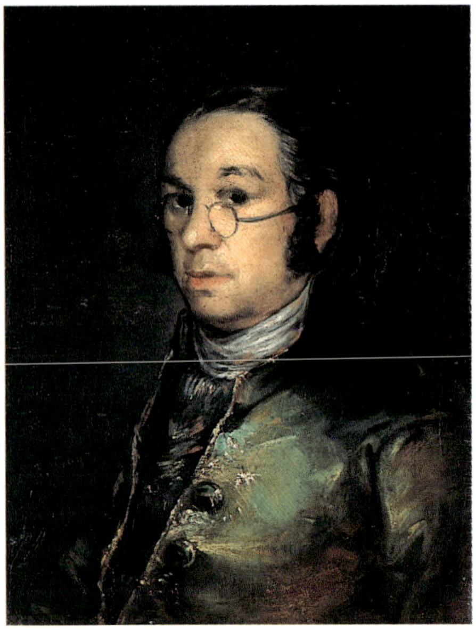

39 Francisco Goya y Lucientes
Fuendetodos, 1746–
Bordeaux, 1828
Autoportrait aux lunettes, vers 1800.
Huile sur toile, 62 x 49. Legs
Pierre Briguiboul en 1894.
Inv. 894–5–2.

Fra[co] del Mazo / calle *[en rouge:]* Santander / Madrid...» Nous savons que ce personnage, né en 1772 à la Peñilla de Cayón près de Santander, était le cousin germain de Manuel García de la Prada, l'un des banquiers les plus influents d'Espagne et collectionneur d'œuvres de Goya. Del Mazo fit partie de la maison des ducs d'Albe comme «agente de Casa» en 1793. On le retrouve en 1804–1805 comme membre de la Junta de Gobierno de la banque de Saint-Charles et en 1815 il occupe le poste de premier comptable du Mont de Piété des Caballejos Hijosdalgos de Madrid. Il est aussi lié à l'Inquisition puisqu'il occupe

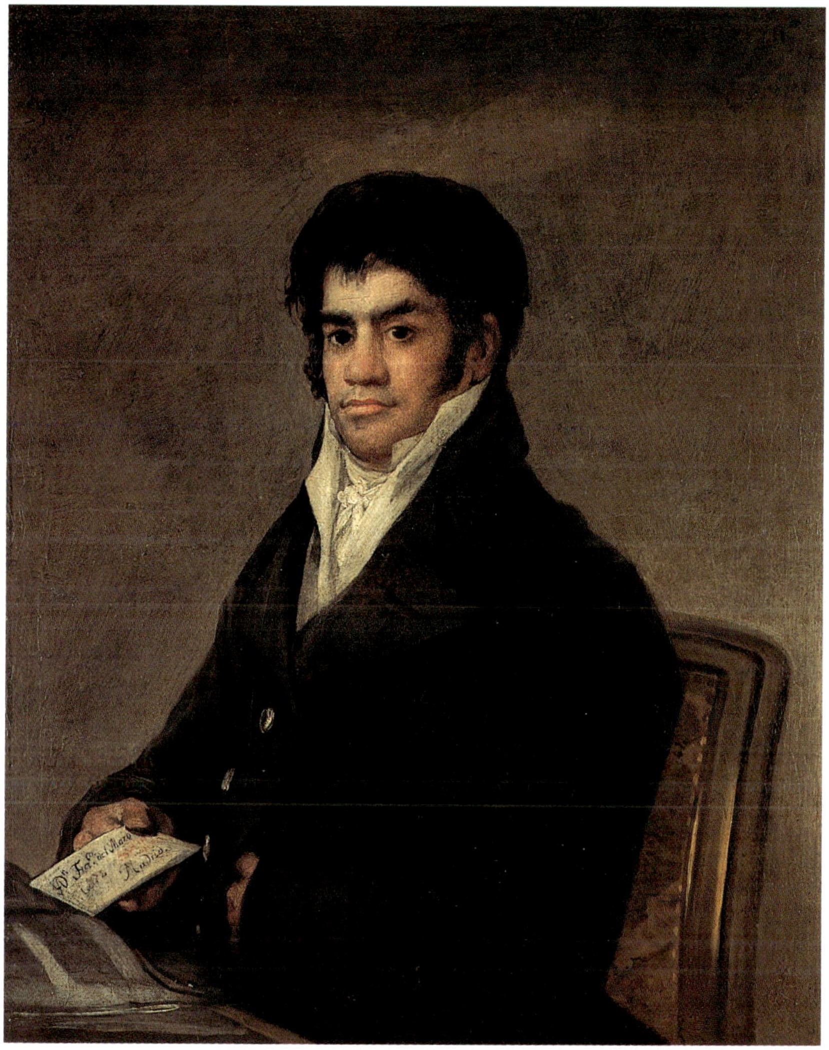

40 Francisco Goya y Lucientes
Fuendetodos, 1746–Bordeaux, 1828
Portrait de Francisco del Mazo, vers 1815–1820. Huile sur toile, 91 x 71.
Legs Pierre Briguiboul en 1894.
Inv. 894-5-3.

les fonctions d'huissier principal du Tribunal ecclésiastique de Logroño. Ainsi, nous nous situons une fois encore au sein de ce milieu de la finance que Goya fréquentait de façon assidue. L'hypothèse la plus vraisemblable, en l'état actuel des recherches, demeure que Del Mazo s'est fait représenter à l'occasion d'une promotion sociale, peut-être son anoblissement. Le modèle devait très bien connaître Goya puisque le poète Moratín, ami intime du peintre, était très lié avec García de la Prada. Détail intéressant, les mains de Del Mazo sont peu visibles et comme l'avoue Goya en 1805, il fallait payer plus cher lorsque les mains devaient apparaître dans un portrait; Del Mazo ne paya certainement pas le prix fort! Toutefois, la qualité de cette peinture ne s'en ressent en aucune façon. Comme toujours, la facture, la palette restreinte, l'emploi de noirs veloutés et nuancés font merveille. Goya a su traduire le type physique de cet homme un peu farouche mais à l'expression bienveillante et au caractère manifestement bien trempé. Quand bien même Del Mazo adopte une pose des plus classiques, son regard légèrement pensif et interrogateur témoigne de cette vie intérieure que Goya, immense portraitiste, savait capter chez ses modèles.

Le musée de Castres possède par ailleurs la plus grande peinture
41 d'histoire exécutée par le maître : l'*Assemblée de la Compagnie royale des Philippines* dite *Junte des Philippines*. Elle fut acquise le 7 mai 1881 à Madrid par Marcel Briguiboul pour la somme substantielle de 35 000

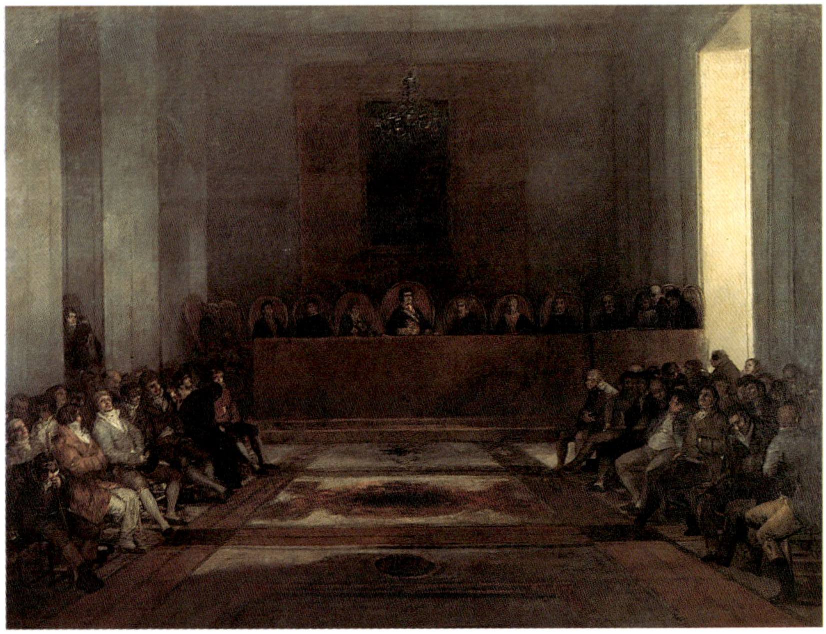

41 Francisco Goya y Lucientes
Fuendetodos, 1746–Bordeaux, 1828
Assemblée de la Compagnie royale des Philippines, 1815. Huile sur toile, 327 x 447. Legs Pierre Briguiboul en 1894. Inv. 894-5-4.

réaux (soit 8750 francs or) auprès de six copropriétaires. Le tableau, d'abord intitulé *Assemblée des cinq corporations (Cincos Gremios)*, fut correctement identifié par des experts parisiens en août 1881, d'autant plus qu'un photographe français, Jacques Laurent, l'avait inclus dans un catalogue de clichés d'Espagne publié en 1872, au n° 1000. La Compagnie des Philippines était une société d'actionnaires dont le comptoir principal se trouvait à Manille. Fondée en 1785 par l'entreprenant François Cabarrus, elle cesse d'exister en 1829 à la suite de l'effondrement de l'empire colonial espagnol. Nous savons par la *Gazette de Madrid* du 8 avril 1815 que le 30 mars se tient une assemblée générale très importante de la Junte. Outre la présence du ministre des Indes, Miguel de Lardizabal (1744-1824), ardent partisan de Ferdinand VII pendant l'occupation française, l'article mentionne que le souverain espagnol, contre toute attente, est venu en personne présider cette réunion. Le 15 avril, la Compagnie, par le truchement de son vice-président Ignacio Olmuryan y Rourera, sollicite la permission d'immortaliser un tel événement par une œuvre commémorative. Ayant portraituré la même année Lardizabal, Olmuryan et José Luis Muñarriz, le secrétaire de la Junte qui, dans le tableau, lit le rapport de séance, Goya est très naturellement chargé de ce travail. En outre, le beau-père de son fils Xavier, Goicoechea, était un des plus importants actionnaires de la Compagnie. Le 2 juillet 1815, l'ambassadeur suédois à Madrid, La Gardie, en visite dans l'atelier du maître, signale l'œuvre en cours d'exécution. Mais avant la conclusion de celle-ci, au mois de septembre, le roi exile Lardizabal qui lui avait déplu. C'est en liaison avec ce départ que Goya, certainement

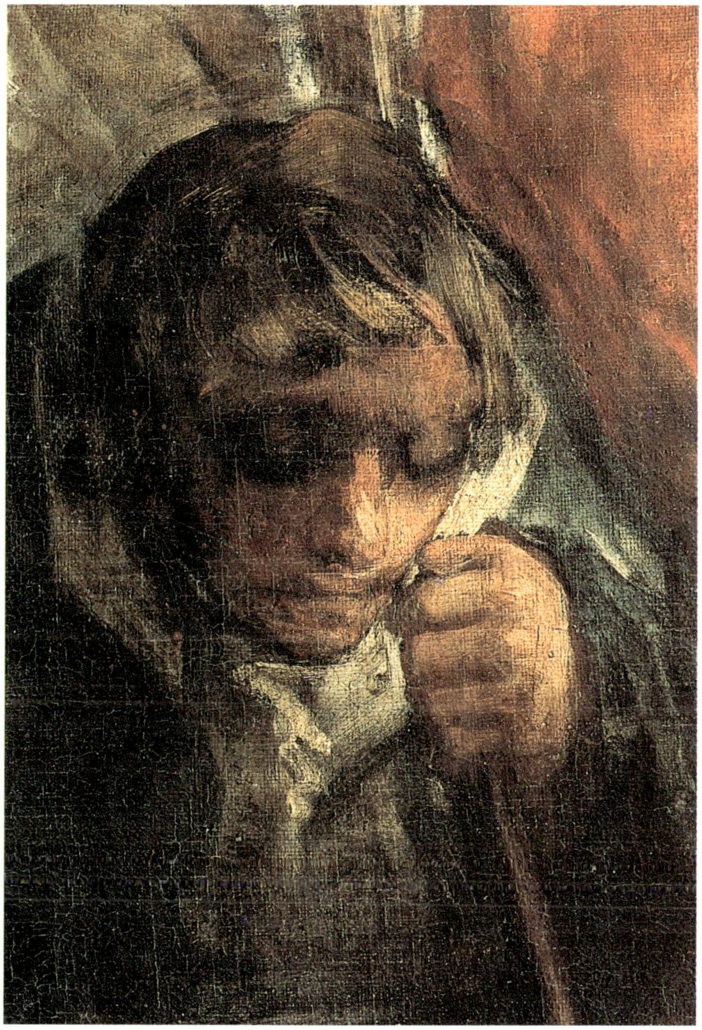
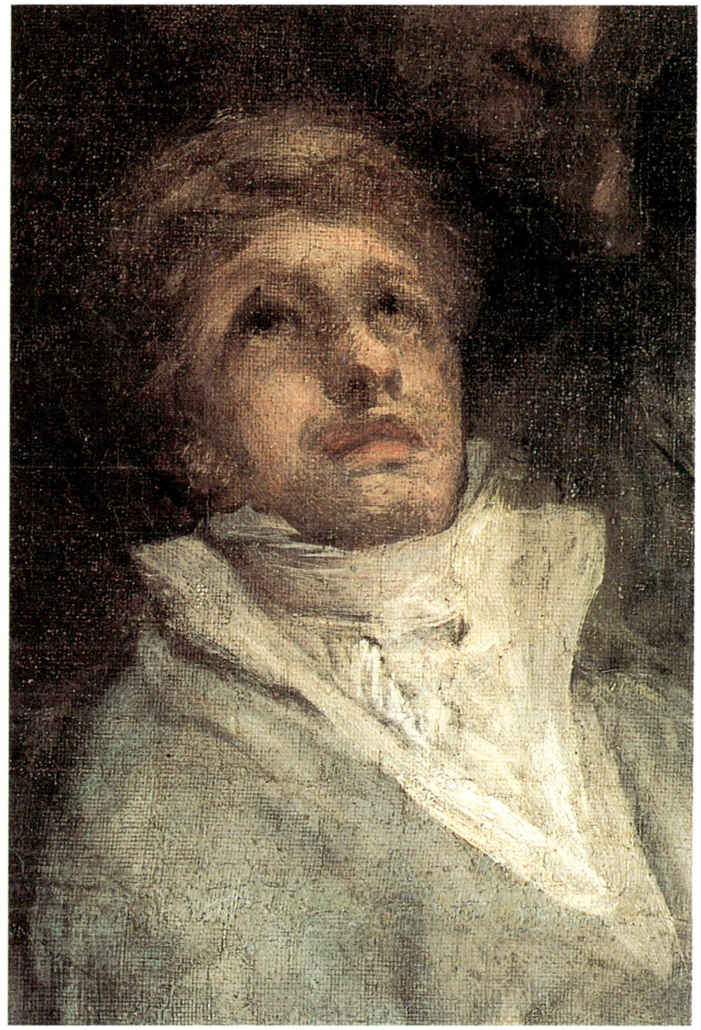

en accord avec ses commanditaires, a représenté Lardizabal dans l'embrasure d'une porte sur la gauche du tableau et un siège vide derrière le bureau. Le portrait de Lardizabal (Prague, Narodni Galerie) ne porte-t-il pas sur un billet que tient le modèle : «exilé en raison des vicissitudes des Affaires Publiques»? C'est sans doute en raison de cette critique directe vis-à-vis du pouvoir royal si versatile que l'œuvre disparaît entre 1829 et 1881, date de son achat par Marcel Briguiboul. Selon toute vraisemblance, le tableau avait été cédé aux Cincos Gremios ; l'Assemblée des Philippines, quant à elle, fut l'objet d'un décret d'extinction en 1834 ainsi que de procès interminables. Marcel Briguiboul, qui avait fait ses études artistiques en Espagne, s'affirme être un collectionneur des plus avertis ; en effet, à l'époque, Goya n'est pas connu en France en tant que peintre malgré la présence de quelques-unes de ses œuvres au sein de la Galerie Espagnole de Louis-Philippe au Louvre (1838–1848). Il faut attendre 1900 et l'exposition rétrospective qui lui est consacrée au Prado pour réparer un oubli soigneusement entretenu par la dynastie des Madrazo, peintres officiels tout-puissants, maîtres du Musée du Prado et de l'Académie des Beaux-Arts qui ne voyaient pas d'un bon œil l'art de Goya, jugé peu conforme aux normes en vigueur. Toujours est-il que Marcel Briguigoul achète l'œuvre à un certain José Antonio Teradillos dont le nom apparaît parmi les quatre signatures du reçu alors que La Viñaza, premier biographe de Goya en 1887, signale que l'écrivain Don Angel Mariá Teradillos (mort en 1879) possédait le tableau.

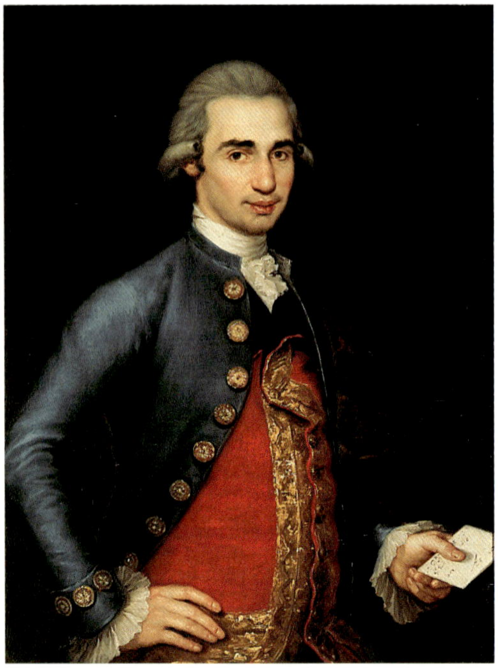

42 Francisco Bayeu y Subias
Saragosse, 1734–Madrid, 1795
Portrait d'homme. Huile sur toile, 96 x 75. Dépôt du Louvre en 1954.
Inv. MNR 328 et D 54–5–1.

Goya s'est livré dans cette peinture à une extraordinaire étude de la lumière. L'unique source d'éclairage se trouve à droite comme dans les *Ménines* de Velázquez. Elle traduit l'espace, la pénombre, les tonalités assourdies, la subtile atmosphère empesée d'une salle d'apparat. La composition elle-même demeure relativement simple : les lignes obliques du tapis, de la fenêtre, se focalisent sur la poitrine du roi ; les reports des côtés verticaux sur la bordure inférieure conditionnent la position du bureau ainsi que celle des deux groupes de l'assistance. La lumière souligne tout ce qui est important : la figure du roi, les dignitaires du bureau, le visage de Lardizabal et les actionnaires en titre (groupe de gauche). Le peintre aragonais use d'une palette très restreinte dans les ocres et les gris colorés ; son art consommé lui permet de passer ainsi de la façon la plus subtile qui soit de l'ombre à la clarté, des tons chauds aux tons froids. Partout la touche large et nerveuse évite le détail superflu pour ne s'attarder que sur l'essentiel, comme le lustre traité au moyen de quelques éclats de blanc. Ainsi Goya a-t-il certainement voulu rendre un magistral hommage à l'auteur des *Ménines* en même temps qu'il pose le terrible dilemme de l'injustice du pouvoir. Dans le cadre de la répression qui suit l'arrivée au pouvoir de Ferdinand VII, le peintre met en scène une assemblée de personnages irrespectueuse et sans âme face à la personne royale. Tous les actionnaires, les membres du bureau, font penser à des marionnettes alors que de leurs décisions dépend l'avenir. Seuls les caricaturistes anglais avaient osé, à l'époque, traiter le pouvoir avec autant d'irrespect ; Goya est le seul à l'avoir fait dans une peinture d'histoire. Voilà pourquoi le maître aragonais sait nous toucher encore par son génie, sa critique sociale toujours présente, sa puissance de suggestion, sa maîtrise de la couleur et de l'espace. Son œuvre ne peut jamais laisser indifférent.

Goya, par son caractère même, a tendance à éclipser tous ses contemporains. Cependant, bon nombre de peintres au talent certain

mais au style parfois très différent l'ont côtoyé. Francisco Bayeu (1734–1795) fut, comme on le sait, le beau-frère de Goya. Artiste doué, il travailla dès 1763 avec Raphaël Mengs en particulier pour la décoration des palais royaux où il développe un académisme de plus en plus évident. Il fut aussi peintre de fresques et son différend avec Goya, en 1780, lors du chantier des coupoles de la basilique du Pilar, demeure célèbre. Bayeu se situe à la croisée de la tradition baroque et du nouvel apport classique; en tant que tel il ne pouvait comprendre l'art de son rival. Coloriste et excellent dessinateur, il fut nommé en 1788 directeur de la peinture à l'Académie San Fernando puis directeur de l'Académie en 1795. Le *Portrait d'homme* représente un genre 42
prisé par Bayeu. Le modèle, non identifié, nous offre une physionomie engageante, une allure assez fière. Son costume chatoyant, fait d'un gilet rouge et d'un habit bleu bordé d'or, est traité avec de belles nuances traduisant la lumière. Le visage, beaucoup plus soigné, ne manque ni de justesse ni de sensibilité.

José del Castillo (1737–1793) a bénéficié d'une solide formation à Rome auprès de Corrado Giaquinto, séjour qu'il a renouvelé par la suite de 1757 à 1764. Primé par l'Académie, il travaille beaucoup pour la manufacture royale de tapisseries de Santa Barbara avec des œuvres proches des thèmes illustrés par Goya dans sa jeunesse. Promis à un brillant avenir après son élection à l'Académie en 1785, il est disgracié et chassé de celle-ci en 1792 pour finir ses jours dans le dénuement. L'*Allégorie du roi Charles III et de la monarchie* que possède le 43
musée de Castres prouve son talent de décorateur. Dans cette grisaille, il démontre sa connaissance de Luca Giordano et des préceptes de Giaquinto; l'œuvre n'est autre que l'esquisse présentée par l'artiste pour un plan topographique du palais royal d'Aranjuez dressé en 1773 à l'occasion de travaux qui seront exécutés en 1775. Elle fut gravée la même année par Salvador Carmona. L'emploi de la grisaille s'explique par le souci de mieux s'intégrer au sujet supervisé par l'ingénieur Domingo de Aguirre. Avec beaucoup de finesse et une très grande subtilité de tons gris, Castillo représente l'Espagne couronnée tenant un bouclier et un sceptre; la figure allégorique désigne un médaillon, posé sur la colonne symbolique de l'Eglise, où apparaît le profil du roi Charles III. Deux angelots présentent une couronne de lauriers ainsi que la palme de la victoire; un troisième angelot au premier plan tient un rameau d'olivier en signe de paix. Alors que les orages s'éloignent dans le lointain, la composition met en avant la victoire de la royauté et de l'Eglise. L'effet lumineux, remarquable, souligne avec force les formes et la profondeur de cette œuvre d'une rare élégance.

José Aparicio (1770–1838) fait partie des élèves de David qui ont introduit le néoclassicisme en Espagne. Originaire d'Alicante (province de Valence), il réside à Paris de 1799 à 1806, où il expose au Salon à plusieurs reprises. En 1807, il s'installe à Rome jusqu'à la chute de l'Empire en 1815. De 1811 date le *Socrate enseignant* dont la dédicace est faite 44
au nom du baron de Gerando. Il s'agit d'une œuvre aux tonalités froides, au dessin très précis, voulue comme un hommage à la pensée antique tant admirée à cette époque. Socrate, en compagnie d'un jeune poète, y est figuré comme une académie quelque peu figée. Après son retour en Espagne, Aparicio demeure le prototype du peintre officiel chargé de commémorer des thèmes patriotiques et allégoriques liés à la guerre d'Indépendance ou bien aux événements

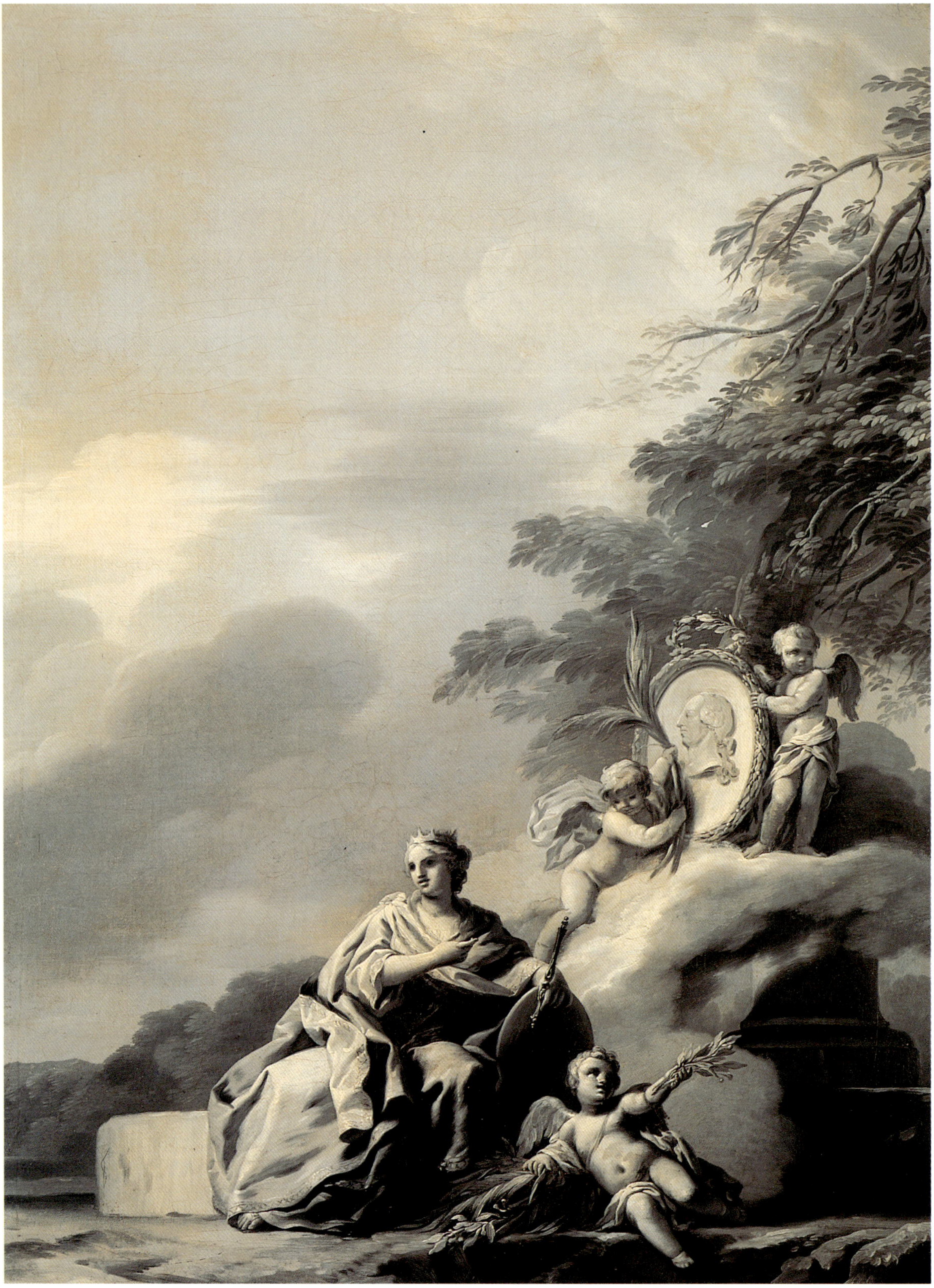

dramatiques de 1823 (intervention de la Sainte-Alliance). Il s'éloigne alors des principes purement néoclassiques pour évoluer vers un style plus démonstratif et préromantique.

Vicente López (1772–1850) succède à Goya au poste de premier peintre de la Chambre. Issu de l'Académie San Carlos de Valence, il débute par des œuvres où la tendance néoclassique se mêle à l'influence de Bayeu et de Mengs. Amené à remplacer Maella, destitué en raison de sa conduite sous l'occupation française, il est chargé dès 1819 de la peinture à l'Académie San Fernando et devient le premier directeur du Musée du Prado entre 1823 et 1826. Il se caractérise par un dessin précis et une grande méticulosité dans les détails. Portraitiste hors pair, on lui doit un admirable *Portrait de Goya* daté de 1826 (Académie San Fernando), exécuté lors du dernier séjour du vieux maître à Madrid. Après son séjour à Paris en 1844, il apparaît sensible à l'influence d'Ingres, tout en préservant une veine anecdotique certaine.

Les enfants du comte Casa Florez, exécuté entre 1804 et 1808, est donc 46
une œuvre de jeunesse non dénuée encore de l'aspect conventionnel d'une peinture officielle. Parmi les cinq enfants de l'ambassadeur d'Espagne à la cour d'Autriche, l'aîné, José Florez y Gutierrez de Teran, porte l'uniforme de garde du corps. Il sera plus tard ambassadeur d'Espagne au Danemark. A ses côtés apparaissent ses frères Juan, Rafael et Gabriel ainsi que sa sœur Pilar, future marquise d'Iturbieta. D'une composition peu habituelle, cette toile illustre la manière du peintre, en particulier dans les contrastes lumineux et les clairs-obscurs. Par contre, l'attitude un peu raide des plus jeunes enfants suggère l'intervention de l'atelier.

Une œuvre plus tardive, *Dieu le Père et l'Arche d'Alliance portée par les quatre Evangélistes,* très certainement un projet de fresque, illustre l'influence italienne ainsi que celle de la peinture de Maella dans la facture de l'artiste.

Francisco Lacoma (1778–1849) fait figure à part au sein de cette génération. Toute sa formation s'est effectuée à l'Académie de la Llotja de Barcelone en tant que peintre de natures mortes et c'est la chambre de commerce qui l'envoie se perfectionner à Paris où il devient élève de Houdon puis de Gérard Van Spaendonck (1758–1840). En 1814, il
expose au Salon le *Portrait de Jean-François Cailhava,* membre de l'Institut 47
et auteur dramatique mort l'année précédente. A la chute de l'Empire, Lacoma avait été chargé par le pouvoir espagnol de récupérer au Louvre les tableaux confisqués en Espagne par Napoléon; il mourut à Paris. Cailhava était membre de l'Institut depuis 1798. Il avait publié en 1772 un *Art de la comédie,* puis en 1802 les *Etudes sur Molière,* autant d'ouvrages qui apparaissent autour de lui dans le portrait. Lacoma, ami de la famille Cailhava, a su traduire l'intelligence et l'éclat du regard du dramaturge qui détourne la tête à la recherche de l'inspiration. Plus qu'un élève hypothétique de David, Lacoma fut sans conteste un excellent peintre de nature morte et un portraitiste à la sensibilité préromantique.

On ne peut achever ce panorama du XVIIIe siècle sans évoquer, même de façon succincte, le *Portrait de Mariano Goya.* Il s'agit de la copie (peut-être par Lucas y Velázquez?) d'une composition du maître aragonais datée de 1824–1828 (collection particulière) et qui représente son petit-fils tant aimé. Nous retrouvons ici la sobriété de la mise en page et l'unité des tons propres à la dernière période de Goya, choses bien

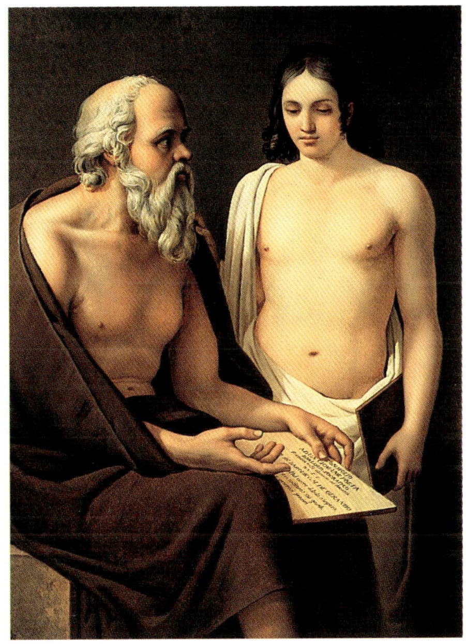

44 José Aparicio Inglada
Alicante, 1770–Madrid, 1838
Socrate enseignant, 1811. Huile sur toile, 137 x 103. Dépôt du Musée des Beaux-Arts de Lyon en 1960. Inv. A 10.756 et D 60–2–1.

43 José del Castillo
Madrid, 1737–1793
Allégorie du roi Charles III et de la monarchie, 1775. Huile sur toile, 93 x 73. Achat des Amis des musées de Castres en 1971. Inv. 71–3–1.

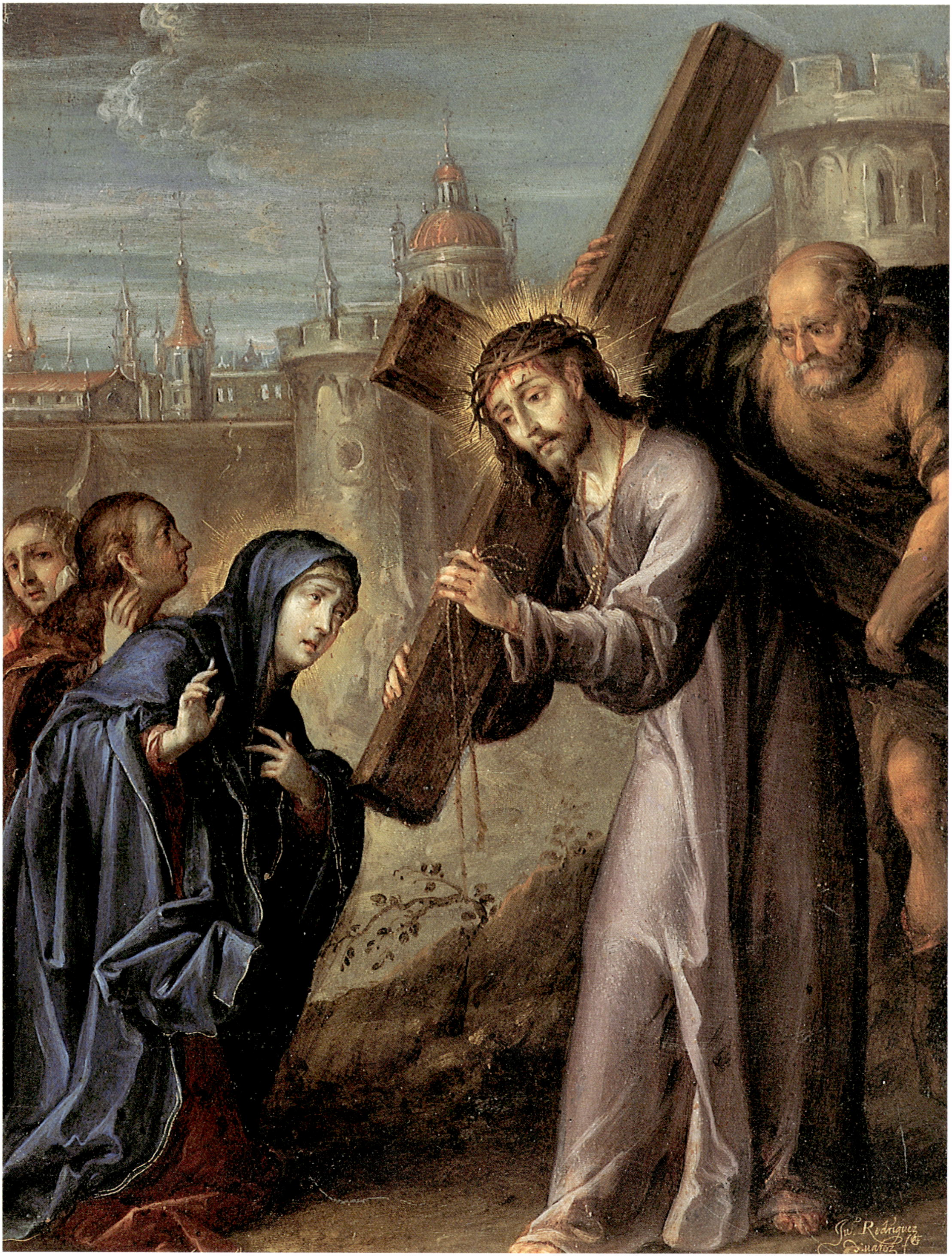
Rodriguez

comprises par celui qui a exécuté cette œuvre. Celle-ci pose plus que jamais le contexte encore peu connu des artistes ayant copié le peintre au XIXe siècle ou ayant tout du moins travaillé sur des thèmes similaires. Enfin, nous devons signaler comme partie intégrante des collections la part modeste de la peinture coloniale. Deux tableaux mexicains, *La Présentation au Temple* d'Antonio de Torres (Mexico, 1667–1731) où l'on distingue des accents à la Murillo et *La montée au Calvaire* de Juan 45
Rodríguez Juárez (1677–1728), témoignent de la vitalité, en Nouvelle Espagne, d'une école nourrie des modèles du Siècle d'Or et du ba-

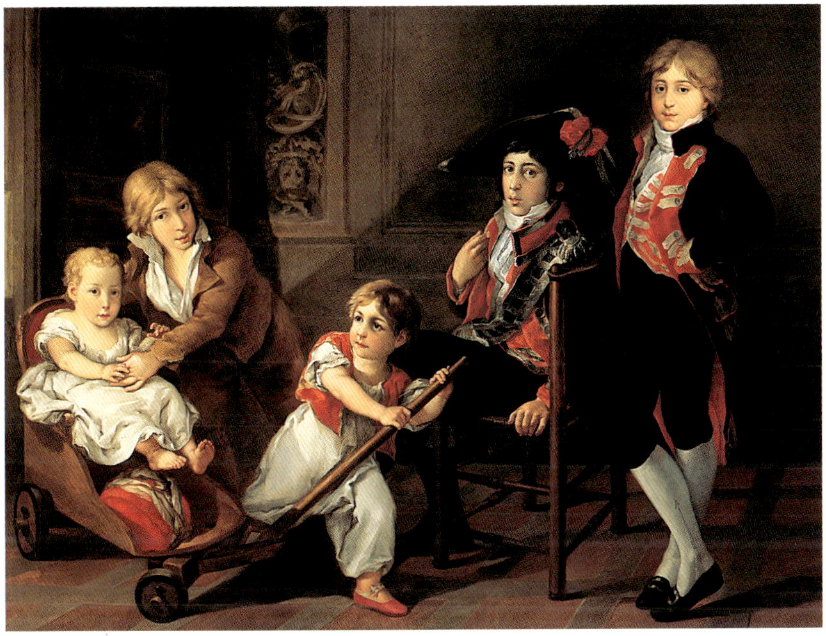

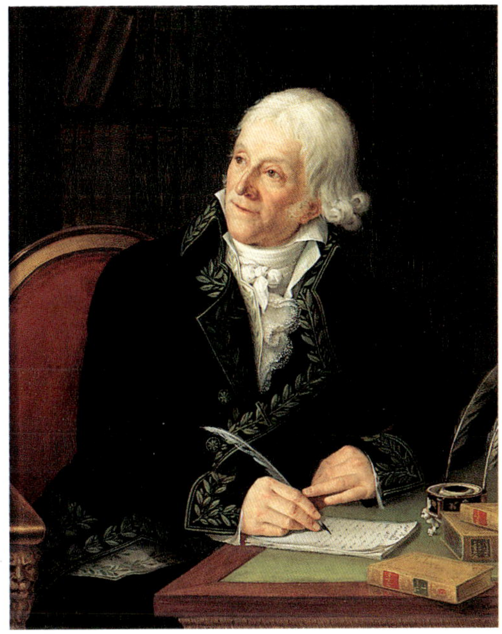

roque italien. La peinture de Rodriguez Juarez, exécutée sur cuivre, représente la rencontre du Christ avec la Vierge sur le chemin du Golgotha selon l'évangile apocryphe de Nicodème. Sans nul doute avons-nous affaire à un chemin de croix dont les différentes stations étaient illustrées en petit format. Le peintre a ici traduit ce moment dramatique, avec beaucoup de finesse et d'élégance, en particulier dans le rendu des plis du manteau de la Vierge, l'effet lumineux sur la tunique du Christ et la vision de Jérusalem indiquée par une coupole et des clochetons d'une exquise délicatesse. Il demeure ardu de dater cette œuvre, probablement faite au tout début du XVIIIe siècle ; elle s'avère occuper, en Amérique latine, une place de transition entre les modèles du Siècle d'Or et le nouveau style nourri des exemples italiens, représenté par José de Ibarra (1688–1756).

47 Francisco Lacoma y Fontanet
Barcelone, 1778–Paris, 1849
Portrait de Jean-François Cailhava (1730–1813), Salon de 1814. Huile sur toile, 91 x 70. Dépôt du Musée des Augustins de Toulouse en 1989. Inv. 1032–721 et D 89–4–1.

46 Vicente López y Portaña
Valence, 1772–Madrid, 1850
Les enfants du comte Casa Florez, 1804–1808. Huile sur toile, 154 x 206,5. Achat du FRAM Midi-Pyrénées et des Amis des musées de Castres en 1984. Inv. 84–7–1.

45 Juan Rodríguez Juárez
Mexico, 1677–1728
La montée au Calvaire. Huile sur cuivre, 25,8 x 19,5. Achat du musée en 1991. Inv. 91–7–1.

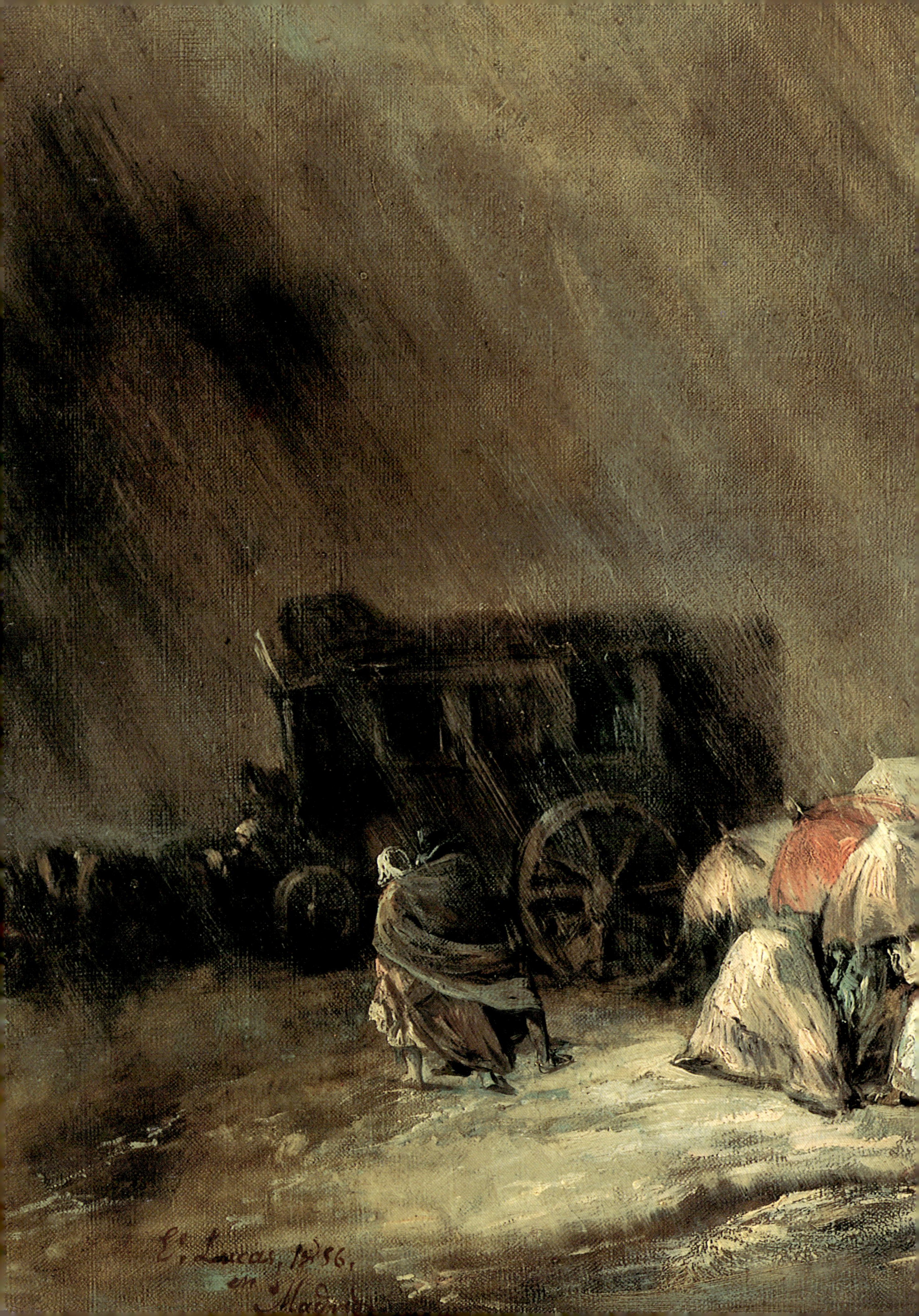
E. Lucas, 1856,
en Madrid

Le XIXe siècle

Au siècle dernier, l'Espagne subit une suite ininterrompue de terribles malheurs. Tout d'abord l'occupation française de 1808 à 1813, puis la guerre d'Indépendance qui en découle. Dès son accession à la couronne d'Espagne, Ferdinand VII écrase les libéraux, persécutant de la même façon ceux qui avaient collaboré, les *Afrancesados,* et les partisans de réformes. L'insurrection de 1820 entraîne la guerre civile et l'intervention de la Sainte-Alliance en la personne de la France et de ses «cent mille fils de saint Louis». En 1823, ces derniers libèrent le roi d'Espagne qui déclenche une nouvelle fois la répression. De sa quatrième épouse, Ferdinand VII a une fille, Isabelle, née en 1830 et contestée par les partisans du frère du roi, Carlos. Le règne d'Isabelle II sera des plus tragiques en raison des guerres carlistes qui débutent dès la mort du roi en 1833 pour se terminer momentanément en 1839. En 1836 est décrétée la *Desamortisación,* c'est-à-dire la confiscation des biens du clergé, qui aboutit à la dispersion massive d'œuvres d'art mise à profit par le baron Taylor et Louis-Philippe pour constituer la fameuse Galerie Espagnole au Louvre (1838–1848). Déclarée majeure en 1843, Isabelle II épouse trois ans plus tard son cousin François d'Assise, union désastreuse entre toutes. Les troubles seront incessants à partir de 1853 et les mouvements sociaux très durement réprimés. En 1868, désavouée par le peuple et l'armée dirigée par les généraux Serrano et Prim, la reine Isabelle II s'exile en France. Les deux généraux, refusant le prétendant carliste, amènent Amédée de Savoie, duc d'Aoste, à ceindre la couronne d'Espagne. Ce souverain étranger régnera à peine trois ans. Dès 1870, l'Internationale des Travailleurs se diffuse largement chez les ouvriers espagnols avec, pour tendance majeure, l'anarchisme plus en accord avec l'âme ibérique que le marxisme. La République est proclamée pour la première fois en Espagne le 11 février 1873; elle doit tout de suite faire face à la révolte carliste du petit-fils de don Carlos et à celle de l'Internationale ouvrière en Andalousie. Le 2 janvier 1874, la République est abolie par les militaires après une courte existence de onze mois!

L'Espagne ne retrouvera une paix relative qu'en 1874 avec le règne d'Alphonse XII, fils d'Isabelle II. La constitution libérale de 1876, après la défaite carliste, consacre une période éphémère de compromis. Le roi meurt en novembre 1885; son fils, le futur Alphonse XIII, naît en mai 1886. C'est donc sous la régence de Marie-Christine de Habsbourg que Canovas del Castillo et Mateo Sagasta assurent la réalité du pouvoir sur un modèle britannique d'alternance.

L'Internationale ouvrière ne désarme pas, surtout à Barcelone où des attentats ont lieu en 1893 et 1896. L'assassinat de Canovas del

Eugenio Lucas y Velázquez
La diligence sous l'orage, 1856.
Détail de l'ill. 8, p. 13.

Castillo, en août 1897, brise ce fragile équilibre. A cela, il faut ajouter la perte de Cuba, de Puerto Rico puis des Philippines après la guerre, en 1898, contre les Etats-Unis. C'est donc meurtrie, dépouillée de ses dernières possessions coloniales, divisée et s'ouvrant lentement à l'ère industrielle que l'Espagne entre dans le XXe siècle.

Dans ce contexte fort troublé, il faut situer la période romantique qui débute dès les années 1825–1830. Dans un premier temps, elle revêt en Espagne l'aspect du costumbrisme, c'est-à-dire la représentation des coutumes régionales ou particularités. Cette tendance est très forte en littérature (Mesoneros Romanos, Becquer) dans la capitale et en Andalousie, alors que les peintres étrangers, dont bon nombre de Français (Dauzats, Blanchard, plus tard Manet), viennent en Espagne, découvrant à la fois le pays ainsi que l'art de la péninsule. De ce courant quelquefois un peu apprêté va naître la veine réaliste et même sociale tandis que, à partir de 1830 et sous le règne d'Isabelle II, nous assistons en relation avec Paris et Rome à un réel développement de la peinture d'histoire qui trouve ses sources dans les grands événements historiques du pays au Moyen Age ou durant la guerre d'Indépendance contre l'Empire. Les trente dernières années du siècle voient Paris supplanter Rome en tant que capitale artistique européenne. Désormais, la jeune génération des artistes espagnols va à Paris avec, à sa tête, Mariano Fortuny en 1868. Picasso fermera en quelque sorte la marche puisque son installation date d'octobre 1900. Ces jeunes peintres ont compris que ce qui se passe alors dans la capitale française, en particulier l'éclosion de l'impressionnisme, demeure essentiel. Les liens seront nombreux et les affinités profondes, même si on ne peut pas véritablement parler d'impressionnisme espagnol sauf pour Aureliano Beruete, Dario de Regoyos et Ignacio Pinazo. Les contraintes commerciales parisiennes font que la plupart de ces artistes adoptent une expression réaliste plus ou moins affirmée. Les Espagnols demeurent donc, au XIXe siècle, plus que jamais ce qu'ils ont été depuis le Moyen Age : ouverts aux courants artistiques européens, mais également détenteurs d'une originalité propre.

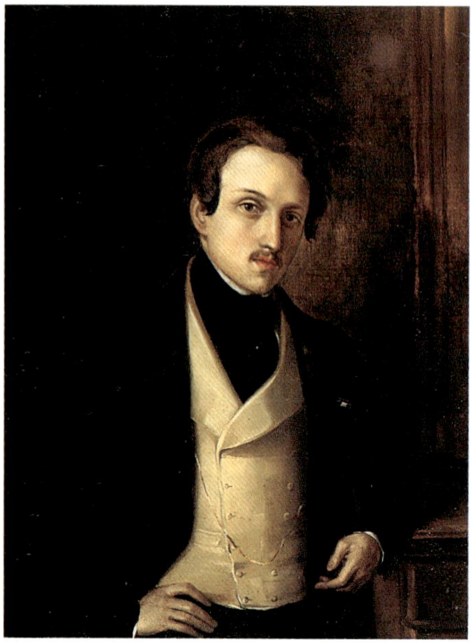

48 Federico de Madrazo y Kuntz
Rome, 1815–Madrid, 1894
Autoportrait, vers 1837. Huile sur toile, 36 x 27. Achat du musée en 1991. Inv. 91-8-1.

Le chef de file d'un art officiel est le tout-puissant directeur du Musée du Prado et de l'Académie San Fernando, Federico de Madrazo y Kuntz (1815–1894), fils de José de Madrazo, lui-même élève de David. Il représente à lui seul la dynastie de peintres qui règne sur toute la société du temps comme portraitiste et peintre d'histoire. Dès 1839, il vient à Paris, où il côtoie Ingres, Dauzats et le baron Taylor, puis se rend à Rome, où il adopte les principes des Nazaréens. Romantique à ses débuts, particulièrement élégant et parfois charmeur, il s'illustre dans le genre du portrait inspiré par Ingres. Outre deux portraits de femmes, *Madame Marfaing* et *Madame Daguerre*, le musée possède un
48 *Autoportrait* daté vers 1837 que nous pouvons situer lors de son second séjour parisien, au moment où il reçoit une grande commande de la part de Louis-Philippe pour le musée de Versailles (*Godefroi de Bouillon*
49 *élu avoué du Saint-Sépulcre*, salle des Croisades). L'*Exécution du comte de Luna*, esquisse d'une œuvre sans doute jamais réalisée, témoigne de ses préoccupations liées aux épisodes les plus dramatiques de l'histoire espagnole médiévale. L'infortune du favori du roi Jean II de Castille, exécuté en 1453 à la suite de sa disgrâce, ne pouvait manquer d'inspirer le jeune artiste. D'une facture très libre, cette esquisse permet de mieux connaître la méthode de son travail préparatoire. Par

contre, le charmant *Portrait de femme* qui peut se situer avant 1840 50
demeure quant à lui romantique, plein de légèreté et de grâce. Œuvre de jeunesse, elle prend place dans cette courte période précédant son départ pour Rome ; par la suite, le dessin prendra plus d'importance encore et l'effet lumineux sera plus ajusté.

Bon nombre de peintres, encore mal étudiés, ont été des admirateurs de Goya et, selon les recherches récentes, au moins l'un d'entre eux a été son collaborateur ; il s'agit d'Asensio Juliá. Nous devons situer,
dans cette nouvelle mouvance, le magnifique *Portrait d'homme*, daté des 51
années 1820–1830, qui a été attribué jusqu'ici à Lucas y Velázquez. Par l'économie de la palette, l'expressivité et l'énergie qui se dégagent du modèle, nous avons ici le témoignage d'un artiste contemporain

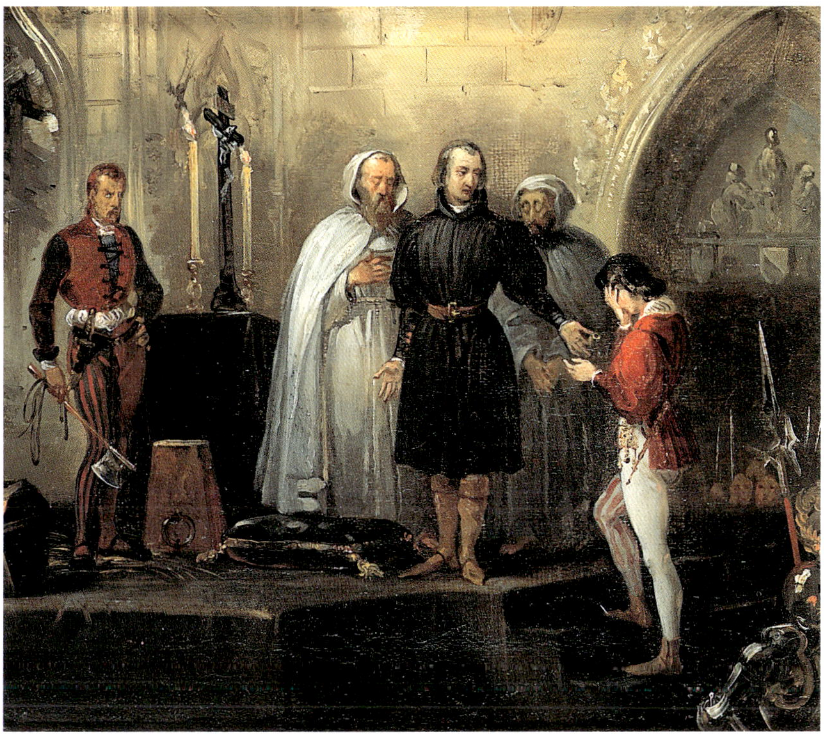

49 Federico de Madrazo y Kuntz
Rome, 1815–Madrid, 1894
Exécution du comte de Luna. Huile sur toile, 24 x 27,5. Achat du musée en 1991. Inv. 91–8–3.

du maître de Fuendetodos qui a su comprendre la manière de son prestigieux compatriote.

Eugenio Lucas y Velázquez (1817–1870) fut un acteur de la période romantique ainsi qu'un admirateur de l'œuvre de Francisco Goya et de celle de Diego Velázquez. A la fois peintre de genre, paysagiste et auteur de scènes expressives d'une inégale qualité, il reste avant tout un adepte d'un genre spontané et axé sur l'effet coloré. Cet artiste, souvent qualifié de «goyesque», se trouve bien représenté dans les collections castraises grâce à quatre œuvres excellentes.

La *Course de taureaux* (p. 3), petite composition très enlevée, représente l'aspect le plus spontané et le plus réussi dans la facture de l'artiste. Cette peinture aux tonalités claires peut être datée des années 1860 et s'inspire des fameux *Taureaux de Bordeaux* ou *Dibersión de España,* lithographies publiées en 1825. L'allure générale du taureau ainsi que l'arrière-plan suggéré de la façon la plus libre sont très significatifs.

La fusillade, datée de 1869, reprend sans doute la thématique du *Trois* 52
mai de Goya mais traitée de manière différente. Ici, les soldats sont à peine ébauchés et relégués à un plan secondaire. L'essentiel de l'action se situe autour d'un personnage aux bras écartés comme dans le célèbre tableau du maître aragonais, avec pour éclairage la même

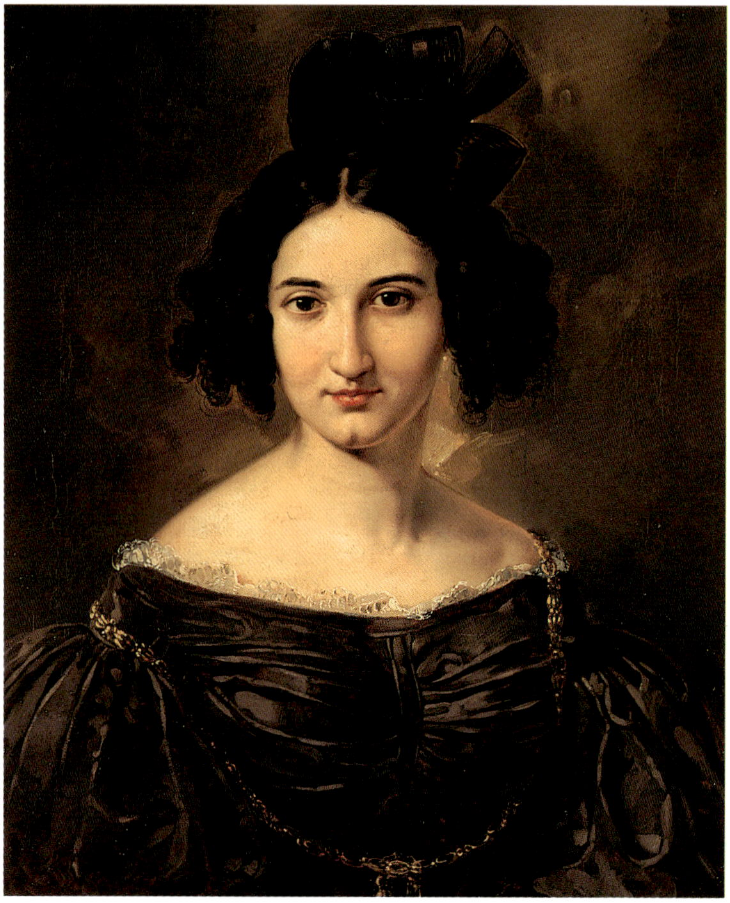

50 Federico de Madrazo y Kuntz
Rome, 1815 Madrid, 1894
Portrait de femme, vers 1840. Huile sur toile, 57 x 48,5. Achat du musée en 1991. Inv. 91-8-2.

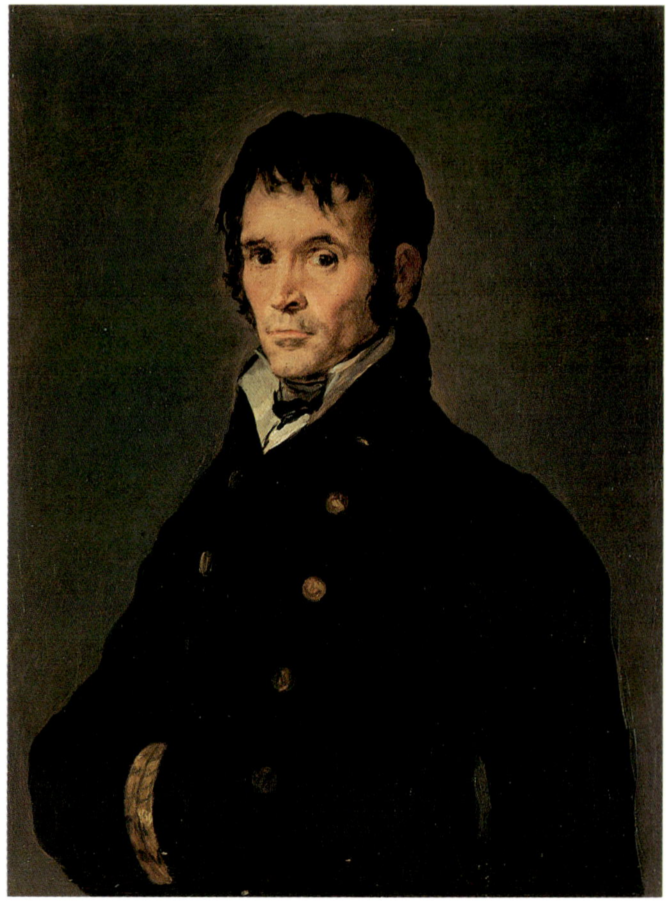

51 Ecole espagnole du XIXe siècle
Portrait d'homme, vers 1820-1830. Huile sur toile, 67,5 x 53. Achat du FRAM Midi-Pyrénées et des Amis des musées de Castres en 1987. Inv. 87-5-1.

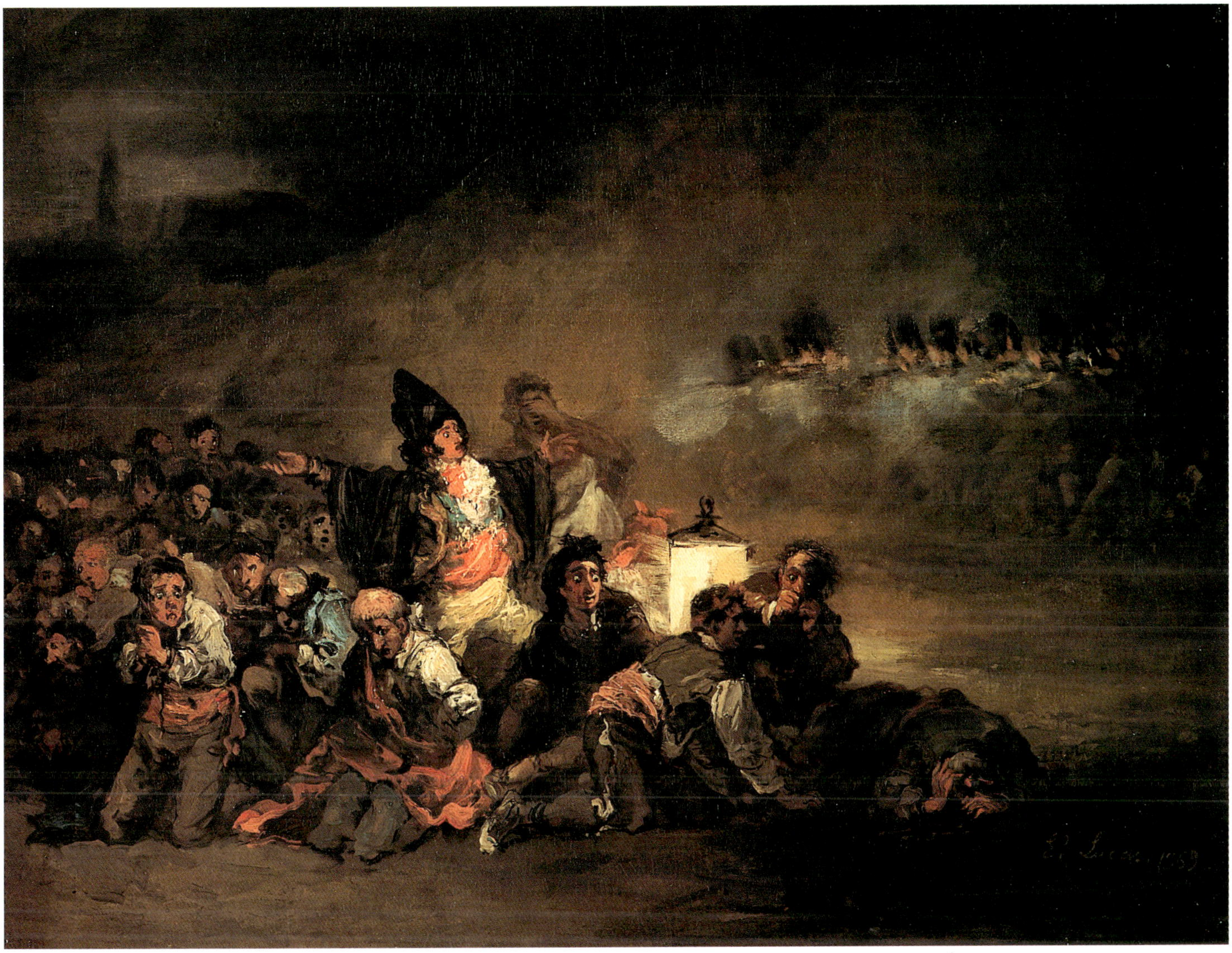

52 Eugenio Lucas y Velázquez
Madrid, 1817–1870
La fusillade, 1869. Huile sur toile, 61 x 80. Dépôt du Louvre en 1954. Inv. RF 1954–22 et D 54–3–2.

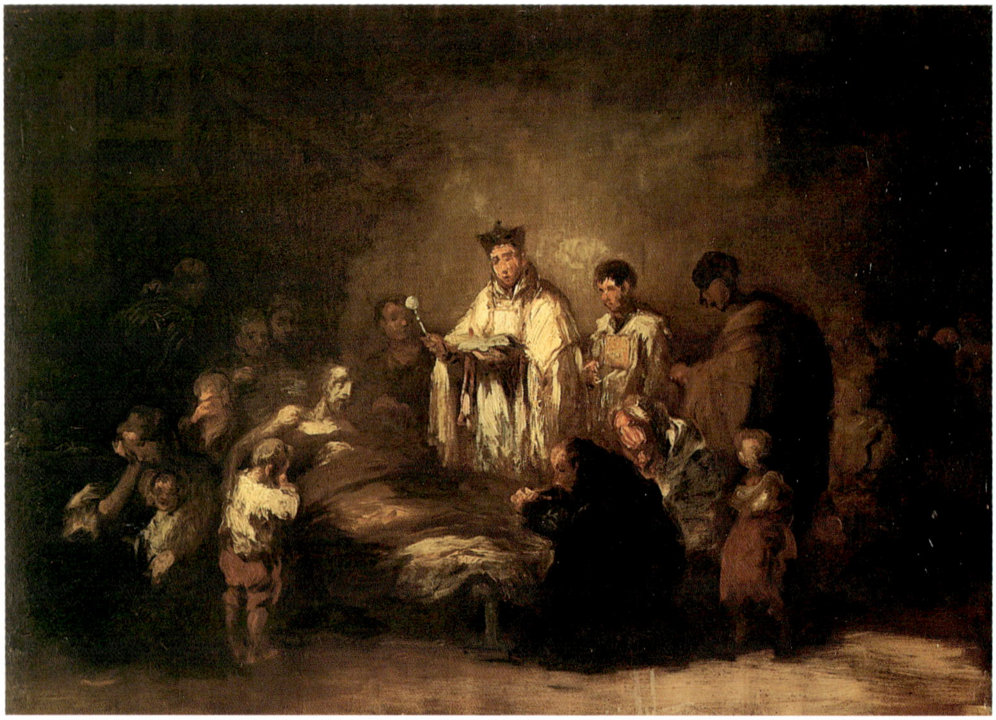

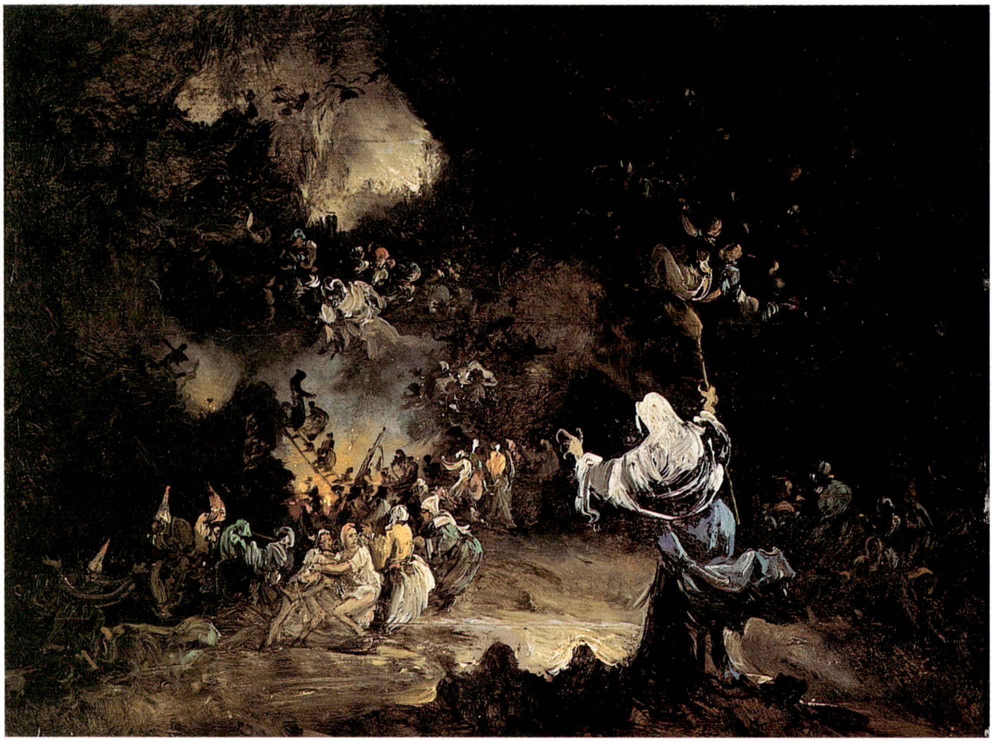

53 Eugenio Lucas y Velázquez
Madrid, 1817–1870
L'extrême-onction, 1855–1856
Huile sur toile, 73 x 106.
Don Jean Lasbordes en 1957. Inv. 57–2–1.

54 Eugenio Lucas y Villaamil
Madrid, 1870–1918
Le sabbat. Huile sur bois, 30 x 42. Don Jean Lasbordes en 1956. Inv. 56–2–1.

lanterne. De façon systématique, Lucas use d'empâtements très épais,
disposés au moyen d'un toucher nerveux, soulignant ainsi les varia-
tions colorées de la malheureuse foule terrorisée.

La diligence sous l'orage a été peinte à Madrid en 1856 ; malgré le côté *8*
improvisé de la scène, il s'agit d'une des meilleures compositions que
Lucas ait réalisées, à la fois par la qualité d'évocation, le sens du mou-
vement et la juste répartition de la lumière. L'harmonie colorée gris-
vert est générale mais prend toute sa valeur grâce aux tons chauds
des robes des femmes, protégées par leurs parapluies.

Enfin *L'extrême-onction*, des années 1855–1856, témoigne d'un genre – *53*
non moins traité par l'artiste – d'inspiration populaire et dramatique.
L'exécution est peut-être moins fine et accomplie que dans *La dili-gence sous l'orage*. Elle ne manque cependant pas d'intensité expressive.

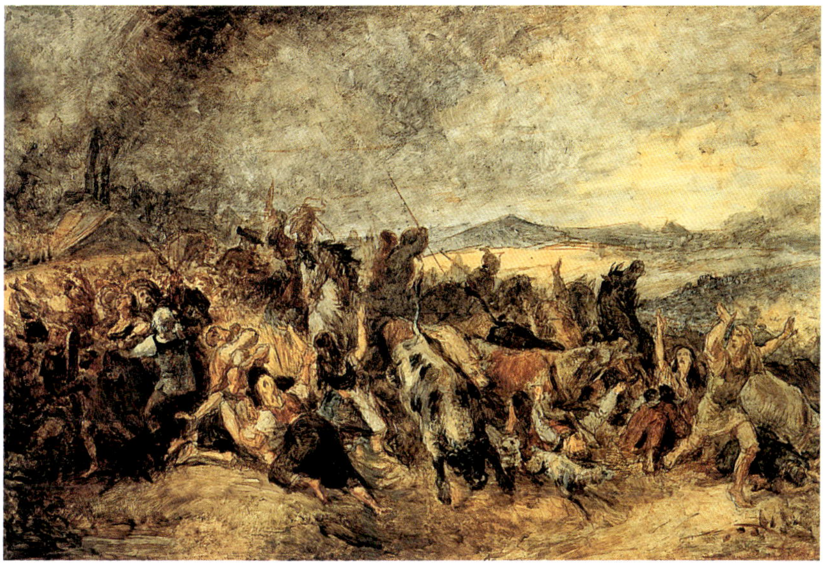

55 Attribué à Mariano Fortuny y Marsal
Reus, 1838–Rome, 1874
Sortie de taureaux en Espagne. Huile
sur bois, 58 x 91. Don de Mme Foc-
kéma-Vié en 1960. Inv. 60–2–1.

Le fils du peintre, Eugenio Lucas y Villaamil (1870–1918), a poursuivi
l'œuvre paternelle et la confusion se fait parfois entre leurs produc-
tions respectives. *Le sabbat* ne manque pas d'une certaine force malgré *54*
une facture plus évanescente. La thématique empruntée à la sorcelle-
rie ne peut nous surprendre chez ces peintres qui n'ont retenu des
thèmes goyesques que le côté fantasmagorique.

Outre de nombreuses œuvres du fonds graphique, une huile sur bois
est attribuée à Mariano Fortuny y Marsal (1838–1874). Ce peintre ex-
ceptionnel mort à trente-six ans apparaît sans conteste comme le chef
de file de la nouvelle génération d'artistes espagnols. Eclectique, ou-
vert à l'art d'Extrême-Orient, il s'est tourné peu à peu vers un style
impressionniste tout en remportant tous les succès en peinture de
genre. La *Sortie de taureaux* lui est imputée et peut être datée entre 1858 *55*
et 1874 ; elle a surtout valeur d'esquisse où l'on remarque des réminis-
cences de Delacroix. La tonalité ocre, la nervosité du trait font de cette
composition une épreuve de travail où l'accent est mis sur le mouve-
ment ainsi que sur la mise en page particulièrement dynamique.

Mariano Fortuny y Madrazo (1871–1949), fils du précédent, a signé
l'œuvre délicieuse intitulée *Les fenêtres*. Outre la simplicité du sujet hé- *56*
rité peut-être des derniers travaux de son père à Portici, on admire le
sens du détail et le rendu de la paroi où se découpent les trois baies.
La poésie de cette peinture tient dans l'évocation subtile de la pré-
sence humaine suggérée par les pots de fleurs alors que tout paraît
envahi par la nature laissée à l'abandon.

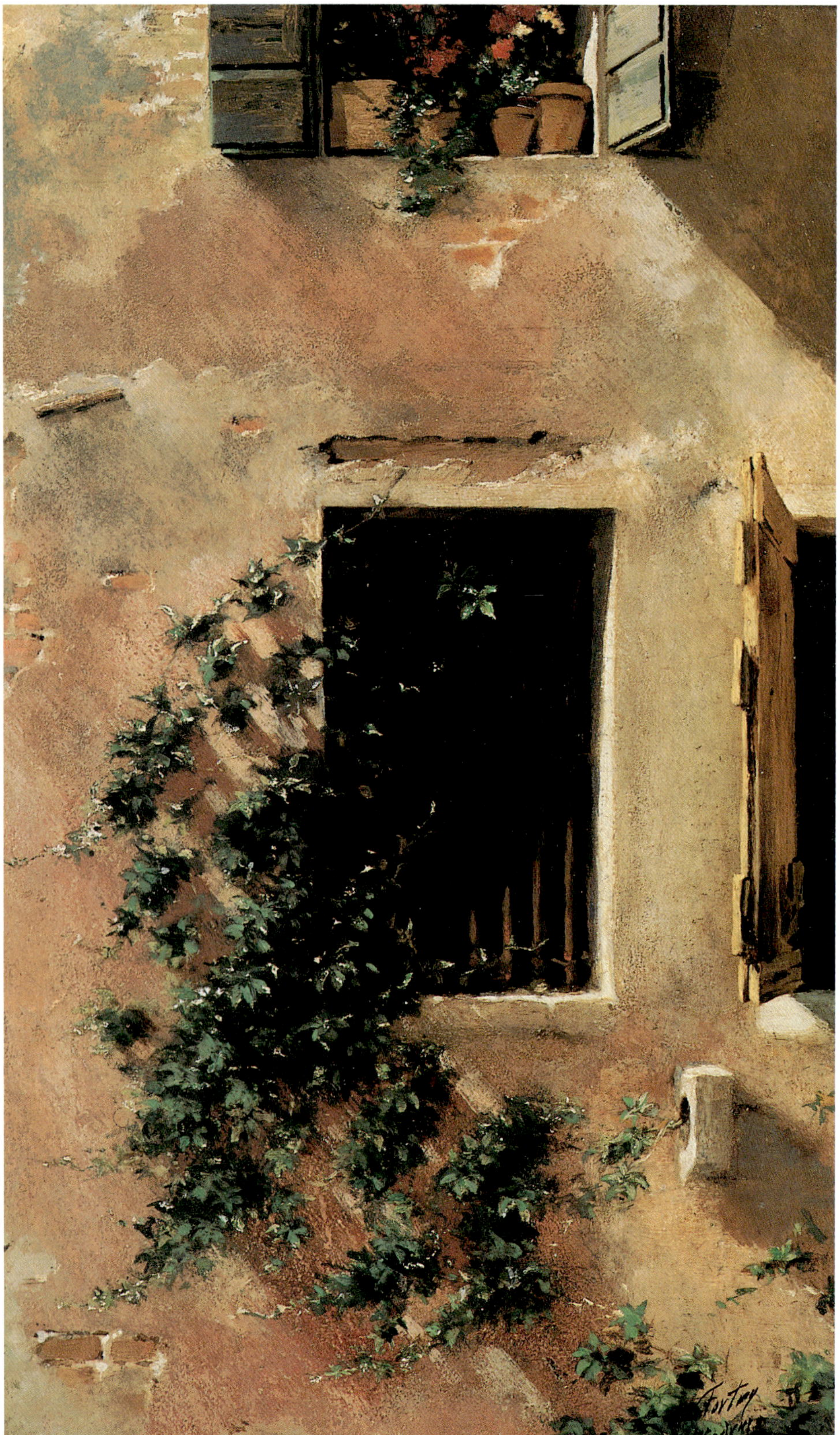

56 Mariano Fortuny y Madrazo
Grenade, 1871–Venise, 1949
Les fenêtres. Huile sur bois,
59 x 35. Dépôt du Louvre
en 1955. Inv. 24.243 et D 55–1–7.

Le courant costumbriste se définit à travers *La moisson* de José Robles y Martínez (1843–vers 1900), datée de 1867 et peinte à Madrid ; cette œuvre met en scène une fête paysanne où l'on exalte de façon réaliste la simplicité des mœurs espagnoles en une période aussi troublée. Cette peinture traditionnelle contraste de façon saisissante avec celle d'Aureliano de Beruete y Moret (1845–1912) qui, jusqu'en 1873 – date à laquelle il décida de se consacrer entièrement aux beaux-arts –, a su mener à la fois une carrière politique et picturale. Lors d'un voyage à Paris en 1878, ce paysagiste, élève de Carlos de Haes, va, grâce à son compatriote Martín Rico, découvrir l'Ecole de Barbizon. Admirateur inconditionnel de Velázquez, il sera son premier biographe moderne en publiant, en 1897, un ouvrage très remarqué sur le tableau des *Ménines*.

Œuvre exceptionnelle, *Les cigarrales* nous font comprendre les re- 58
cherches de l'artiste dans le domaine de la lumière et de la couleur. Celui-ci a été particulièrement sensible au contraste très fort entre les rochers et la terre des collines castillanes, écrasées par la chaleur de l'été. La masse gris bleuté et rouge de la montagne s'équilibre non sans un certain lyrisme avec la silhouette lointaine de la ville à peine suggérée alors que le ciel est rendu par un fond bleu, émaillé de
courtes touches de blanc. A l'opposé de ce flamboiement, *Les environs* 59
de Tolède nous offrent une vue plongeante sur un paysage ouvert, aux tonalités brunes et ocre. Là encore nous retrouvons toute la prédilection du peintre pour les paysages arides qui, à eux seuls, exaltent l'idée d'une Espagne éternelle, célébrée par les artistes et écrivains de la génération de 1898.

Dans le genre du paysage, Santiago Rusiñol y Prats (1861–1931) reste à coup sûr le plus sensible et le plus poète de ces peintres en raison peut-être de ses talents d'homme de lettres. Ses séjours à Paris à partir de 1865 lui font connaître Ramón Casas, Ignacio Zuloaga et Erik Satie. Il est actif au sein du mouvement moderniste en Catalogne dans les dix dernières années du siècle. Outre sa participation au groupe des *Quatre Gats*, il est l'un de ceux qui ont redécouvert le Greco avec ferveur. Ses peintures des jardins d'Espagne atteignent à
la plus grande finesse comme *La cour aux orangers*, délicieuse évocation 60
d'un patio à Grenade. L'ombre claire, les tonalités chaudes des fruits, la symétrie de la composition évoquent à la fois le calme, l'équilibre et la paix mêlée d'une douce fraîcheur que l'on ressent en de tels lieux. Admirable coloriste, Rusiñol réussit de la sorte à nous plonger dans une atmosphère poétique qui lui est propre et que l'on retrouve dans la majorité de ses œuvres à partir des années 1890.

Pablo de Uranga y Díaz de Arcaya (1861–1934), peintre peu connu, se
distingue par un portrait de son collègue Ignacio Zuloaga daté de 57
1893. Ici encore l'essentiel demeure la couleur au service de l'effet lumineux. Le modèle, plongé dans sa lecture, est représenté dans toute sa concentration grâce à une harmonie sombre et brune, tandis que la clarté émane du mur et du livre lui-même.

Joaquín Sorolla y Bastida (1863–1923) est un Valencien formé au sein de la prestigieuse Ecole des Beaux-Arts de San Carlos. Paysagiste tout d'abord, il fait le voyage à Paris en 1884–1888 où il côtoie les impressionnistes. Récompensé par le grand prix de l'Exposition universelle de 1900, il s'illustre dans la peinture de genre et parfois sociale tout en
étant un portraitiste talentueux. Le *Portrait de Monsieur Seligman* date de 62
1911. Il s'agit de Jacob dit Jacques Seligman (1858–1923), l'un des an-

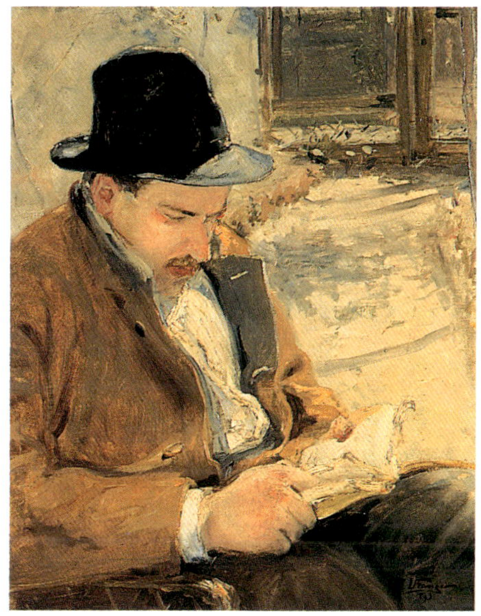

57 Pablo de Uranga y Díaz de Arcaya
Vitoria, 1861–San Sebastian, 1934
Portrait d'Ignacio Zuloaga, 1893.
Huile sur toile, 65 x 54,5.
Dépôt de l'Etat en 1949.
Inv. LUX 136 et D 49-1-6.

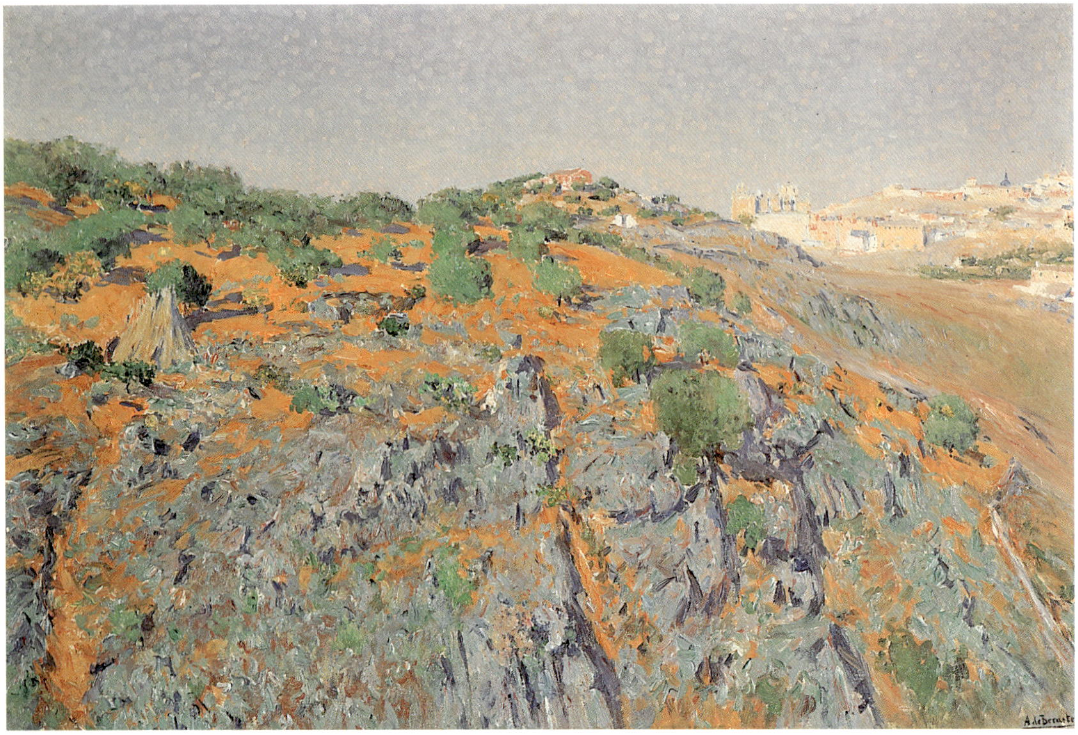

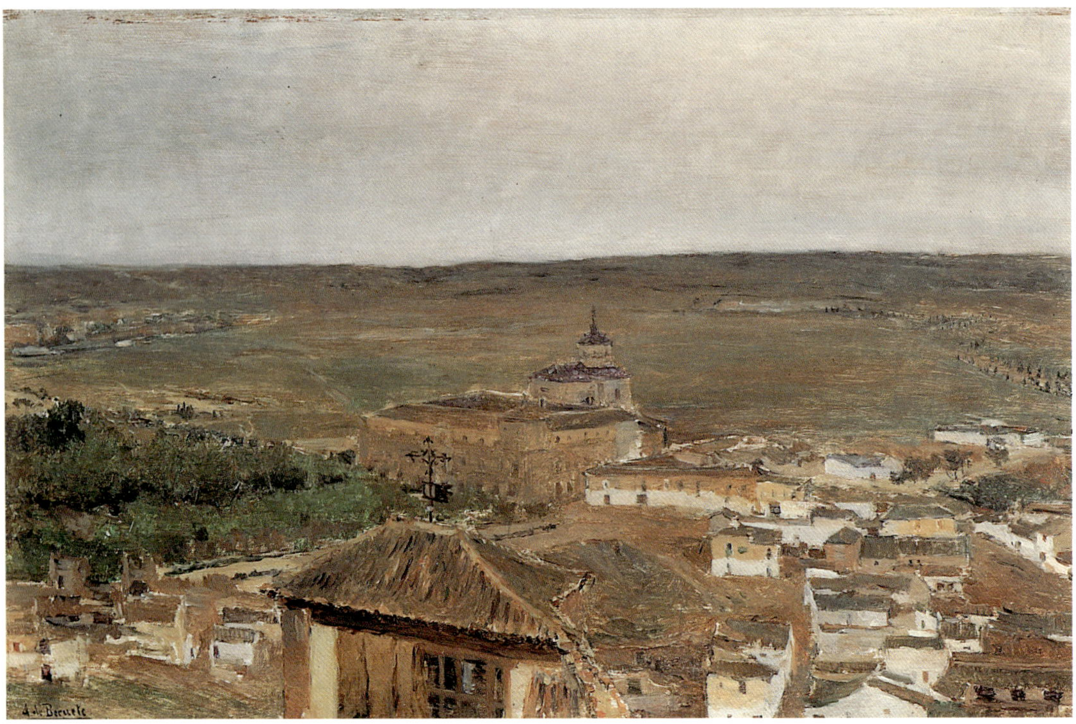

58 Aureliano de Beruete y Moret
Madrid, 1845–1912
Les cigarrales. Huile sur toile, 67 x 100. Dépôt de l'Etat en 1947. Inv. JDP et D 49–1–3.

59 *Les environs de Tolède*. Huile sur bois, 32 x 51. Dépôt de l'Etat en 1949. Inv. LUX 392 et D 49–1–9.

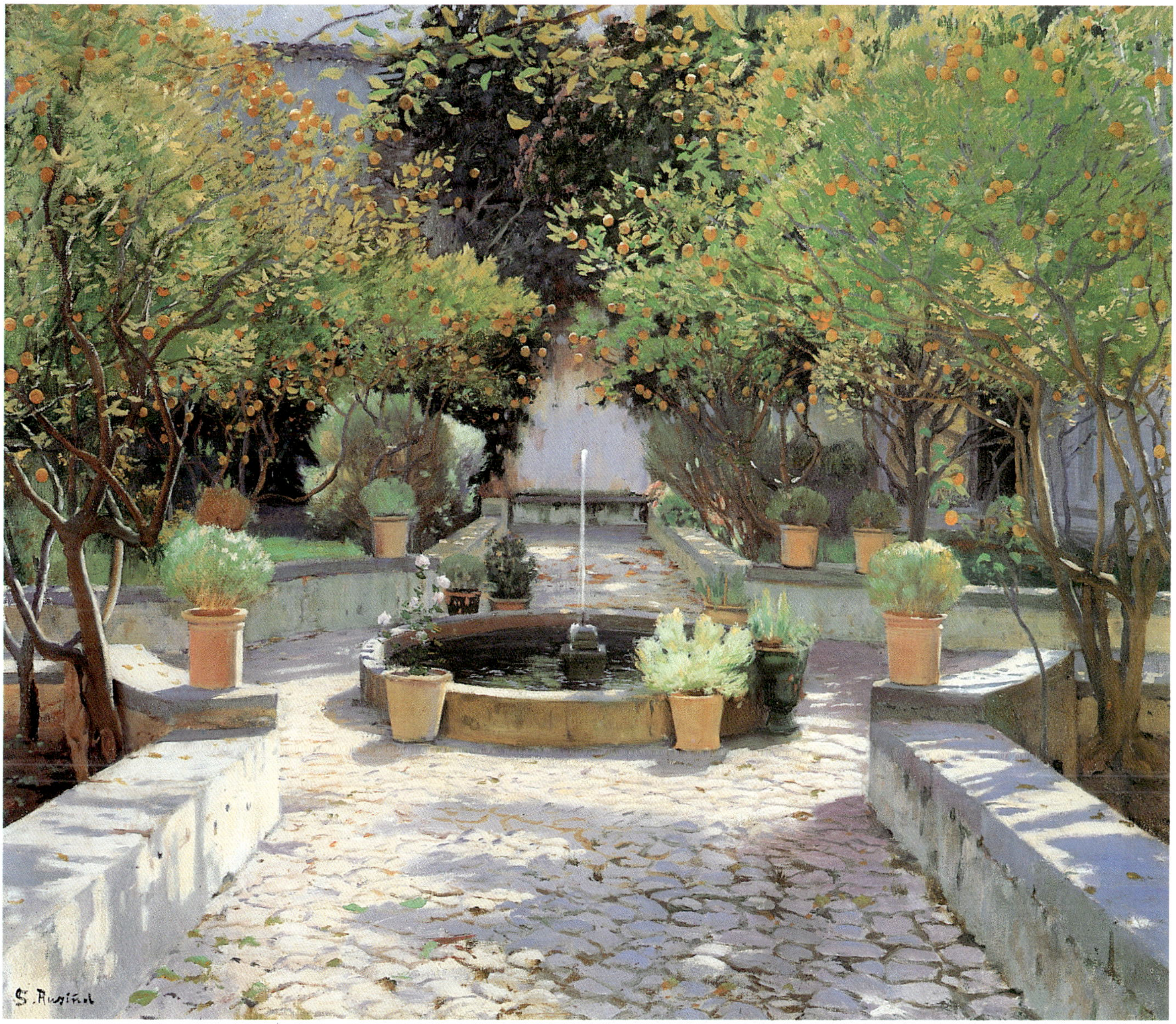

60 Santiago Rusiñol y Prats
Barcelone, 1861–Aranjuez, 1931
La cour des orangers. Huile sur toile,
86,5 x 107. Dépôt de l'Etat en 1949.
Inv. D 49–1–2.

tiquaires les plus en vue de Paris et donateur du Louvre. Sorolla a su parfaitement traduire avec une très grande économie de moyens à la fois l'énergie du personnage et la nostalgie de son regard. Le visage et la main droite de l'antiquaire concentrent toute la lumière alors que le reste de l'œuvre n'est qu'une variation de gris colorés.

Au XIXe siècle, l'influence de Velázquez fut très grande parmi les peintres français mais aussi parmi les artistes espagnols eux-mêmes dont Carlos Vázquez y Úbeda (1869–1944), disciple de Léon Bonnat.
63 Le *Portrait du peintre Enrique Melida* s'inspire directement du peintre des

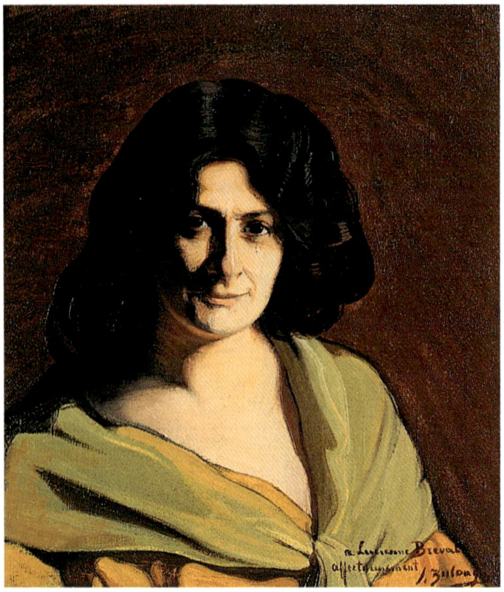

61 Ignacio Zuloaga y Zabaleta
Eibar, 1870–Madrid, 1945
Portrait de Lucienne Bréval (1869–1935),
1908–1909. Huile sur toile, 58 x 53.
Dépôt de l'Etat en 1949. Inv. JDP 790
et D 49–1–8.

62 Joaquín Sorolla y Bastida
Valence, 1863–Cercedilla, 1923
Portrait de Monsieur Seligman (1858–1923), 1911. Huile sur toile, 150 x 108. Don Seligman en 1975.
Inv. 75–1–1.

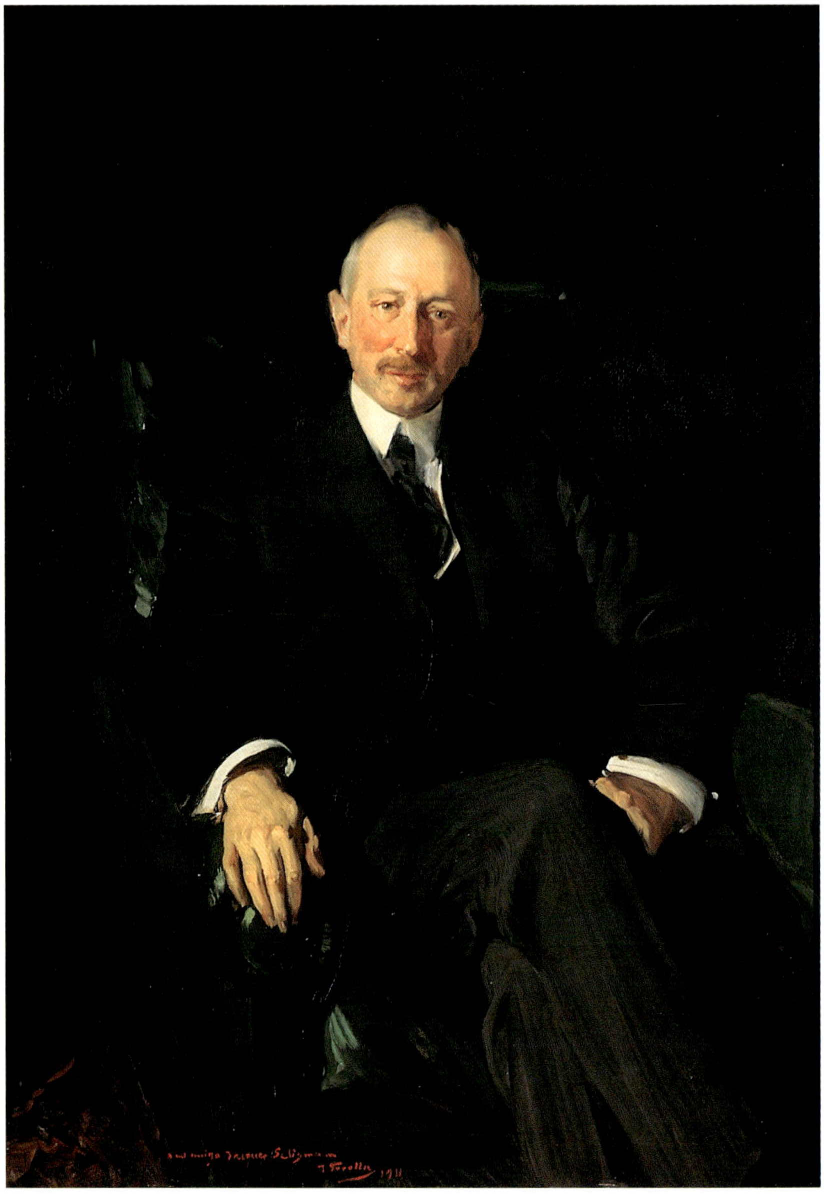

Ménines et de ses représentations en pied de philosophes ou de bouffons de la cour. Le modèle, Enrique Melida y Alinari (1834–1897), était le beau-père de Léon Bonnat et l'élève de Meissonier ; l'œuvre datée de 1892 le représente, fièrement campé dans sa cape brune, tenant à la main un diplôme d'honneur.

A son tour, Ignacio Zuloaga y Zabaleta (1870–1945) nous offre le
61 *Portrait de Lucienne Bréval.* Basque d'origine, il vient à Paris en 1889 après avoir séjourné à Rome. Admirateur de Manet, il côtoie Gauguin, Mallarmé et Barrès. A la période sombre des années 1895–1898 succède, au gré de sa célébrité, la série de portraits mondains où

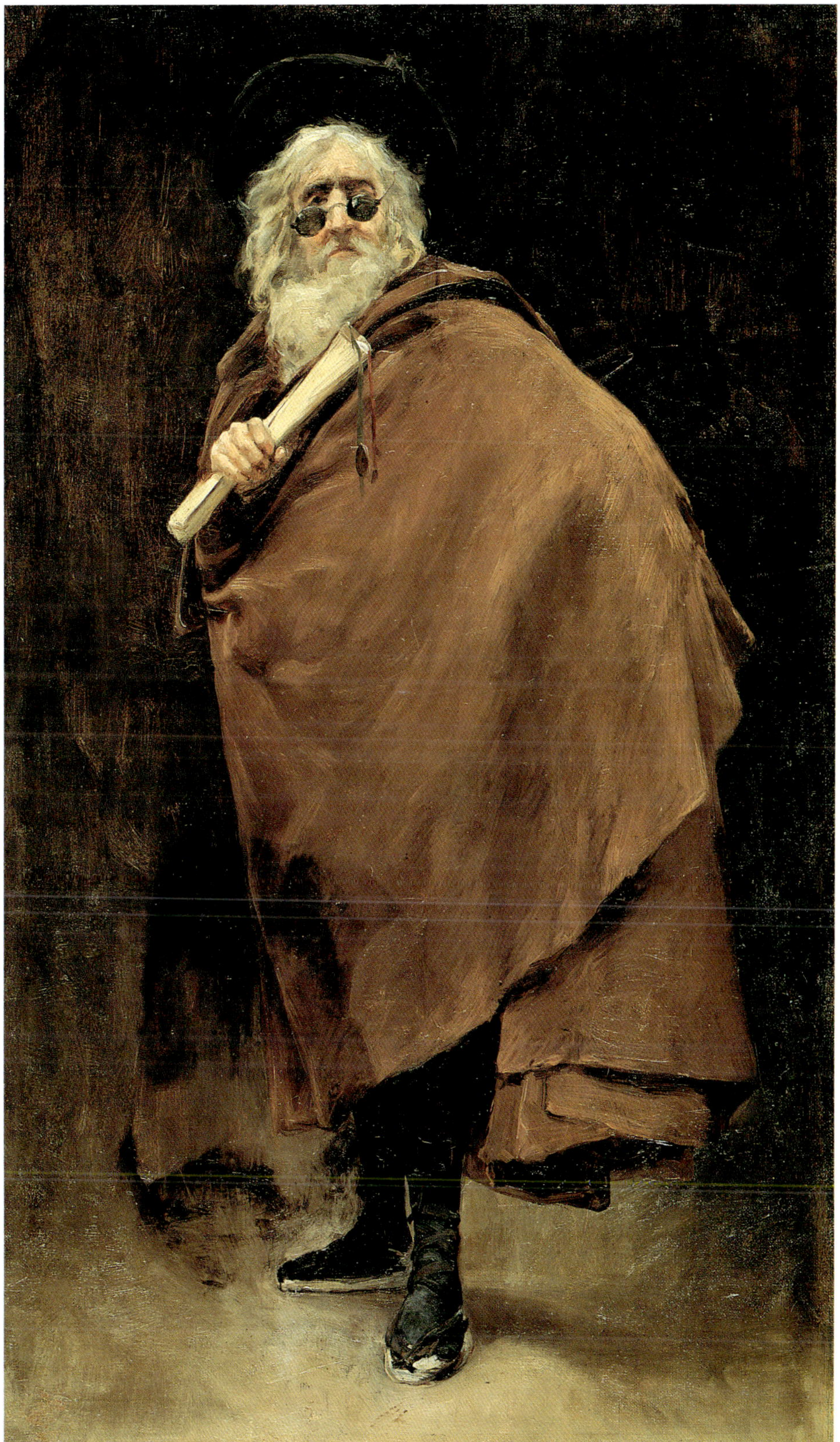

63 Carlos Vázquez y Úbeda
Ciudad Real, 1869–Barcelone, 1944
Portrait du peintre Enrique Melida (1834–1897), 1892. Huile sur toile, 72 x 42,5. Achat du FRAM Midi-Pyrénées et de la Ville de Castres en 1993. Inv. 92–4–1.

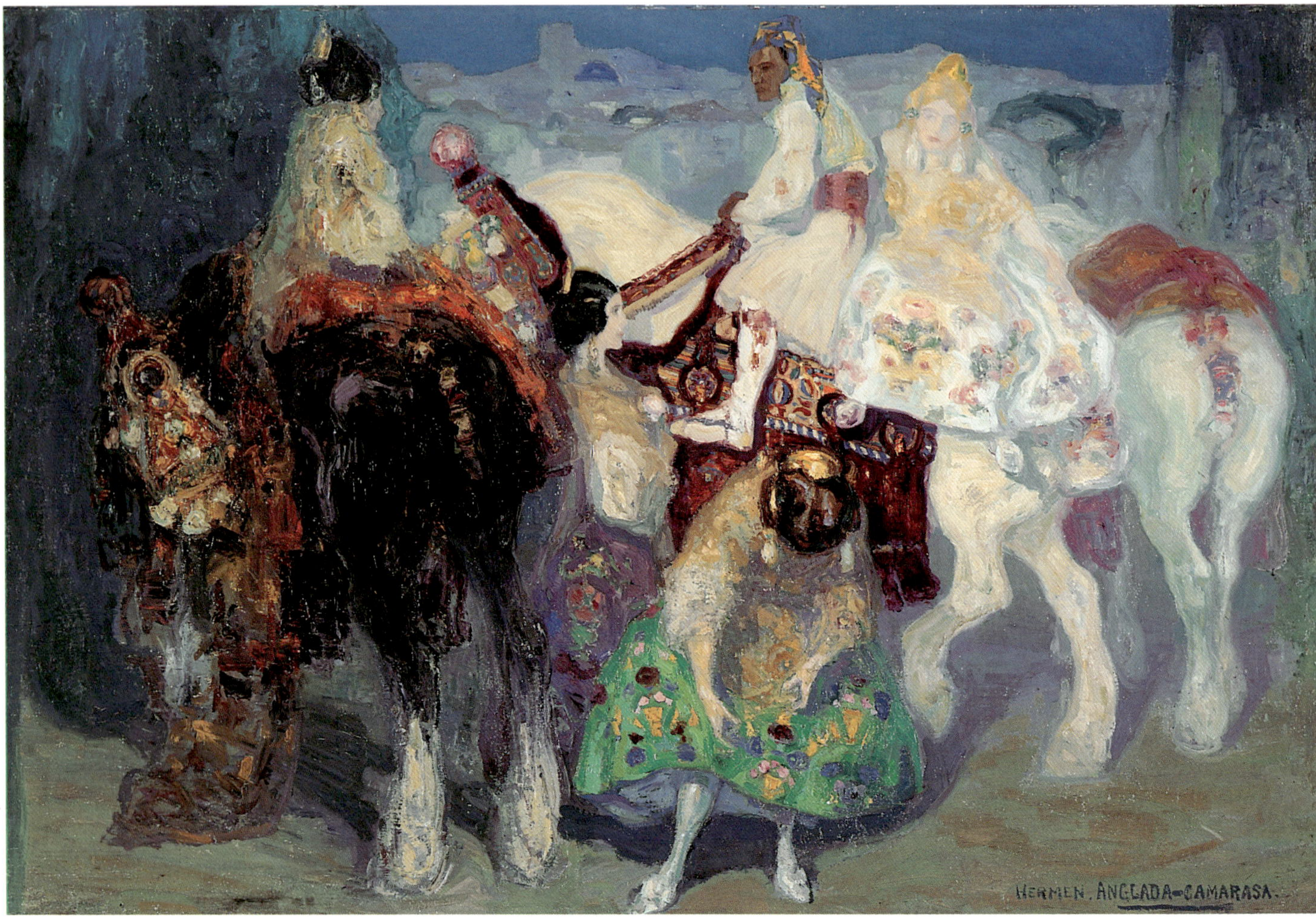

64 Hermenegildo Anglada-Camarasa
Barcelone, 1872–Port-Pollensa, 1959
La noce à Séville, 1906. Huile sur bois,
80 x 120. Dépôt de l'Etat en 1949.
Inv. JDP 124 P et D 49-1-1.

transparaît l'influence de Velázquez. Le modèle peint en 1908, de son nom véritable Lisetta Schilling, naît en 1869 et meurt en 1935. Cantatrice, spécialiste des opéras de Wagner, elle interpréta Carmen, ce qui explique son portrait en gitane car l'artiste l'avait utilement conseillée pour son rôle à l'Opéra-Comique. Zuloaga, dont l'art raffiné et savant ne fait aucun doute, a pris le parti d'évoquer la personnalité de la diva en demi-teintes sombres tout en mettant l'accent sur sa psychologie attachante. Intimiste, l'œuvre dédicacée à son modèle se situe entre deux autres portraits de la jeune femme, l'un en Carmen (1908) et l'autre en gitane (1909).

Hermenegildo Anglada-Camarasa (1872–1959) fut élève à l'école de la Llotja et suivit les cours de Modeste Urgell. A partir de 1894, il se rend à Paris, étudie avec Jean Paul Laurens et Benjamin Constant.
La noce à Séville date de 1906, au moment où, suite à son voyage à Va- 64
lence deux ans auparavant, il traite des thèmes folkloriques. Renommé dans le monde entier et en particulier en Amérique, il meurt en 1959 à Puerto Pollença (Majorque); sa collection, ouverte au public dès 1967, sera transférée à Palma de Majorque en 1988. Le tableau de Castres est peint sur bois, en pleine pâte. Œuvre chatoyante et anecdotique, elle traite du thème des gitans maintes fois traité par le peintre lors de son séjour parisien. Contrairement à Isidoro Nonell, Anglada-Camarasa fait de ces personnages une symphonie colorée où la touche large côtoie l'effet d'empâtement.

Toute la force et la dignité du Pays basque s'exprime dans l'œuvre de Valentín Zubiaurre Aguirrezabal (1879–1963). Sourd et muet de naissance comme son frère Ramon, il s'est formé à l'Académie San Fer-
nando. En 1899, il voyage en Italie et en France. *Hilandera* (la fileuse) 65
et *Le marché*, daté de 1908, évoquent avec hiératisme la fierté native du 9
petit peuple basque plongé dans ses traditions. Peintre sans concessions, Zubiaurre use de tonalités assourdies dans les verts et les ocres en faisant ressortir, grâce à des noirs profonds, les traits burinés des physionomies. De façon étonnante, on pense ici aux peintures du Moyen Age où sont superposées des figures humaines et des architectures en arrière-plan, sans rapport ni lien, mais qui confèrent à ces compositions un certain lyrisme.

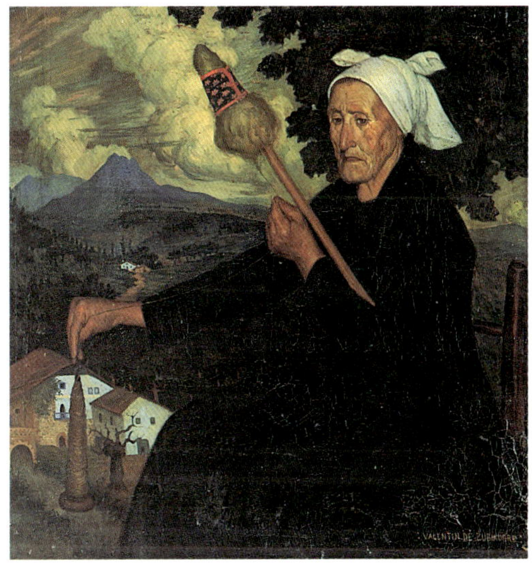

65 Valentín Zubiaurre Aguirrezabal
Madrid, 1879–1963
Hilandera. Huile sur toile, 90 x 90.
Dépôt de l'Etat en 1949. Inv. JDP 137
et D 49-1-7.

Dans ce domaine, José María López Mezquita (1883–1954), élève de Cecilio Pla et influencé par Zuloaga, sut porter le réalisme vers une dimension inattendue, presque tangible. *L'homme d'Eglise*, particulièrement impressionnant de vérité, présente un contraste saisissant entre le visage du personnage recueilli dans sa foi profonde et son vêtement chatoyant de lumière.

Ainsi les peintres espagnols du XIXe siècle ont-ils su traduire toutes les facettes d'un pays traditionnel s'ouvrant à la modernité. Jamais ils n'ont cédé à quelque facilité due aux influences diverses et au séjour parisien. Au contraire, ils ont permis que l'un d'entre eux, Pablo Picasso, né à Málaga en 1881, devienne l'héritier d'un tel monde et le porte plus loin encore.

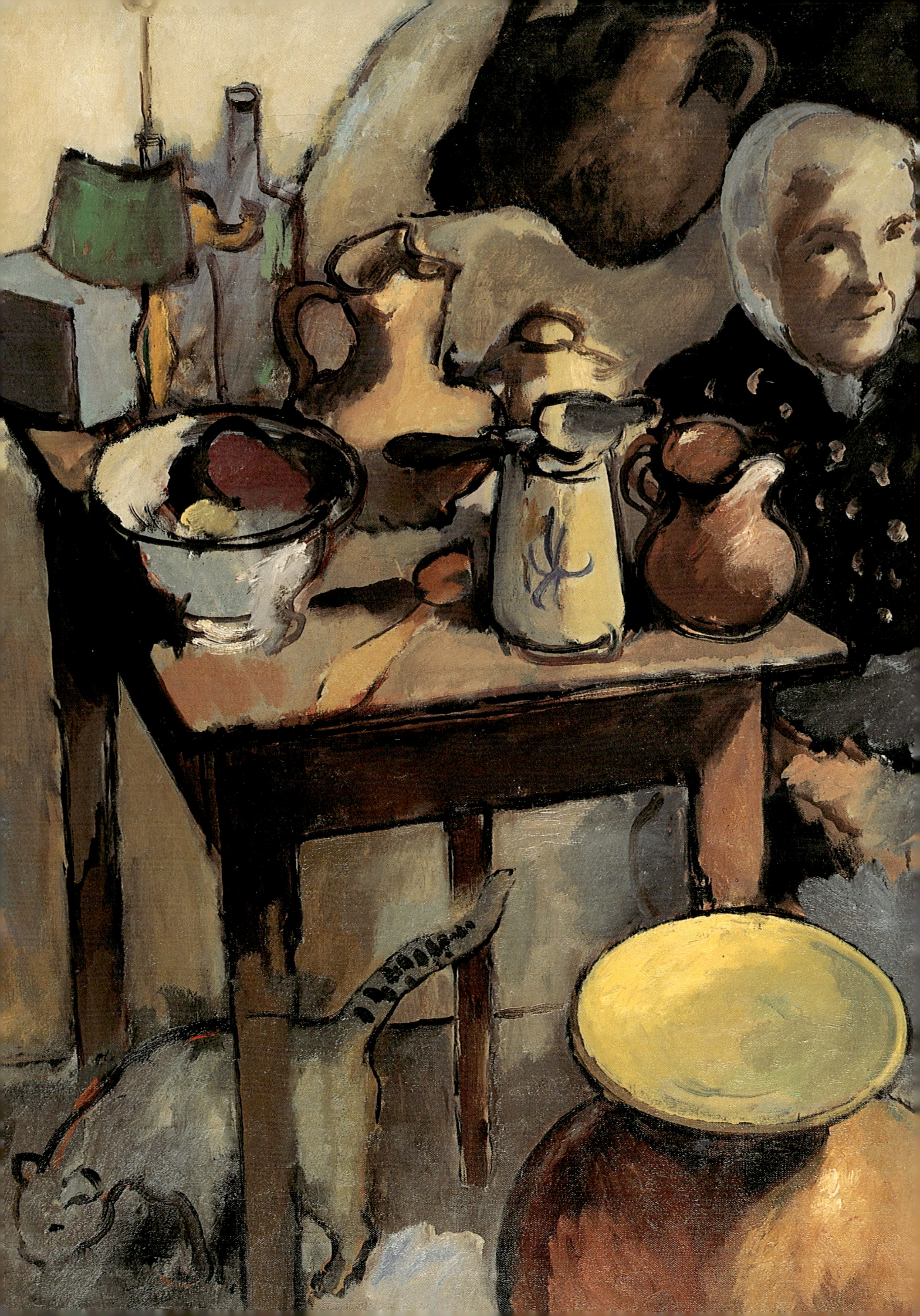

Le XXe siècle

La génération des écrivains, romanciers, poètes et philosophes, dite «génération de 1898», tentera, avec courage, d'affirmer l'âme populaire espagnole face à la montée des ambitions et idéologies. Miguel de Unamuno, Martínez Ruiz, Antonio Machado, Ramiro de Maeztu, Jacinto Benavente, Ramón del Valle Inclán et d'autres seront les artisans d'une telle pensée au milieu des ferments républicains, anarchistes et marxistes. En 1902, Alphonse XIII entame son règne en jurant de respecter la Constitution; plus que jamais le pouvoir est isolé. La crise du Maroc, en 1909, provoque en Catalogne une grève qui sera impitoyablement réprimée. Barcelone est bombardée très sévèrement durant la «semaine sanglante» du 27 juillet. Francisco Ferrer, un des principaux responsables de la grève et de l'opposition à la guerre, est fusillé malgré le soutien de l'opinion internationale.

La guerre de 14–18 va profiter à l'Espagne, restée à l'écart du conflit par sa neutralité. Mais dès 1917, grèves et attentats se succèdent, en particulier en Catalogne, un temps endigués par un gouvernement d'union nationale confié à Antonio Maura. L'armistice va provoquer l'inflation et une situation économique désastreuse dans un pays qui n'a pas su réinvestir les bénéfices gagnés lors de la Grande Guerre. La vague terroriste reprend sous la poussée des séparatistes et culmine avec l'assassinat du chef du gouvernement, Eduardo Dato, le 8 mars 1921. Le 12 septembre 1923, le capitaine général de Catalogne, Miguel Primo de Rivera, forme un directoire militaire qui concentre tous les pouvoirs entre ses mains. La «dictature libérale» va durer sept ans et provoque l'exil des intellectuels tenus pour responsables du désordre. L'Espagne est alors pacifiée et le Maroc soumis; l'Exposition universelle de 1929 à Barcelone semble redonner au pays un semblant de prestige. Mais à la fin de l'année, l'agitation reprend et aboutit, le 28 janvier 1930, à la démission de Primo de Rivera.

Sous la poussée des républicains, les élections municipales du 12 avril 1931 sont un triomphe; le 14 avril 1931, le roi Alphonse XIII quitte l'Espagne pour la France. Les troubles reprennent entre socialistes, anarchistes et partisans de la monarchie alors que la nouvelle Constitution est approuvée le 9 décembre 1931. Dès 1932, le général Sanjurjo tente un coup d'Etat militaire qui échoue tandis que le gouvernement républicain réprime les anarchistes et que se constitue la phalange de José Antonio Primo de Rivera, le fils du dictateur. Par la suite, la révolte des mineurs socialistes dans les Asturies, en octobre 1935, est réprimée très durement par le général Franco: elle fait deux mille morts. Les élections de 1936 voient le triomphe du «Front populaire» communiste et socialiste, la phalange est dissoute. Les partis nationalistes se regroupent autour du général Franco, nommé gou-

66 Joseph Mompou i Dencausse
Barcelone, 1888–Vich, 1968
Coin de cuisine à Majorque. Huile sur toile, 116 x 88. Dépôt de l'Etat en 1955. Inv. 24.264 et D 55-1-4.

verneur militaire des Canaries, dans un pays paralysé par les grèves. Le 18 juillet, ce dernier prend la tête des troupes espagnoles au Maroc; en même temps, ses homologues Queipo de Llano et Mola tiennent Séville, Grenade et la Navarre. C'est le début de la guerre civile, effroyable carnage qui dure jusqu'en 1939 et coûte à l'Espagne un demi-million de morts. Le pays va subir quarante ans de dictature sous la main de fer du «Caudillo» qui observera la plus grande neutralité pendant la Seconde Guerre mondiale en échange d'avantages commerciaux ou industriels concédés par la France et l'Angleterre. L'Espagne franquiste, après la chute de l'Allemagne hitlérienne, est mise au ban des nations jusqu'en 1951 où, en raison des débuts de la guerre froide, elle est admise dans le cercle des puissances mondiales opposées au communisme. Toutefois, l'amorce de la construction européenne va laisser le pays exclu du mouvement à cause de son régime absolutiste. La réussite économique du pays est incontestable entre 1960 et 1973 malgré l'usure du pouvoir. Le tourisme, à lui seul, atteint des sommets jamais égalés, la prospérité économique fait merveille; pourtant, l'Etat espagnol va se replier sur lui-même à l'image de son chef qui choisit Juan Carlos, petit-fils d'Alphonse XIII, comme son successeur. Lorsque Franco disparaît le 20 novembre 1975, le pire est à craindre, mais la transition démocratique en Espagne se fait en douceur. Le roi nomme Adolfo Suarez Premier ministre en 1976. Celui-ci crée en 1977 l'Union du Centre démocratique qui reste au pouvoir jusqu'en 1982 pour se dissoudre, son œuvre achevée, en février de l'année suivante. Suarez procède ainsi au démantèlement des institutions franquistes, au rétablissement des libertés et des partis. En 1978, l'Espagne se dote de sa Constitution, puis entre dans l'OTAN. Malgré le coup d'Etat militaire avorté du 23 février 1981, les socialistes prennent le pouvoir aux élections législatives de 1982. Quatre ans plus tard, l'Espagne intègre la Communauté européenne.

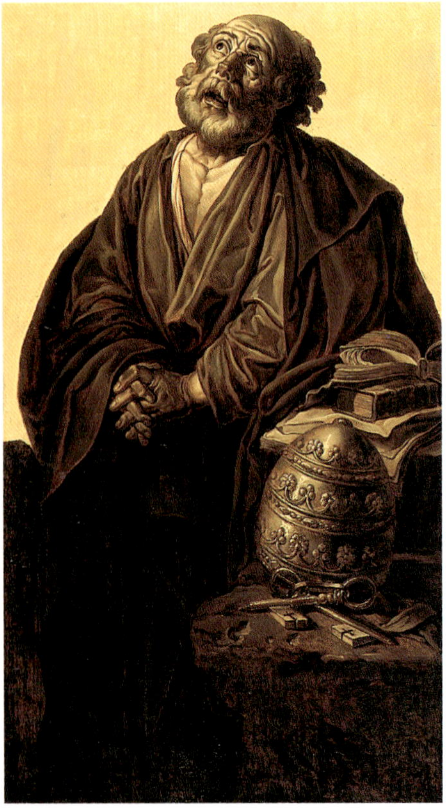

67 José María Sert y Badia
Barcelone, 1876–1945
Saint Pierre. Huile sur bois, 133 x 79,8. Achat du FRAM Midi-Pyrénées et de la Ville de Castres en 1995. Inv. 95-4-1.

Avec l'alternance des partis centristes de gauche ou de droite, le pays bénéficie depuis lors de la période la plus stable de son histoire depuis deux siècles, et ce malgré la crise économique, nouvelle venue. Nourri par les vieilles revendications séparatistes et en dépit de la grande autonomie octroyée aux provinces, le terrorisme n'est pas exclu pour autant. Selon Antonio Machado, il y a toujours deux Espagnes en lutte. Le retour à Madrid de *Guernica* symbolise, après tant de malheurs, une nouvelle ère où les artistes, désormais libres, peuvent à nouveau s'exprimer.

Les collections du Musée Goya sont encore trop peu étendues en ce qui concerne le XXe siècle. De sérieuses lacunes devront être comblées dans la mesure du possible car aucune œuvre de Juan Gris, Salvador Dalí, Juan Miró, Antonio Saura, Luis Fernández, Antoni Tàpies, ne se trouvent à Castres. De même, la génération d'après-guerre et la plus récente ne sont pas encore sur les cimaises. Barceló, Sicilia, Llimos, Broto, García Sevilla, Canogar, Campano, Rafols Casamada, pour ne citer qu'eux, manquent cruellement à l'appel. Malgré cette incontestable faiblesse, le fonds n'est pas sans intérêt.

C'est seulement depuis 1992 que Pablo Picasso (1881–1973) est entré au Musée Goya grâce à un dépôt de l'Etat après la dation Jacqueline
68 Picasso en 1986. Le *Portrait d'homme écrivant* a été peint à Mougins le 7 juillet 1971 et porte, au dos, la mention indiquant que ce tableau fut exécuté ce jour-là après une autre version. Picasso, tout à la fin de sa longue existence, avait entamé après la guerre, dans un style syntheti-

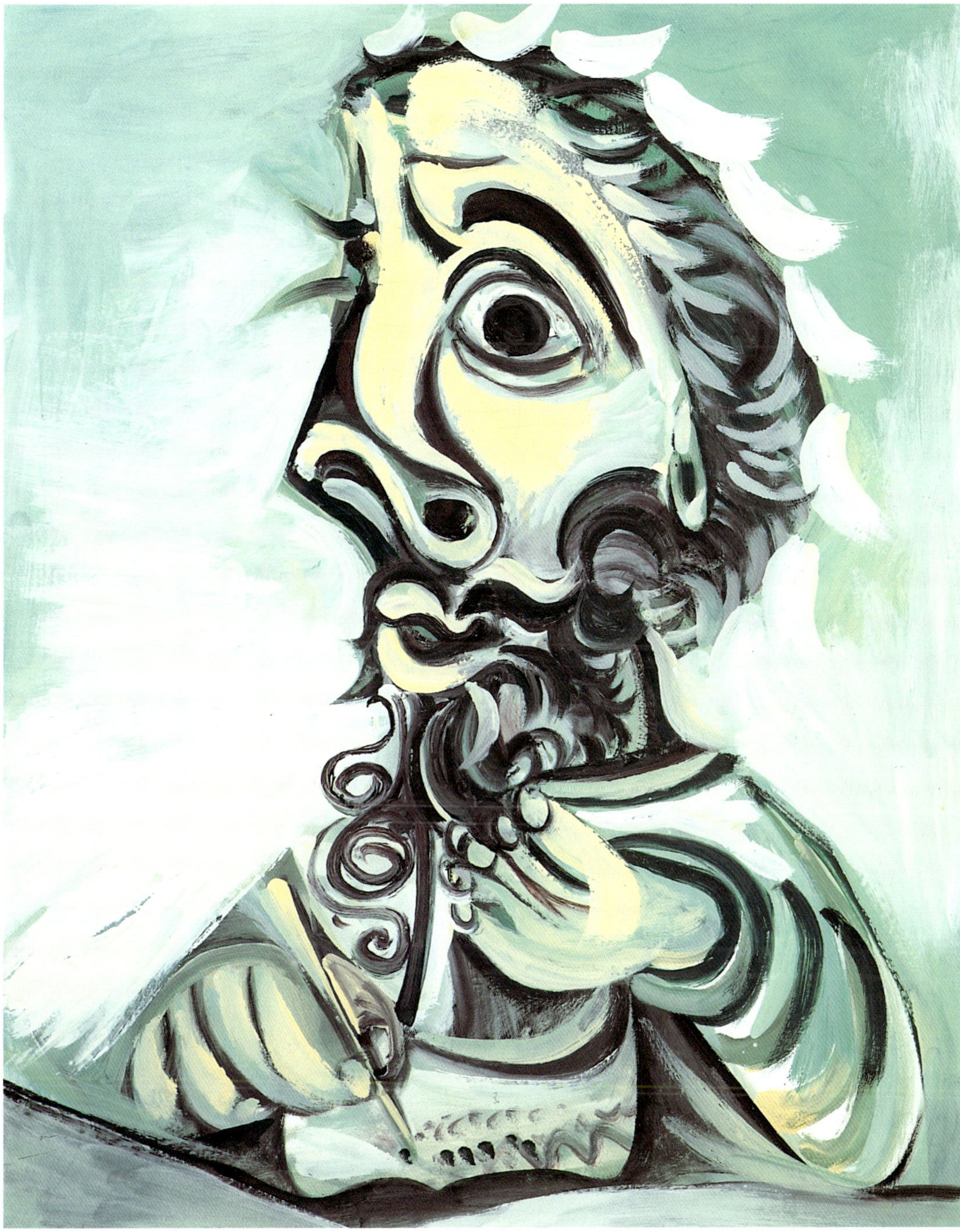

68 Pablo Picasso
Málaga, 1881–Mougins, 1973
Portrait d'homme écrivant, 1971. Huile sur toile, 100 x 81. Dépôt du musée Picasso en 1992. Inv. MP 1990–42 et D 92–1–1.

sant toutes ses périodes passées, des séries consacrées au couple, au jeu de cartes, au peintre et à son modèle. Cette figure d'homme à l'œil unique, tel un cyclope, nous surprend par son ampleur, son étonnante gamme colorée ocre clair et vert pâle. Comme toujours, la matière demeure très riche avec des empâtements au sein d'une facture à la fois dense et libre. Picasso reprend ici un thème ancien, celui de l'inspiration de l'écrivain et du poète comme couronné de blancs pétales. Plus que jamais l'artiste sait aller à l'essentiel à travers cette silhouette majestueuse, proche de certaines représentations médiévales.

José María Sert (1876–1945) a suivi un parcours des plus originaux ; fils d'un dessinateur d'étoffes et de tapisseries, il étudie en 1900 la fresque en Italie, puis se fixe à Paris en tant que décorateur d'inté-

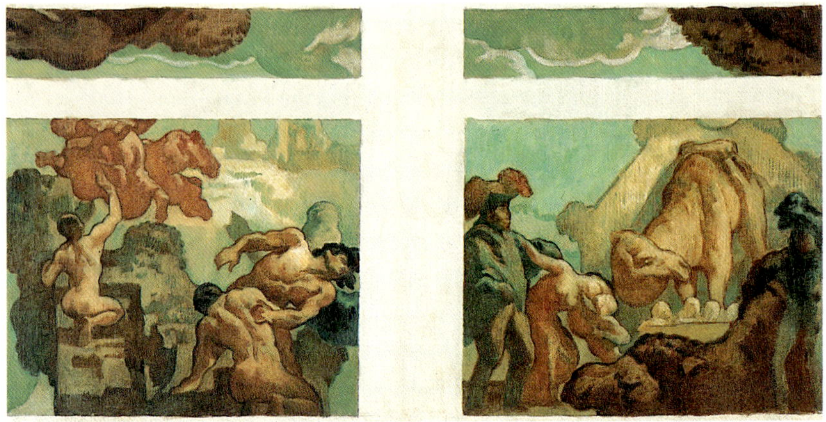

69 José María Sert y Badia
Barcelone, 1876–1945
La lutte de Jacob et de l'Ange. Le retour du jeune Tobie, vers 1927. Huile sur toile, 63 x 124. Achat du FRAM Midi-Pyrénées et de la Ville de Castres en 1995. Inv. 95-3-1.

rieur. Son ami Paul Claudel fait appel à lui en 1928–1929 pour les dé-
cors du *Soulier de satin*. Auteur du décor du Palais des Nations à Ge-
nève et de la cathédrale de Vich, il fut encensé avant de tomber dans
l'oubli en raison de son style très grandiloquent. L'esquisse représen-
69 tant *La lutte de Jacob et de l'Ange* et *Le retour du jeune Tobie* demeure un té-
moignage précieux que l'on peut dater de 1927 en tant que première
ébauche du décor – côté Evangile – de la cathédrale de Vich. Cette
œuvre, terminée en 1930, fut détruite en 1936 durant la guerre civile
et refaite ensuite par l'artiste. Ce travail préparatoire échappe sans
nul doute à la critique que l'on oppose à l'art de Sert : elle est à la fois
67 alerte et délicate de tons. Le *Saint Pierre* traité de manière très char-
pentée, dans les tons bistre sur fond doré, s'apparente aux figures mo-
numentales de saint Pierre et de saint Paul dans le cycle de *La Vie et
la Passion du Christ* en cette même cathédrale. L'influence du Siècle
d'Or, celle de Ribera en particulier, est manifeste.

70 Le *Portrait de madame René-Jean* par Mateo Hernández (1885–1949) a
été peint à la fresque sur fibrociment en 1943–1944. Il s'agit d'un té-
moignage assez rare de cet artiste qui vint s'établir en France à l'âge
de vingt-six ans. En fait, son domaine de prédilection demeure la
sculpture animalière où il excelle en particulier dans la taille directe
sur diorite. Le *Vautour*, acquisition très récente, en est un bon exemple.
Ses fresques sont toujours d'une grande simplicité non dénuée d'un
certain hiératisme. C'est le cas ici car le personnage est campé avec la
plus grande sévérité dans des coloris atténués. Le musée a acquis une
autre composition de sa main représentant des biches et des élé-
phants dont la figuration s'inspire de la peinture préhistorique.

Dans les années 20, toute une série de peintres de l'Ecole de Paris ont fait l'objet d'achats de la part de l'Etat français ; leurs œuvres, que l'on peut situer entre cubisme et fauvisme, furent pour la plupart

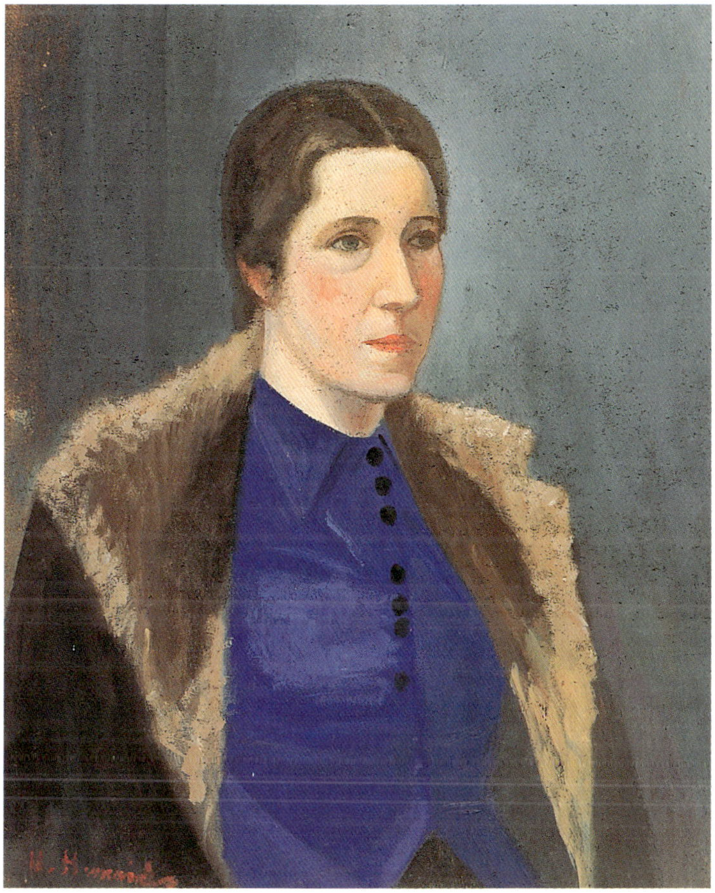

70 Mateo Hernández
Bejar, 1885–Meudon, 1949
Portrait de madame René-Jean,
1943–1944. Fresque sur fibrociment,
81 x 66. Don de Mme René-Jean
en 1957. Inv. 58–4–1.

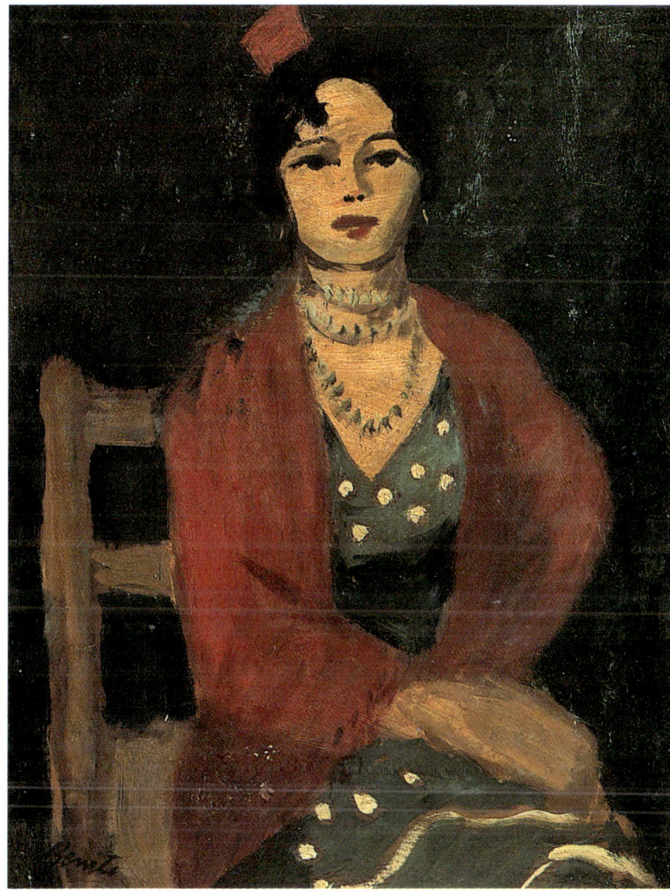

71 Eduardo García Benito
Valladolid, 1891–(?)
L'Espagnole au peigne rouge, 1938.
Huile sur aggloméré, 198 x 120.
Don de l'artiste en 1955. Inv. 55–5–1.

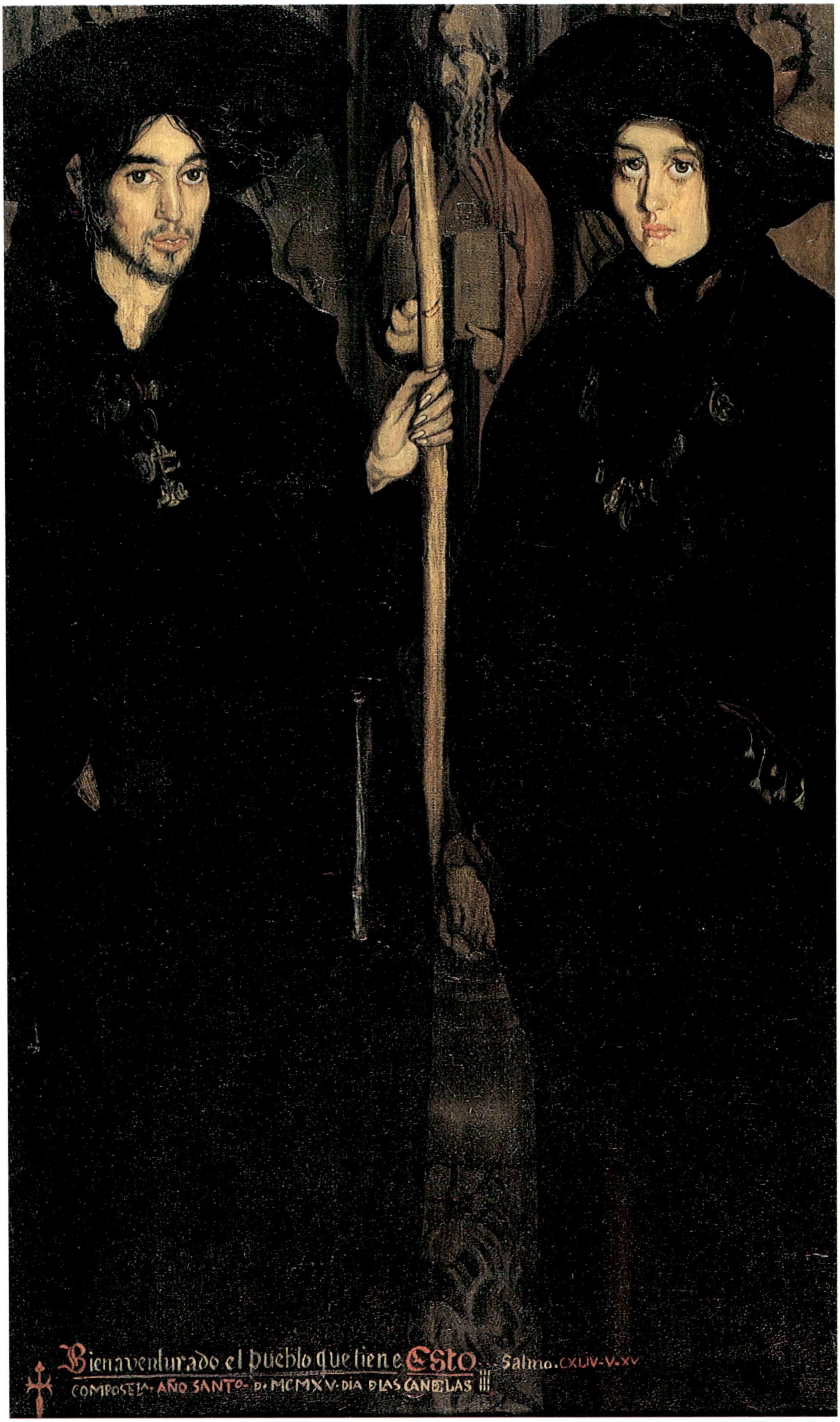
Bienaventurado el pueblo que tiene Esto Salmo. CXLIV-V-XV
COMPOSTELA. AÑO SANTO. D. MCMXV. DIA D LAS CANDELAS

déposées à Castres en 1948 et 1955. C'est le cas de Manuel Ortiz de
Zarate (1886–1946) avec son *Don Quichotte* proche de la caricature, de
Joseph Mompou i Dencausse (1888–1968) avec le *Coin de cuisine à* 66
Majorque et la *Femme cousant* où l'on décèle l'influence de Cézanne, de 10
Celso Lagar (1891–1966), peintre, lithographe et sculpteur, adepte de
la tauromachie, du nu, du paysage, mais surtout passionné par le
monde du cirque. Sa *Fiancée du toréador* nous plonge dans un monde
grave et triste aux accents quelque peu naïfs. L'artiste vivra l'essentiel
de son existence à Paris et aura une production assez répétitive avant
de perdre la raison.

Jesús Rodríguez Correidoyra (1889–1939), élève de Sorolla et de Zuloaga, tranche avec ce courant car il ne réside pas en France mais vit en

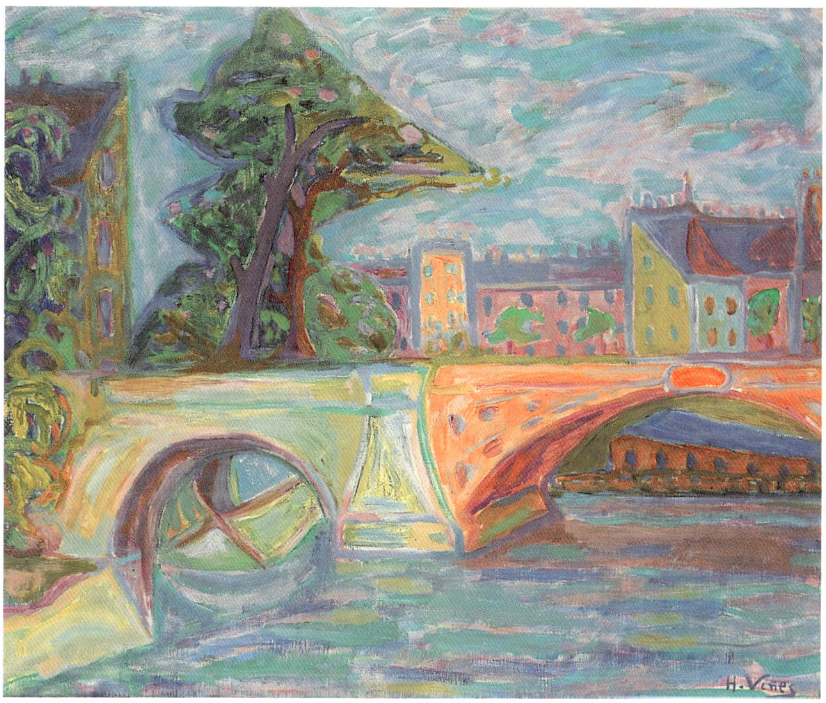

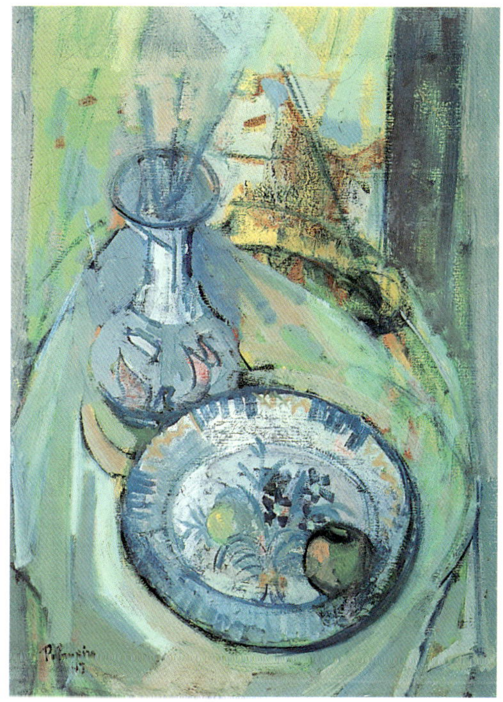

Galice, à La Coruña et à Saint-Jacques-de-Compostelle. Son carac-
tère religieux se livre de façon entière dans le tableau *Bienheureux soit* 72
le peuple dont une version proche est conservée à la mairie de Saint-
Jacques-de-Compostelle. Sa peinture sombre et introvertie reprend
des types galiciens tout en visant au symbolisme, influencé par la gé-
nération de 1898 (Valle Inclán). Sensible à l'art du Greco, il fait figure
à part dans sa génération.

Installé en 1911 dans la capitale française après ses études à l'Ecole
des Beaux-Arts de Madrid, Eduardo García Benito (1891–?) fait lui
aussi partie de l'Ecole de Paris. Graveur sur bois et portraitiste (Ros-
tand, Poiret), il gagne New York en 1923 et décore la maison de la
star américaine Gloria Swanson, quatre ans plus tard. Peinte après
une période où il illustre les magazines *Vogue* et *Vanity Fair*, *L'Espagnole* 71
au peigne rouge illustre, non sans une certaine facilité, son penchant
pour Marquet et Van Dongen.

Exilé par le franquisme, José Palmeiro (1903–1984) s'installe à Mont-
parnasse. La facilité d'exécution et les thèmes avenants (paysages,
jeunes filles) qui caractérisent ses œuvres lui procurent avant la guerre
un certain succès ; il se livre ici avec sa *Nature morte* à un exercice chro- 74
matique intéressant malgré la palette restreinte, dans un style struc-
turé qui évoque certains accents cubistes.

74 José Palmeiro
Madrid, 1903–1984
Nature morte, 1947. Huile sur toile, 73 x 54. Dépôt de l'Etat en 1955. Inv. 20 318 et D 49–2–2.

73 Hernando Vines Soto
Paris, 1904–1993
Le pont rouge. Huile sur toile, 60 x 73. Dépôt de l'Etat en 1955. Inv. 22 991 et D 55–1–6.

72 Jesús Rodríguez Correidoyra
Lugo, 1889–Portela (Santiago), 1939
Bienheureux soit le peuple, 1915. Huile sur toile, 130 x 80. Dépôt de l'Etat en 1949. Inv. JDP 129 et D 49–1–4.

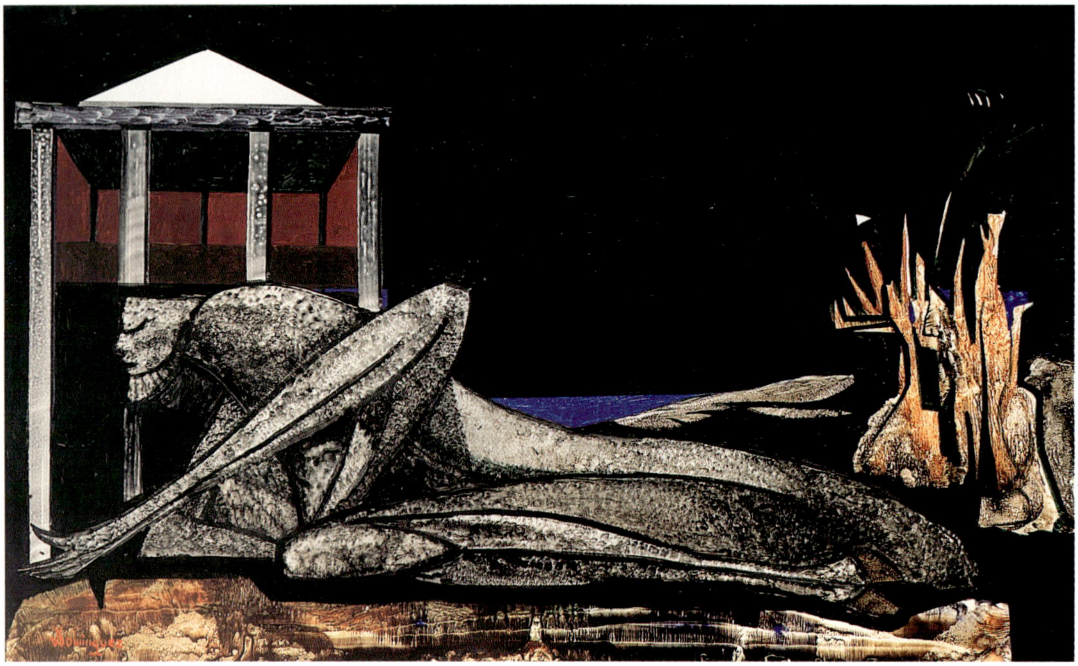

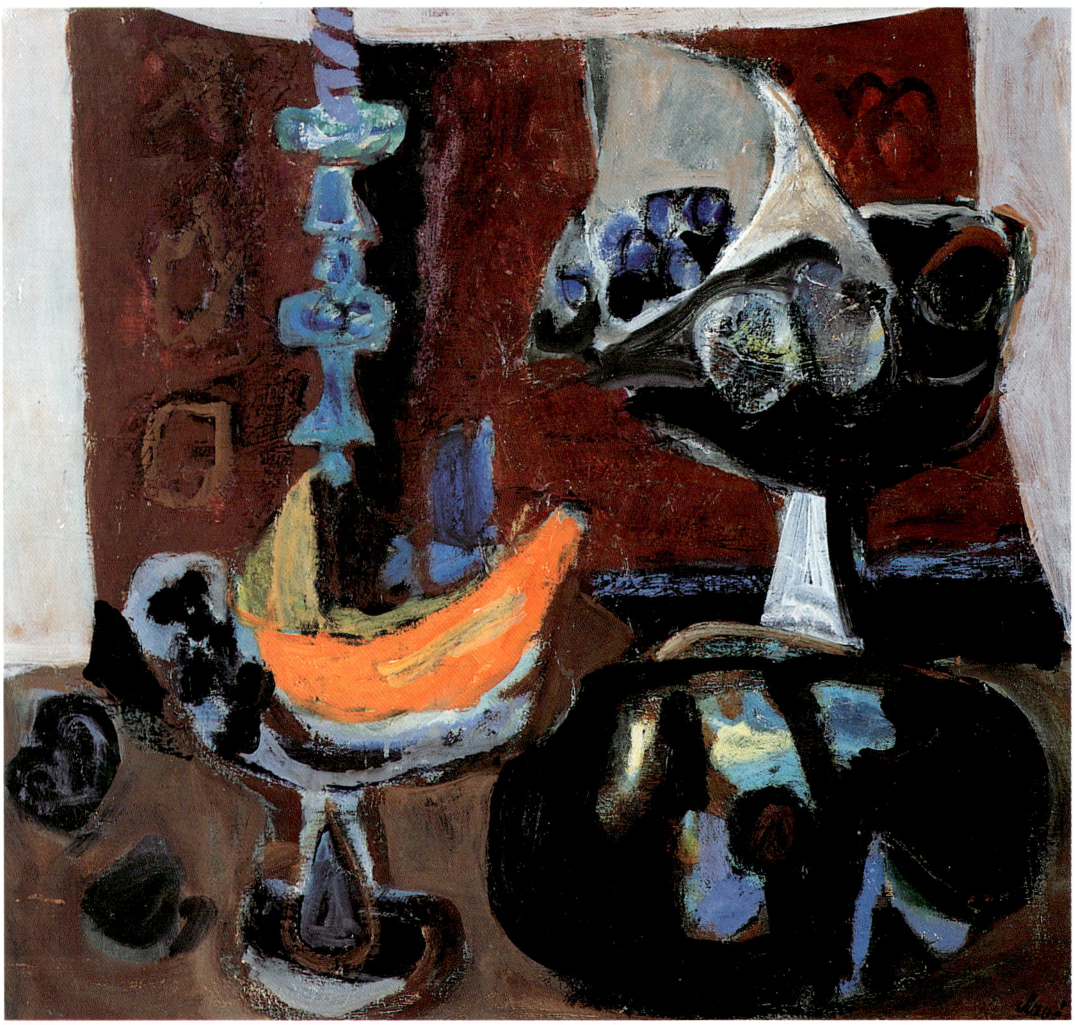

75 Oscar Domínguez
Ténériffe, 1906–Paris, 1957
L'Atlantide. Huile sur isorel, 97 x 162. Dépôt de l'Etat en 1954. Inv. 24 170 et D 55–1–1.

76 Antoní Clavé
Barcelone, 1913
Nature morte. Huile sur toile, 67 x 94. Dépôt de l'Etat en 1949. Inv. 20 142 et D 49–2–1.

Hernando Vines Soto (1904–1993) s'avère encore plus représentatif de cette Ecole parisienne car il est né dans la capitale française, où sa famille était venue s'installer en 1889 sur le conseil du grand compositeur espagnol Manuel de Falla. Son oncle, Ricardo Vines, allait faire ses études au Conservatoire et devenir un des meilleurs pianistes du siècle. Encouragé par Picasso en 1915, Vines Soto côtoie André Lhote à la Grande Chaumière en 1918 ainsi que Gino Severini. Cinq ans plus tard, il expose au Salon d'automne et fréquente Luis Buñuel, Joaquín Peinado, Francisco García Llorca, Pancho Cossio, le poète Rafael Alberti, Erik Satie, etc. Après sa rencontre avec Christian Zervos en 1924 et une première exposition individuelle en 1928, il fait partie en 1946 d'une exposition des peintres républicains à Prague, Londres, Stockholm et au Venezuela en compagnie d'Antoní Clavé et de Picasso. Son tableau *Le pont rouge,* tableau d'une réelle force 73
entré dans les collections en 1955, atteste l'influence fauve ainsi que celle de Picasso.

Oscar Domínguez (1906–1957) est venu plus tard à Paris, en 1929. Il peut être considéré comme un surréaliste dans la mouvance de Salvador Dalí et de Max Ernst. En 1934, il adhère au mouvement, mettant au point trois ans plus tard une méthode dite «cosmique», produisant à la fois tableaux et objets automatiques. Comme Picasso, il reste dans Paris occupé et suit la veine de De Chirico ; il quittera le mouvement après la guerre et se donnera la mort en 1957. *L'Atlantide* reste 75
une œuvre significative du style d'après-guerre où il synthétise quelque peu ses influences et évolue, dans une approche marquée par Picasso, vers une composition simplifiée, symbolique, non dénuée d'une certaine angoisse.

Antoní Clavé (né en 1913) a fait ses études à l'Ecole des Beaux-Arts de Barcelone entre 1926 et 1932 ; il doit émigrer en France lors de la guerre civile. D'abord cubiste, il s'essaye dès 1939 à la lithographie pendant un séjour parisien. Après la guerre, il évolue vers l'abstraction (1960), privilégiant les matériaux divers et les supports inhabituels. Exposé au Centre Pompidou en 1978, il est reconnu au niveau international et a su diversifier ses activités jusqu'à la confection de décors de théâtre, de ballet ou de cinéma. La *Nature morte* que possède 76
le musée fait partie de sa période antérieure à l'abstraction où, déjà sous l'influence de Picasso, le matériau adopte une richesse particulière tandis que les formes sont dépassées par la couleur.

Javier Bueno (1915–1979) a suivi un parcours tout différent. Après avoir reçu un enseignement des Beaux-Arts à Venise, il vient en France en 1938 puis s'établit en Italie dès 1939 où il fera partie, après la guerre, du groupe «Pittori Moderni della Realtà». Le Musée Goya a la chance de posséder ses deux plus grands chefs-d'œuvre dans un style à la fois monumental et expressionniste. *Le combattant espagnol* 77
daté de 1938 est un hommage à un ami tué sur le front de Madrid. La mise en page étonnante sous une arcade romane s'apparente par le style à la peinture latino-américaine et fait de cette toile un symbole du martyre des combattants républicains. La composition monumentale de *Judith et Holopherne* est une œuvre plus décorative exécutée à Paris vers 1939 et présentée au Salon des Tuileries où elle fut remarquée par le critique René-Jean. Hormis les références à l'art italien de la Renaissance (soldats sur les mules) où se mêlent des accents d'Art nouveau, nous constatons une influence de l'art antique par le rythme et la construction symbolique d'un paysage sobre. On re-

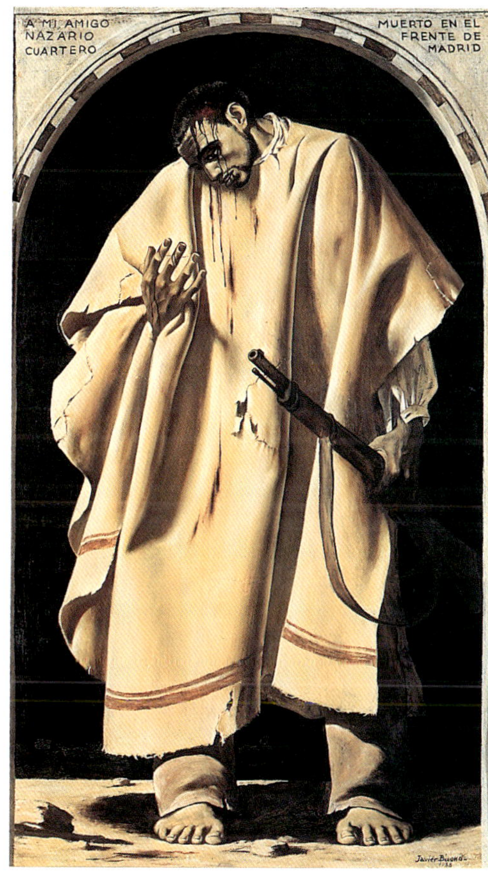

77 Javier Bueno
Vera de Bidassoa, 1915–Fiesole Caloine (Florence), 1979
Le combattant espagnol, 1938. Huile sur toile, 198 x 120. Don de Mme René-Jean en 1954. Inv. 54–3–1.

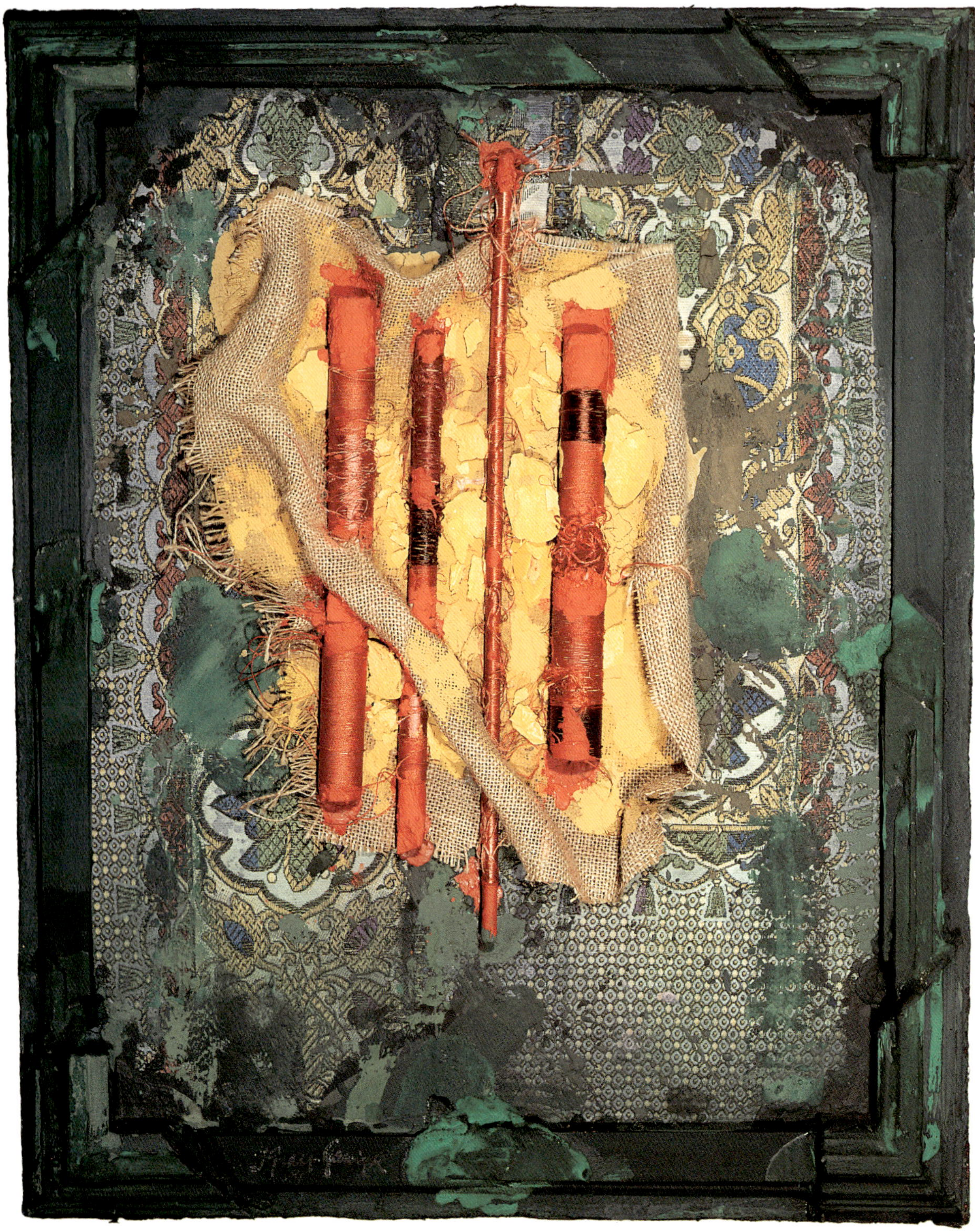

78 Josep Grau-Garriga
Sant Gugat del Vallès (Barcelone), 1929
Composition textile «a uns modernistes», 1981. Bois, tissus et matériaux composites, 73,5 x 60,5. Don de l'artiste en 1983. Inv. 83-3-1.

trouve ici le réalisme robuste et expressif du *Combattant espagnol* mais tempéré par un dessin plus souple et des expressions plus fouillées.
Outre Enrique Ibáñez (né en 1931), Catalan qui œuvre dans la mouvance du maître de Málaga (*La course de taureaux*, 1957), il faut citer bien entendu Josep Grau-Garriga (né en 1929). Formé à l'Ecole des Beaux-Arts de Barcelone de 1943 à 1951, il travaille avec Jean Lurçat à Paris et aborde la gravure. Enseignant, directeur de l'Ecole de Tapisseries de San Gugat del Vallès, ses «environnements textiles» révolutionnent à partir de 1970 la conception de l'art textile. Donné au musée par l'artiste après la semaine catalane de Castres en 1983, la *Composition textile «a uns modernistes»* a été exécutée en 1981. En mêlant 78
toutes sortes de matériaux dans un cadre suggéré, Grau-Garriga parvient à nous proposer une nouvelle approche colorée presque en dehors de la peinture elle-même.

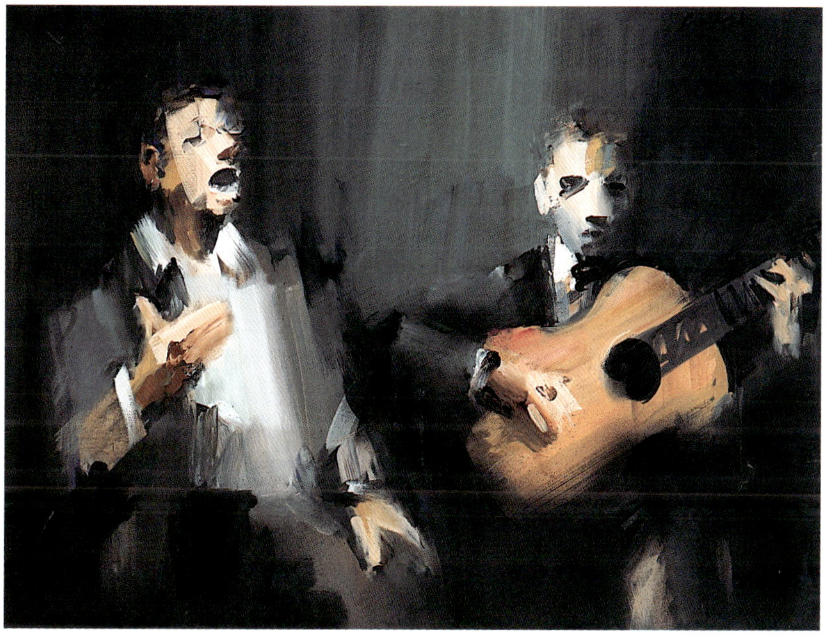

79 Carlos Pradal
Almería, 1932–Paris, 1988
Chanteur et guitariste de flamenco, 1982.
Huile sur toile, 97 x 130. Achat du FRAM Midi-Pyrénées et de la Ville de Castres en 1986. Inv. 86–5–1.

Alfredo Vila Monasterio (1930–1994) et Carlos Pradal (1932–1988) sont deux artistes trop tôt disparus. Le premier, ami de Topor et de Jodorowski, a œuvré dans un monde symboliste personnel comme le prouve son *Délire mélancolique* daté de 1989. Le second, fils d'un député d'Almería au parlement républicain, a dû se réfugier tout jeune en France. Autodidacte et élève, à partir de 1960, de l'Ecole des Beaux-Arts de Toulouse, il vient à Paris en 1972 où sa difficile ascension reçoit le soutien d'amis comme Joaquín Peinado. La fin du franquisme va lui permettre de retourner en Espagne et de s'y faire connaître. Ses thèmes de prédilection sont forts et simples : les pigeons, les passantes, le billard, le flamenco. Après l'exposition de son œuvre en 1986, au Musée des Augustins de Toulouse, le Musée Goya a pu acquérir le tableau *Chanteur et guitariste de flamenco* peint quatre ans auparavant 79
dans le style sobre, classique et intense qui le caractérise et où les personnages ressortent sur un fond noir velouté. Le musée a acquis de l'artiste la *Grande passante*, œuvre principale dans sa production des années 1970.
Ainsi, malgré la modestie du fonds, le XXe siècle a commencé à s'étoffer au gré des expositions, des acquisitions et des dépôts. Une nouvelle politique d'enrichissement des collections passe toujours par la connaissance de leurs faiblesses.

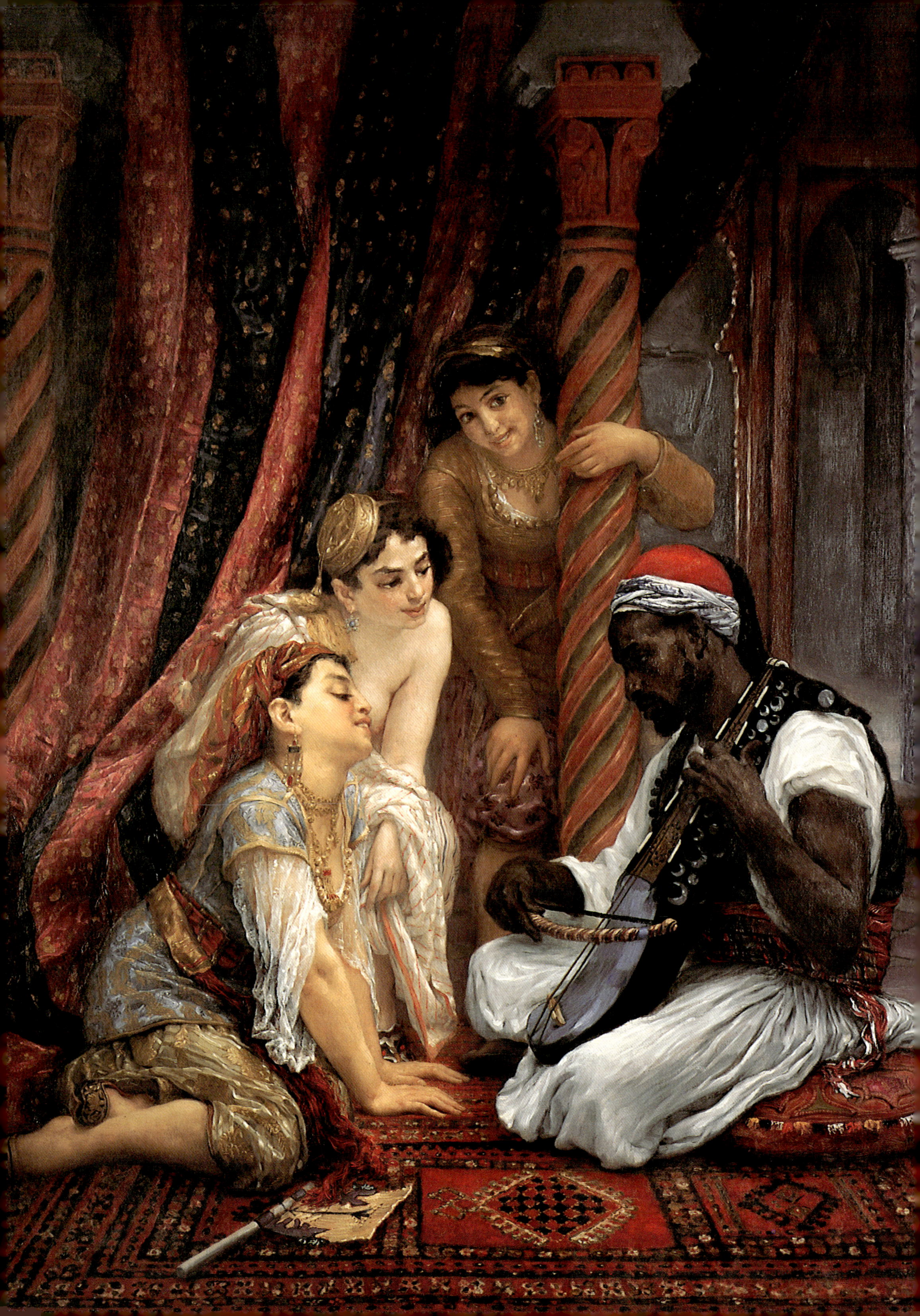

Les fonds Briguiboul et Jumel de Noireterre

Le plus grand donateur du musée de Castres n'est autre que Pierre
Briguiboul (1871–1893) qui, par testament en date du 15 décembre
1892, légua à la ville un ensemble de soixante-quinze pièces dont
seize tableaux. Ce legs, accepté par la ville le 27 septembre 1894, fit
entrer les trois chefs-d'œuvre de Goya au sein du musée ainsi que le
Saint Jean à Pathmos de Juan Mates, le casque en ivoire de George II *13, 91*
d'Angleterre, des armes anciennes et indo-persanes. Le 11 décembre *2*
1927, Valentine Arban (1853–1927), épouse du peintre Marcel Brigui-
boul et mère de Pierre, légua à son tour à la ville de Castres le reste
des collections : les œuvres de son époux ainsi que la villa Briguiboul
construite en 1902.

L'essentiel de ces prestigieuses collections était le fait de Marcel Bri-
guiboul (1837–1892), artiste-peintre et collectionneur des plus avertis.
Il est un des très rares Français à avoir suivi un enseignement en Es-
pagne puisqu'il s'inscrit en 1854 à l'Ecole des Beaux-Arts de Barce-
lone (La Llotja) puis en 1855 à l'Académie de San Fernando à Ma-
drid. Très tôt, il copie Velázquez, Titien, Rubens avant de compléter
sa formation à Paris en 1858–1859 dans l'atelier de Léon Matout puis
à l'Ecole impériale et spéciale des Beaux-Arts où il suit l'enseigne-
ment de Léon Coignet (1794–1880) et de Charles-Gabriel Gleyre
(1808–1874). Homme fortuné de par sa famille, Briguiboul ne devra
pas vivre de ses œuvres et peut-être ceci explique-t-il sa personnalité
complexe de peintre et de sculpteur dont le genre est reconnaissable
dans des styles très variés. Il s'affirme excellent portraitiste comme le
démontre son *Autoportrait au haut de forme et à la pipe*, exposé au Salon de *3*
1861 et qui lui attira des critiques en raison de sa mise négligée. Sa
peinture d'histoire a l'honneur d'être récompensée au Salon de 1863
par une troisième médaille pour le *Robespierre dans la salle du Comité de* *83*
Salut Public le 9 thermidor. L'influence de Velázquez apparaît sans con-
teste dans son œuvre, en particulier avec le *Portrait de Pierre Briguiboul* *5*
(vers 1882–1883), alors que des tendances quelque peu impressionnis-
tes se dégagent du *Portrait de madame Briguiboul à l'ombrelle* mais surtout *4*
du très bel *Arrangement des bouquets* (vers 1875). C'est aussi un orien- *82*
taliste : en 1871–1872, il voyage durant 18 mois en Algérie où il visite
Tlemcen. Il y produit une douzaine de tableaux très colorés dont
La fatma et *Le joueur de guzla* où figure un musicien célèbre, Salem. Il *81, 80*
apparaît aussi quelque peu symboliste à ses heures avec des composi-
tions comme *Galatée* et également peintre allégorique, d'où *Le 2 dé-*
cembre 1851 montrant la République et la Justice expirantes. Mais il
demeure un artiste académique de par ses compositions à sujets my-
thologiques comme *Danaé* ou *Mars et Minerve* (1867); ce dernier fut
donné au musée de Castres en 1881 avec *La Vision de Caïn mourant.*

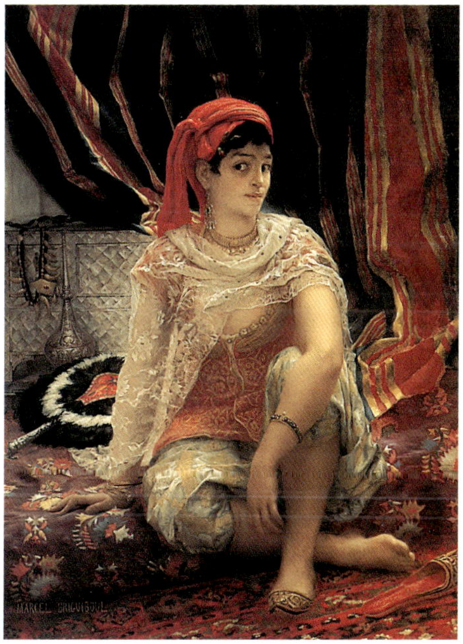

81 Marcel Briguiboul
Sainte-Colombe-sur-l'Hers, 1837–
Nîmes, 1892
La fatma. Huile sur toile, 112 x 84.
Legs de Mme Briguiboul en 1927.
Inv. 28–1–120.

80 *Le joueur de guzla*. Huile sur toile,
115,5 x 91,5. Legs de Mme Brigui-
boul en 1927. Inv. 28–1–206.

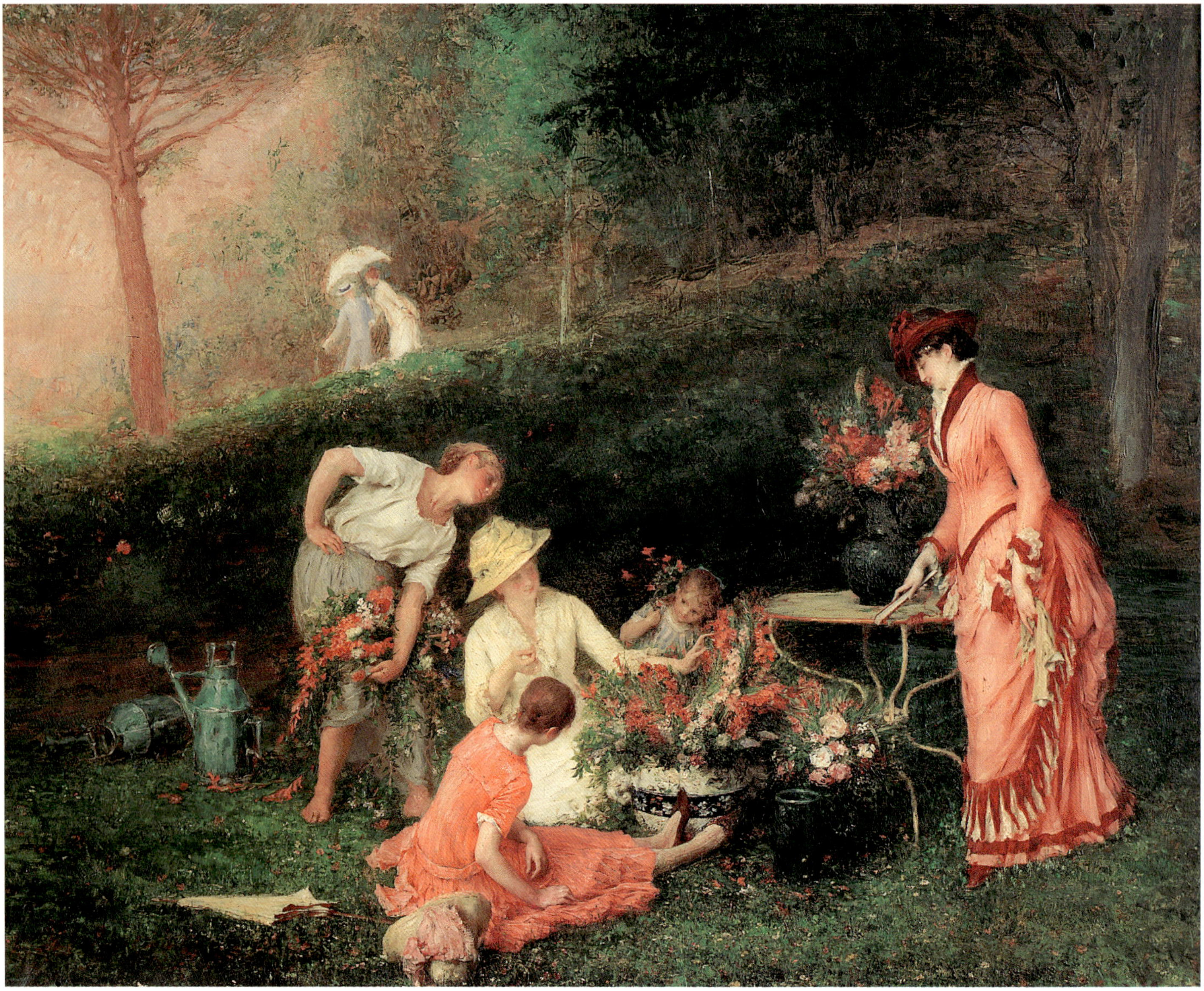

82 Marcel Briguiboul
Sainte-Colombe-sur-l'Hers, 1837–
Nîmes, 1892
L'arrangement des bouquets, vers 1875.
Huile sur toile, 80 x 99,5. Legs de
Mme Briguiboul en 1927.
Inv. 28–1–168.

Outre ses sujets d'inspiration espagnole exécutés avant 1870, d'admirables portraits d'enfants et des aquarelles d'une incomparable finesse *(Vue de l'Escorial)* sont parmi ses plus belles réalisations.
De ses activités de sculpteur, il ne nous reste que la statue en marbre de Narcisse et un buste de femme. Cependant, en dehors de ses incontestables qualités d'artiste, il fut avant tout l'exceptionnel collectionneur que l'on sait. Car acheter en 1881 à Madrid des œuvres de Goya faisait figure d'acte pionnier. En effet, comme on l'a dit plus haut, Goya était connu en France surtout en tant que graveur de la
série des *Caprices,* car malgré la Galerie Espagnole de Louis-Philippe *124–133*
au Louvre (1838–1848), son œuvre avait eu peu d'écho. Il fallut attendre la grande exposition rétrospective au Musée du Prado en 1900

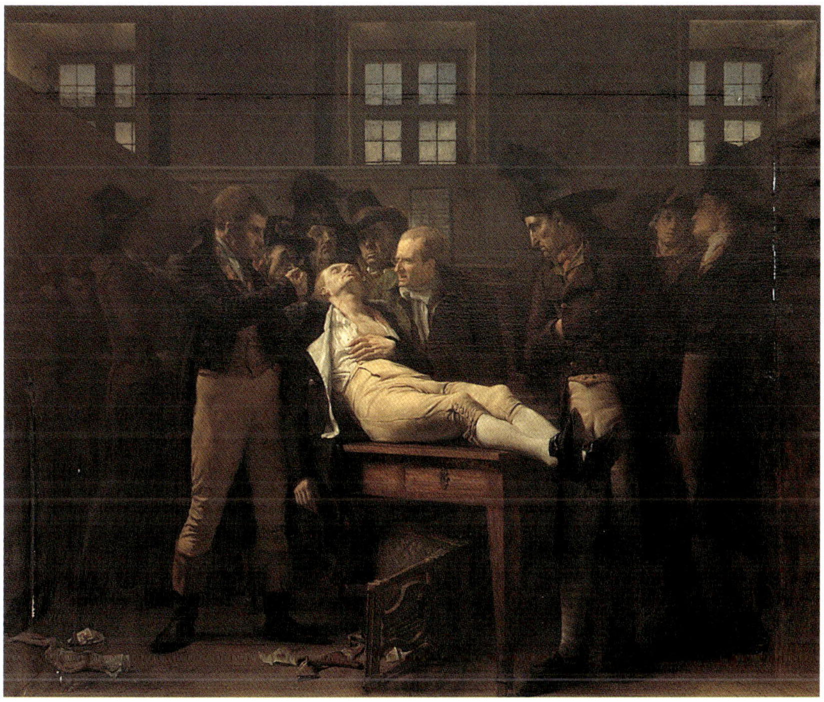

83 Marcel Briguiboul
Sainte-Colombe-sur-l'Hers, 1837–Nîmes, 1892
Robespierre dans la salle du Comité de Salut Public le 9 thermidor, Salon de 1863.
Huile sur toile, 134 x 159,5. Legs de Mme Briguiboul en 1927. Inv. 28–1–8.

pour que cette injustice soit réparée, injustice entretenue par les Madrazo, dynastie de peintres officiels à Madrid, qui ont occulté son œuvre durant tout le XIXe siècle.
Le fonds Marcel Briguiboul, répertorié en 1994 à l'occasion du centenaire du legs, comporte 240 tableaux, dessins, aquarelles et sculptures. Ainsi faut-il remettre à l'honneur l'action de cette famille de bienfaiteurs du musée, tant ils ont contribué à sa vocation actuelle.
Un autre grand donateur du musée n'est autre que Valentin Jumel (1824–1902). Ce militaire de carrière, polytechnicien et commandant d'état-major participe à toutes les campagnes du second Empire (Crimée, Italie, Mexique, guerre de 1870). Officier d'ordonnance de Napoléon III de 1861 à 1864, il est autorisé à porter le nom de Jumel de Noireterre en 1860. La débâcle de l'Empire provoque sa mise à la retraite qu'il met à profit pour entamer une carrière politique tarnaise des plus truculentes, bien en rapport avec le caractère original du personnage. Bon peintre – il avait suivi l'enseignement de Camille Flers (1802–1868) à Paris en 1840–1842 –, il exécute nombre de grandes compositions exposées au Salon entre 1857 et 1863 et qui ont pour thème les batailles de la guerre de Crimée et d'Italie conservées au Musée Goya et au Musée de l'Armée à Paris (*Balaklava, Inkerman, Solferino, Magenta,* etc.) ainsi que des compositions fantastiques comme

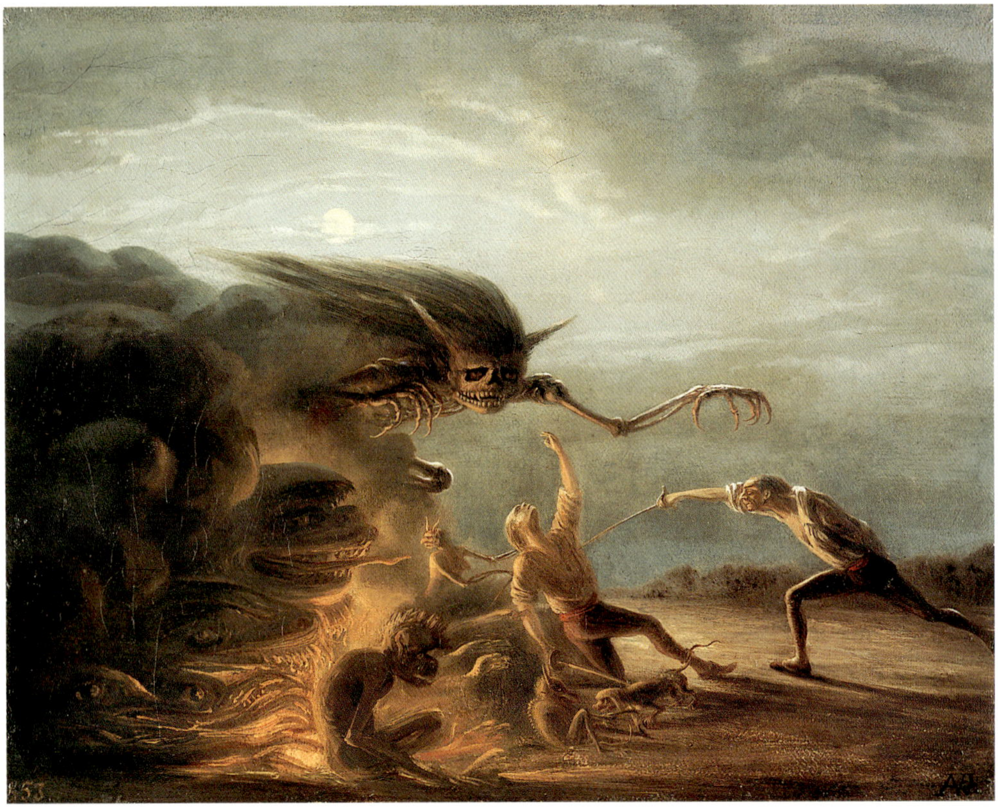

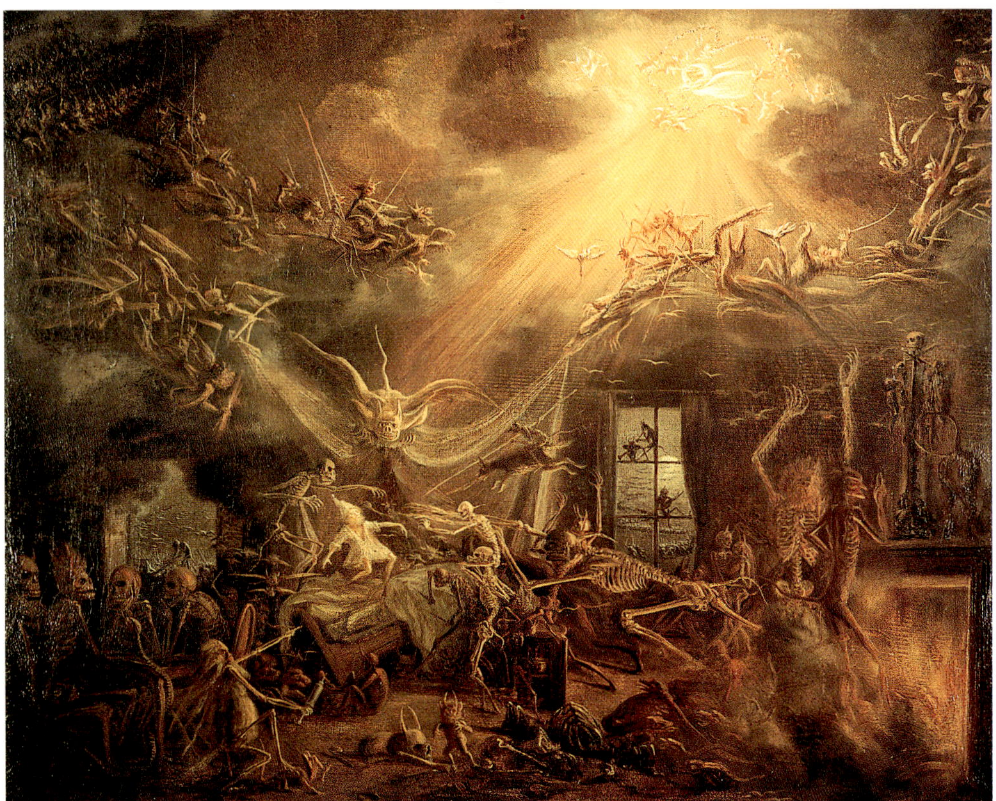

84 Valentin Jumel de Noireterre
Belleville, 1824–
Paleville (Tarn), 1902
Le duel, 1853. Huile sur toile, 32,5 x 40,8. Don de l'artiste en 1896. Inv. 896–1–128.

85 *Le cauchemar*, 1854. Huile sur toile, 27,3 x 35. Don de l'artiste en 1896. Inv. 896–1–127.

Le duel (1853) et *Le cauchemar* (1854). Le premier octobre 1896, il fit don au musée de Castres d'un ensemble exceptionnel de curiosités mexicaines ramenées de sa campagne en Amérique latine entre 1865 et 1867. Répertorié en 1996 lors du centenaire de la donation, celui-ci comporte 150 pièces dont 124 d'artisanat provenant de Mexico et de Guadalajara. Il s'agit de sifflets, de tirelires en forme d'animaux *(marsupial)* peints de couleurs vives, de squelettes articulés, de figures populaires. Parmi ces dernières, quatorze sont absolument uniques, faites de cire creuse et habillées de tissu. Il s'agit bien d'une collection 84, 85 86

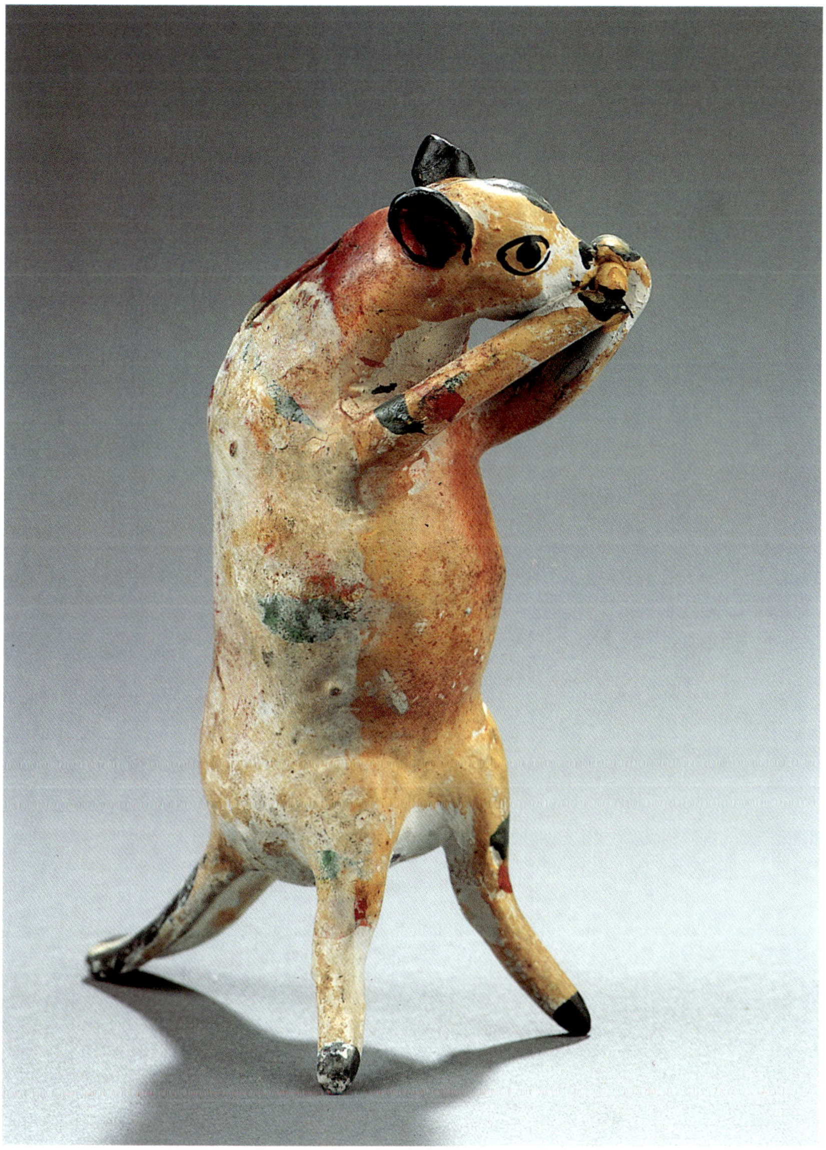

86 Tirelire en forme de marsupial Mexique, XIXᵉ siècle. Terre cuite, 15,5 x 12,3 x 5,8. Don Jumel de Noireterre en 1896. Inv. 896-1-62.

sans équivalent, représentant des types populaires de l'ouvrage de Claudio Linati sur les *Costumes civils, militaires et religieux du Mexique*, publié à Bruxelles en 1828. Le *Vieil Apache au gourdin*, l'*Indien extrayant le pulque*, le *Chef apache assis* ou encore la *Femme préparant les tortillas* sont ainsi les fragiles témoins de l'intérêt d'un étrange collectionneur aussi généreux que peu diplomate dont la fortune, issue d'un mariage avantageux, a contribué à la création, en 1909, de la fondation de Noireterre en faveur des orphelins. 87, 89 88, 90

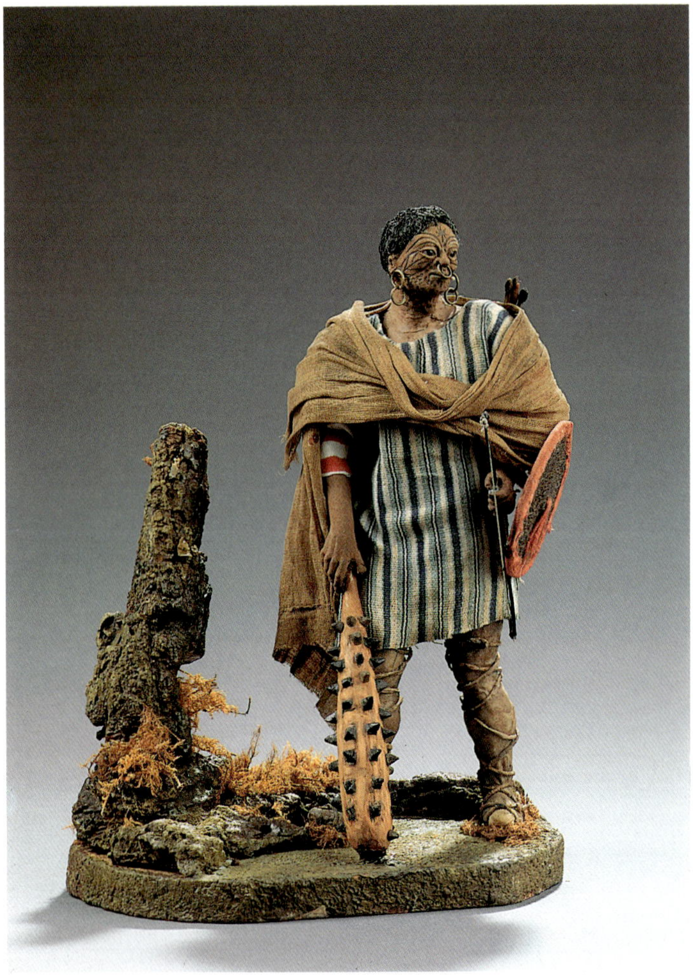

87 *Vieil Apache au gourdin*
Mexique, XIXe siècle. Cire et matériaux composites, 27,5 x 22 x 16,5. Don Jumel de Noireterre en 1896. Inv. 896-1-8.

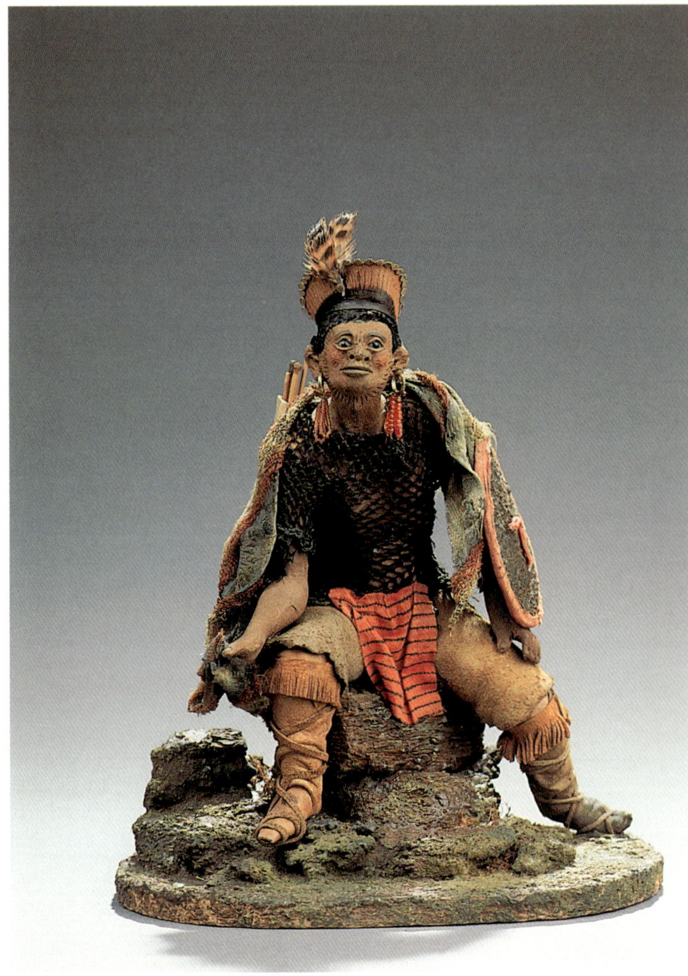

88 *Chef apache assis*
Mexique, XIXe siècle. Cire et matériaux composites, 26 x 21 x 14. Don Jumel de Noireterre en 1896. Inv. 896-1-11.

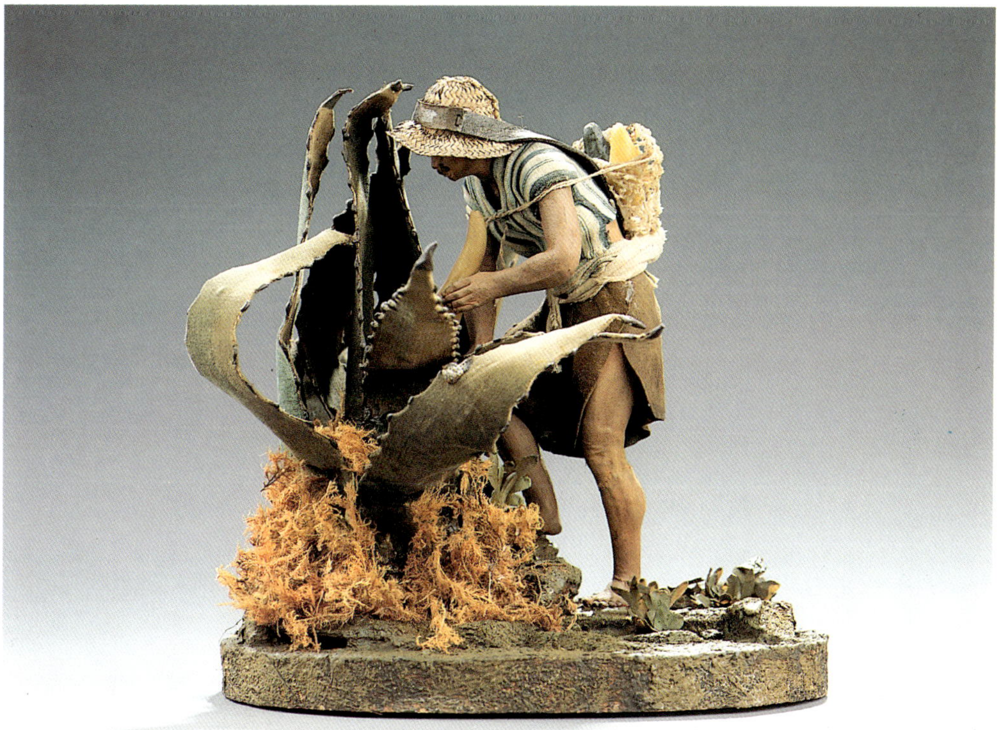

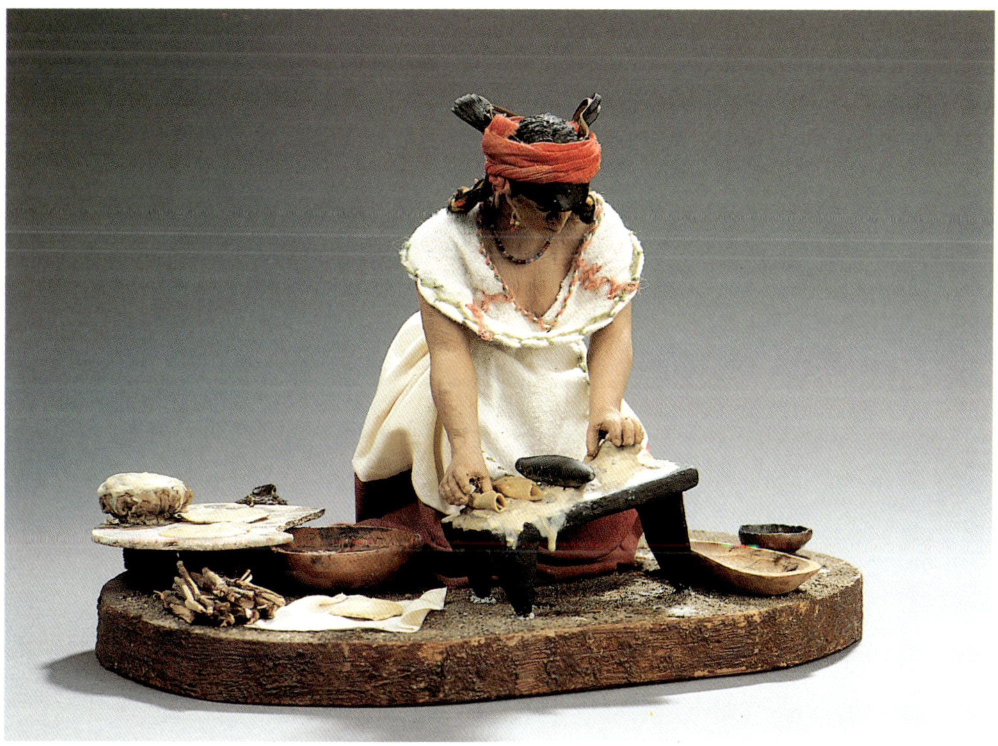

89 *Indien extrayant le pulque*
Mexique, XIXe siècle. Cire et matériaux composites, 25,5 x 27 x 31. Don Jumel de Noireterre en 1896. Inv. 896-1-3.

90 *Femme préparant les tortillas*
Mexique, XIXe siècle. Cire et matériaux composites, 18,5 x 30 x 20,5. Don Jumel de Noireterre en 1896. Inv. 896-1-14.

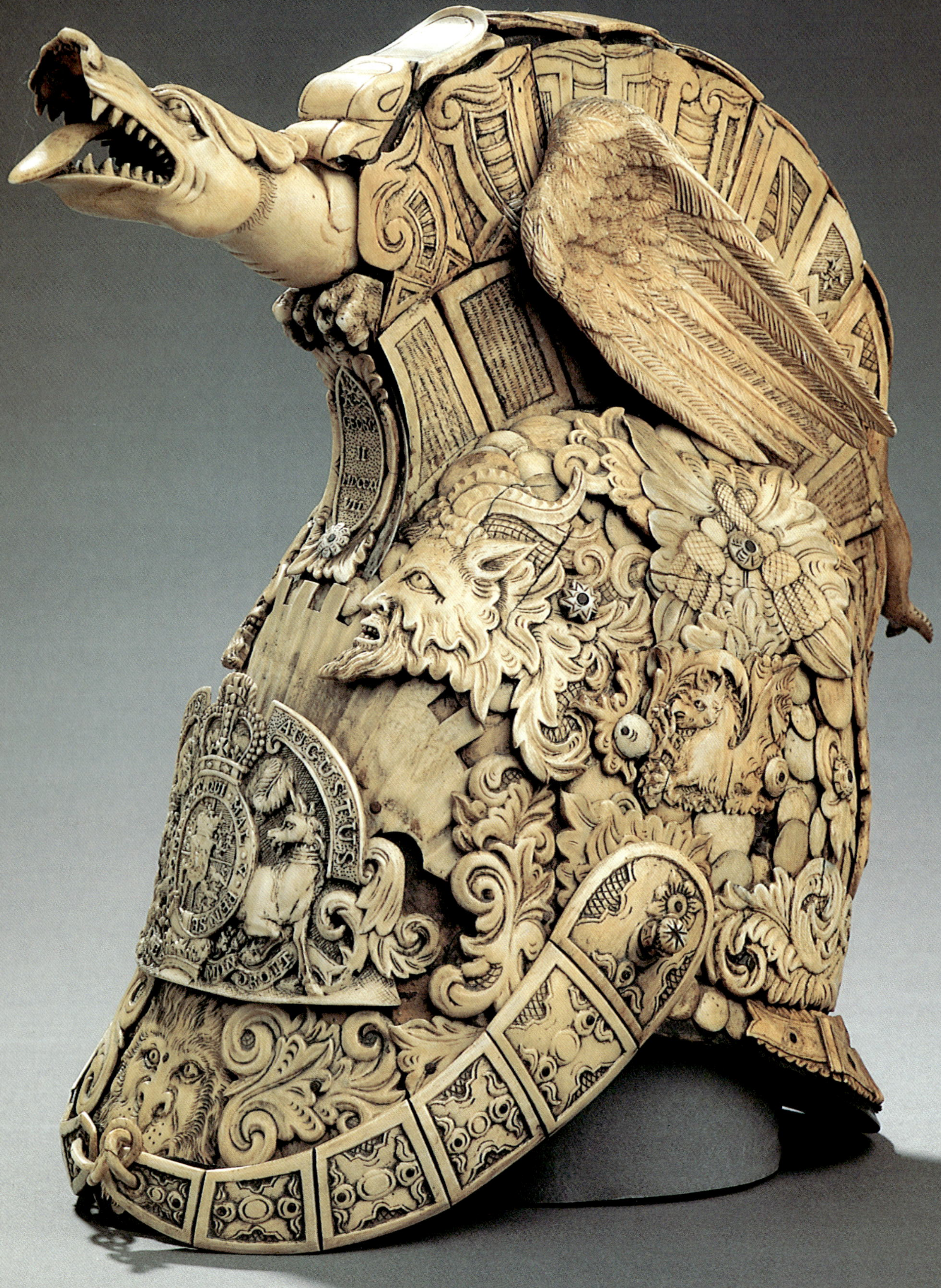
AUGUSTUS

La sculpture et les objets d'art

Le fonds de sculpture, bien que trop réduit sauf dans le domaine des plâtres du siècle dernier, comporte d'admirables pièces depuis le XIVe siècle à nos jours.

Acquis en 1995, le *Pleurant* d'albâtre date de la seconde moitié du 92
XIVe siècle et provient du monastère Sainte-Marie de Poblet où le roi d'Aragon, Pierre IV le Cérémonieux (1319–1387), fit construire pour lui et ses ancêtres un mausolée royal. Les premiers artistes mandés par le souverain sont Pierre de Guines et Maître Aloy. Après 1349, c'est au tour de Jaume Cascalls (documenté de 1345 à 1379) de prendre la direction du chantier avec, dans son atelier, un esclave d'origine grecque, Jordí de Deu, qui lui succédera. D'autres sculpteurs comme Pere Oller et Gil Morlans ont aussi œuvré, par la suite, sur les tombeaux de la maison d'Antequera. C'est donc probablement à l'atelier de Cascalls qu'il faut, dans l'état actuel de nos connaissances, attribuer cette pièce émouvante en albâtre de Beuda (province de Gérone). D'autres sculptures de Cascalls ou de son atelier font partie des collections du Louvre et des musées de Berlin, de Toledo (Ohio, Etats-Unis), de Cluny et du Musée d'Art de Catalogne, ces dernières étant replacées à Poblet. En effet, lorsque le monastère fut fermé en 1835 lors de la *Desamortisación* (confiscation des biens de l'Eglise), il fut pillé et les sculptures brisées puis dispersées. Malgré les traces d'arrachement sur le côté gauche, cette petite sculpture aux formes sobres et pures ne manque pas d'expressivité et de tristesse contenue.

Dans cette même période gothique florissante se place le *Roi mage,* 94
œuvre réalisée par Bartolomeu de Robió en 1361–1362 pour le maître-autel de la cathédrale de Lérida. Robió travaillait à Barcelone et Valence alors que Cascalls était le maître d'œuvre de cet édifice ; il succéda à ce dernier de 1370 à 1378. Influencé par la sculpture du nord de l'Italie, Robió a un style propre, qui se caractérise par des expressions marquées, des visages individualisés et des draperies soignées. La cathédrale est abandonnée et ruinée au XVIIIe siècle, ce qui explique la dispersion des pièces dont certaines se trouvent au musée de San Francisco (Etats-Unis) et au musée de Lérida. Le *Roi mage* dont les mains ont été rapportées au siècle dernier devait faire partie d'un relief de l'Epiphanie.

La *Vierge de douleur,* œuvre anonyme de la fin du XVe siècle, n'est pas une œuvre espagnole mais plutôt française, incluse autrefois dans une mise au tombeau. Dotée d'une riche polychromie, elle reflète par la finesse de ses traits l'influence bourguignonne et flamande.

Toujours du XVe siècle, le merveilleux albâtre du *Saint Jean-Baptiste* 93
illustre la dernière phase de l'art médiéval en Espagne avant le plein

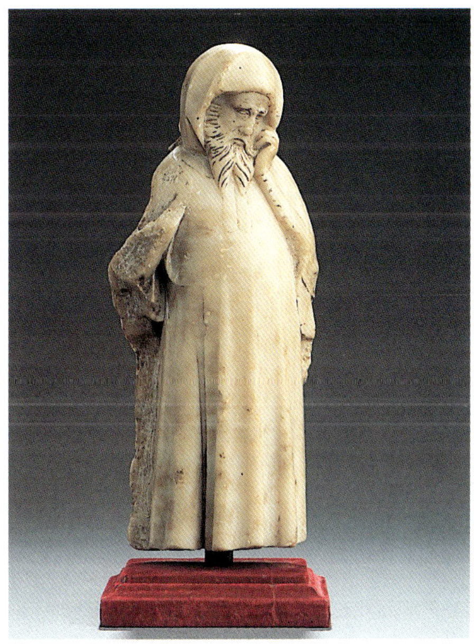

92 Atelier de Jaume Cascalls (documenté de 1345 à 1379), école espagnole du XIVe siècle *Pleurant.* Albâtre, 29,2 x 12 x 6,5. Achat du FRAM Midi-Pyrénées et de la Ville de Castres en 1995. Inv. 95–5–1.

91 David Lemarchand Dieppe, 1674–Londres, 1726 Casque de George II d'Angleterre. Ivoire, fer, cuir, 34 x 22,5 x 38,5. Legs Pierre Briguiboul en 1894. Inv. 894–1–18.

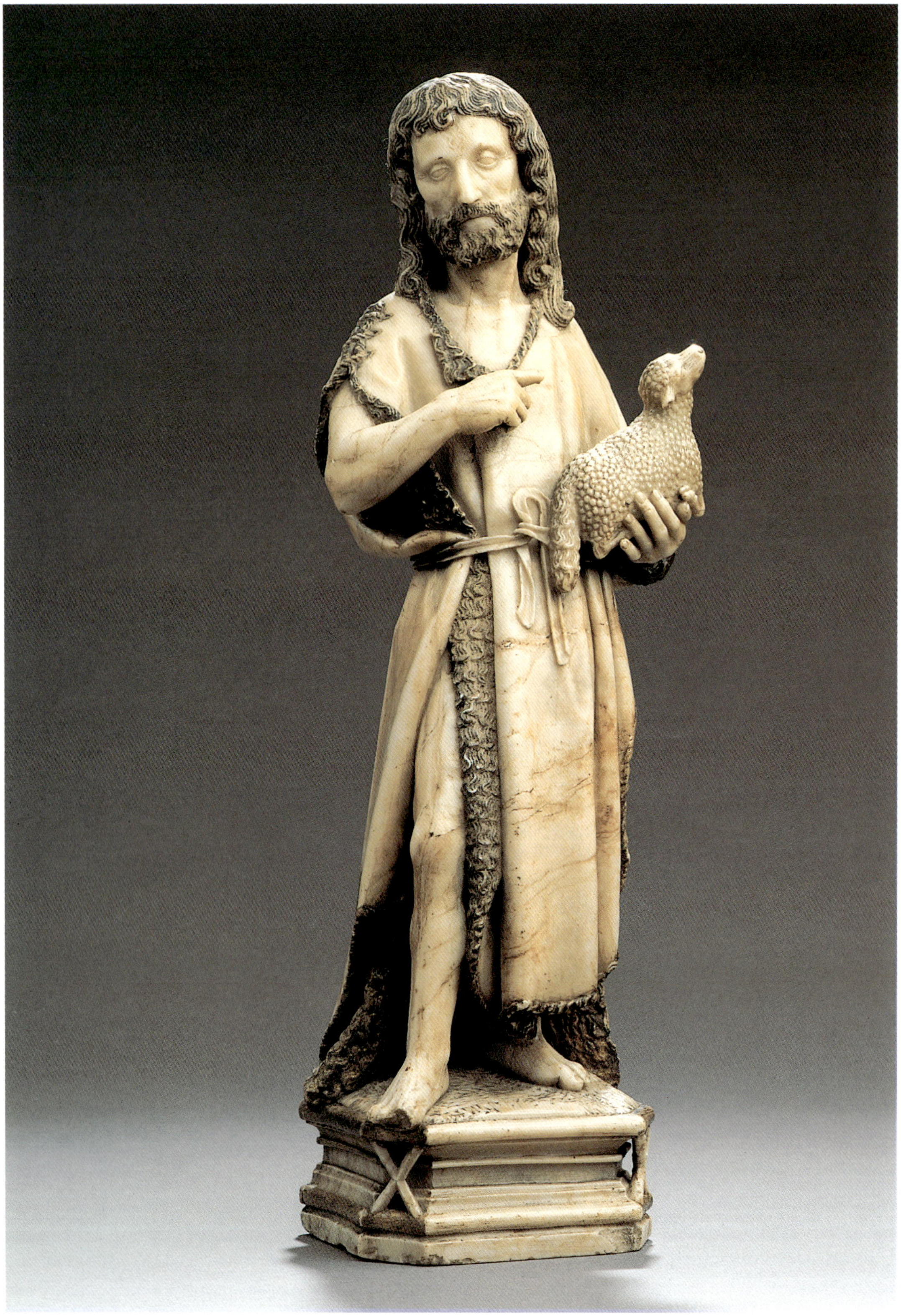

93 *Saint Jean-Baptiste*
Ecole castillane du
XVe siècle. Albâtre,
49 x 14,5 x 11,2.
Achat du FRAM Midi-Pyrénées et de la Ville
de Castres en 1996.
Inv. 97-3-1.

développement de la Renaissance. Le style hispano-flamand se caractérise alors par des formes dynamiques, le souci du détail expressif, la présence anecdotique des attributs ou accessoires divers. Les plis des vêtements sont ici caractéristiques, creusés de larges pans rigides. L'axe vertical de la sculpture, légèrement courbé, donne le mouvement d'ensemble à la composition dont le centre est l'agneau que tient saint Jean-Baptiste dans sa main gauche et qu'il désigne de la main droite. L'origine de cette sculpture semblerait être la Castille qui fut un des centres d'excellence sous l'influence de Gil de Siloé, le

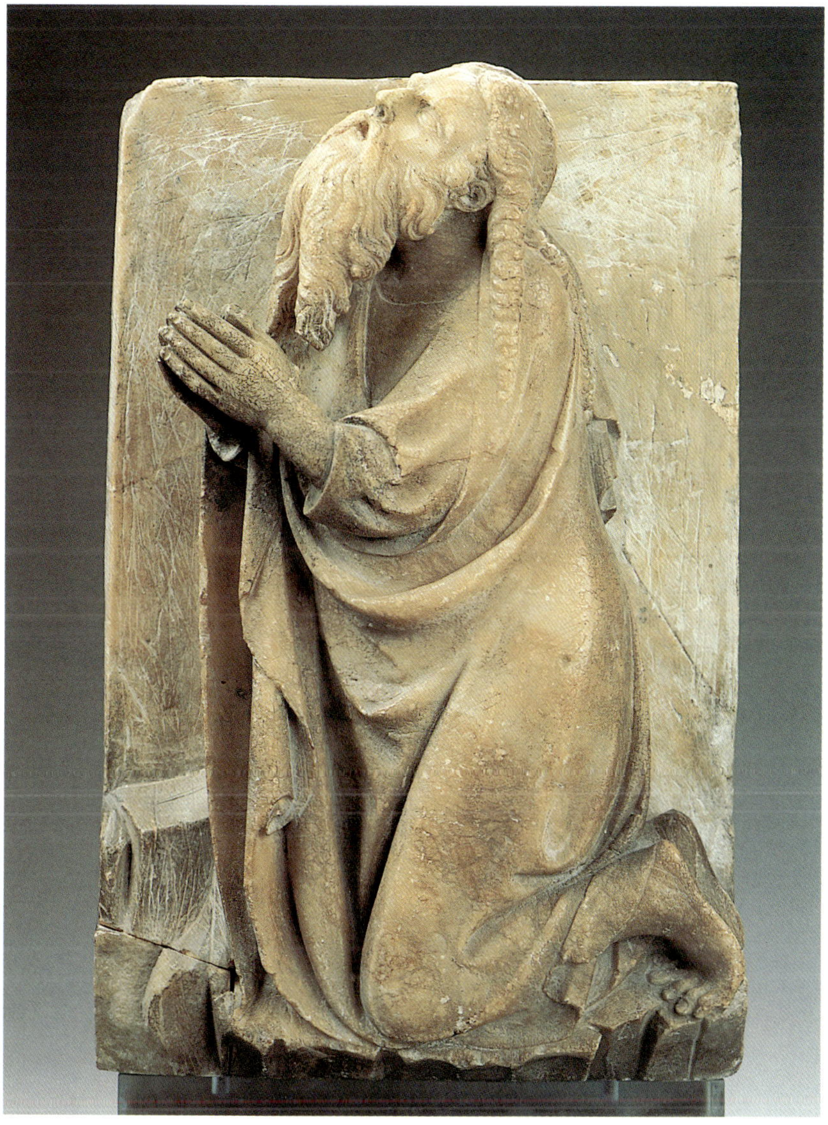

94 Bartolomeu de Robió (documenté de 1361 à 1378)
Roi mage, vers 1361–1362. Albâtre, 45 x 45 x 12. Don Guy Ladrière en 1992. Inv. 92-1-1.

grand sculpteur actif à Burgos dans la seconde moitié du XVe siècle (chartreuse de Miraflores et retables de la cathédrale). L'importance toute particulière accordée aux détails vestimentaires et physiques comme les veines du front, le traitement de la barbe et de la chevelure, la boucle de la ceinture, sont des éléments de repères intéressants quant aux tendances ultimes du gothique flamboyant de la péninsule Ibérique. Le socle semble indiquer une provenance issue d'un retable.

Alejo de Vahia (actif à Valladolid et à Valence de 1490 à 1510) est sans conteste l'auteur de la *Sainte Marie-Madeleine,* statue en bois poly- 95
chrome qui est venue enrichir les collections en 1990. Pantixa Béguerie a en effet prouvé par une étude stylistique que cette pièce est très

comparable dans ses caractéristiques générales, surtout celle du visage, à une sainte Marie-Madeleine du retable majeur de la cathédrale de Palencia dû à Felipe Bigarny et documenté par un bail à besogne en date du 4 juin 1505. L'artiste, originaire de Becerril de Campos près de Palencia, est représenté au Louvre, aux musées de Palencia et de Valladolid, et possède des œuvres dans les églises de Monzón de Campos et de Medina de Río Seco. Si Alejo de Vahia poursuit encore la tradition gothique, Bigarny introduit les nouveaux concepts de la Renaissance dans cette région d'Espagne.

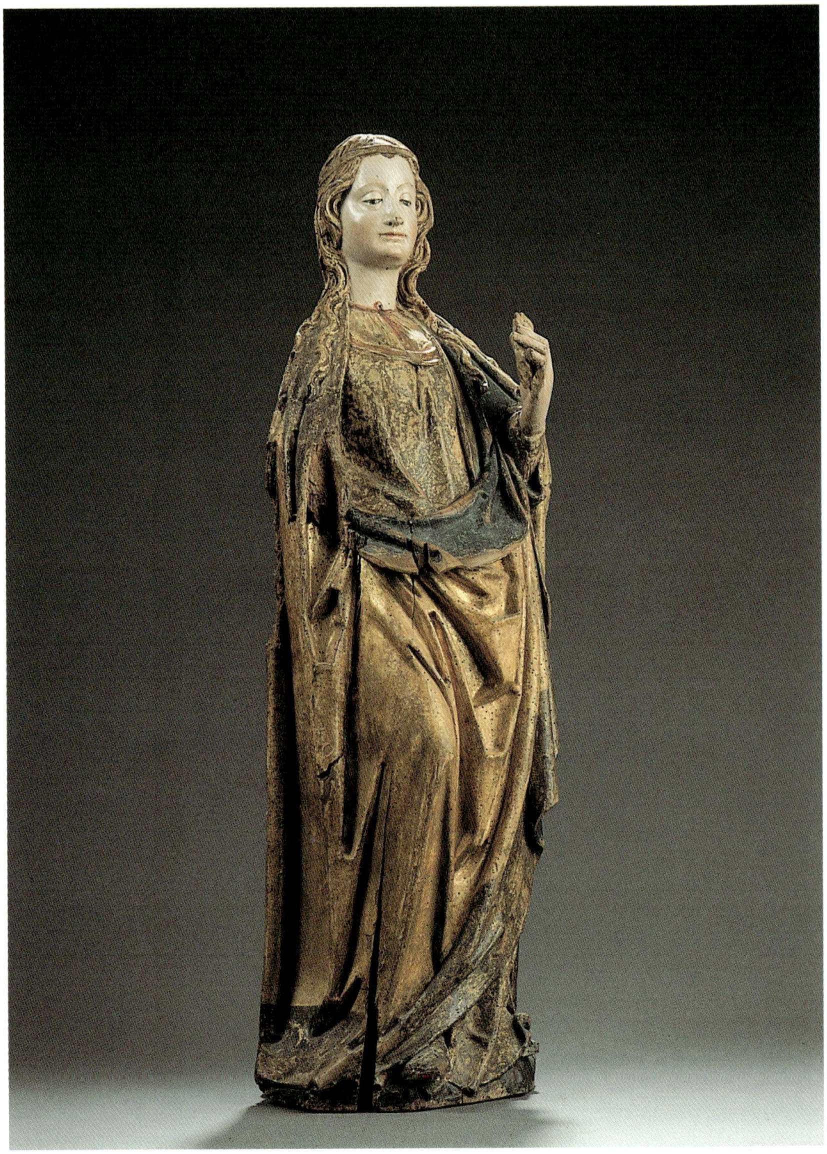

95 Alejo de Vahia (actif à Valladolid et à Valence de 1490 à 1510)
Sainte Marie-Madeleine. Bois polychrome, 85,5 x 32,5 x 28,5. Achat du FRAM Midi-Pyrénées et de la Ville de Castres en 1990. Inv. 91-1-1.

Attribués à Alonso Cano (1601-1667), à la fois peintre, architecte et sculpteur, condisciple de Velázquez dans l'atelier de Pacheco et élève
96, 97 de Martínez Montañés, le *Saint Antoine de Padoue* et le *Saint François de Paule* sembleraient en fait issus de l'Ecole de Grenade au XVIIIe siècle. Cette attribution paraît en effet plus probable étant donné le style de ces sculptures aux draperies mouvementées, pleinement baroques.

Outre *Le prophète Joël* du sculpteur Enrique Monjo (1895-1976) où l'on décèle l'influence de Rodin, un achat et un don récent de l'artiste ont fait entrer au musée le *Torse cuirassé* (1987) et la nature morte *Morandi*
98 *enfermé* (1992) du Catalan José Subira-Puig. Elève de Monjo à l'Ecole des Beaux-Arts (La Llotja) de Barcelone en 1941, il étudie la taille di-

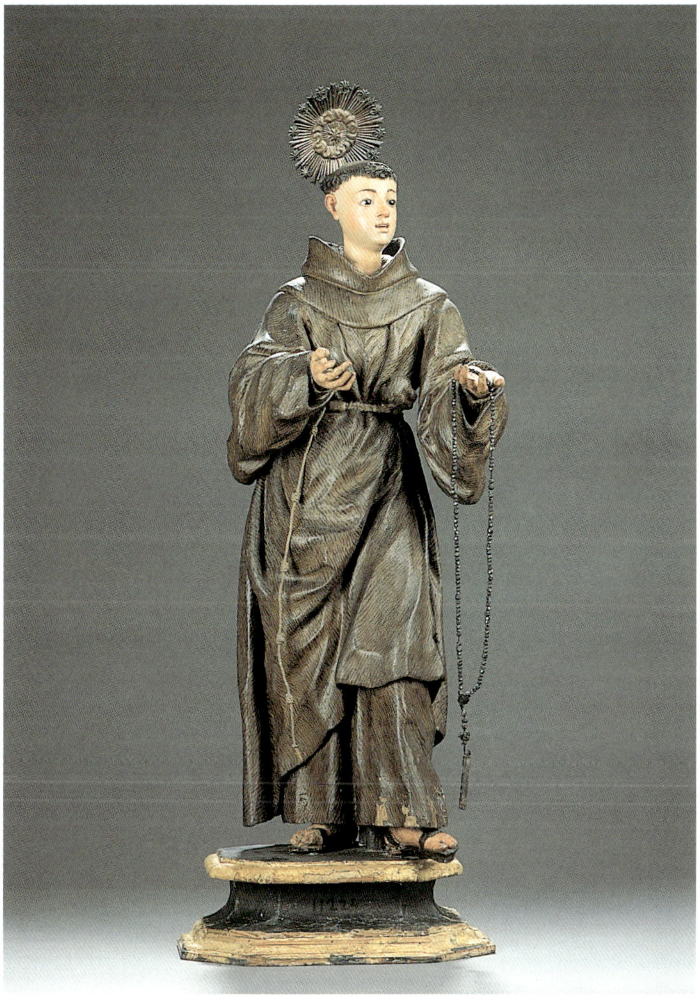

96 Ecole de Grenade, XVIIIe siècle
Saint Antoine de Padoue
Bois polychrome, 77 x 27,5 x 25,5.
Dépôt du musée de Cluny en 1952.
Inv. CL II 224 et D 52–2–1.

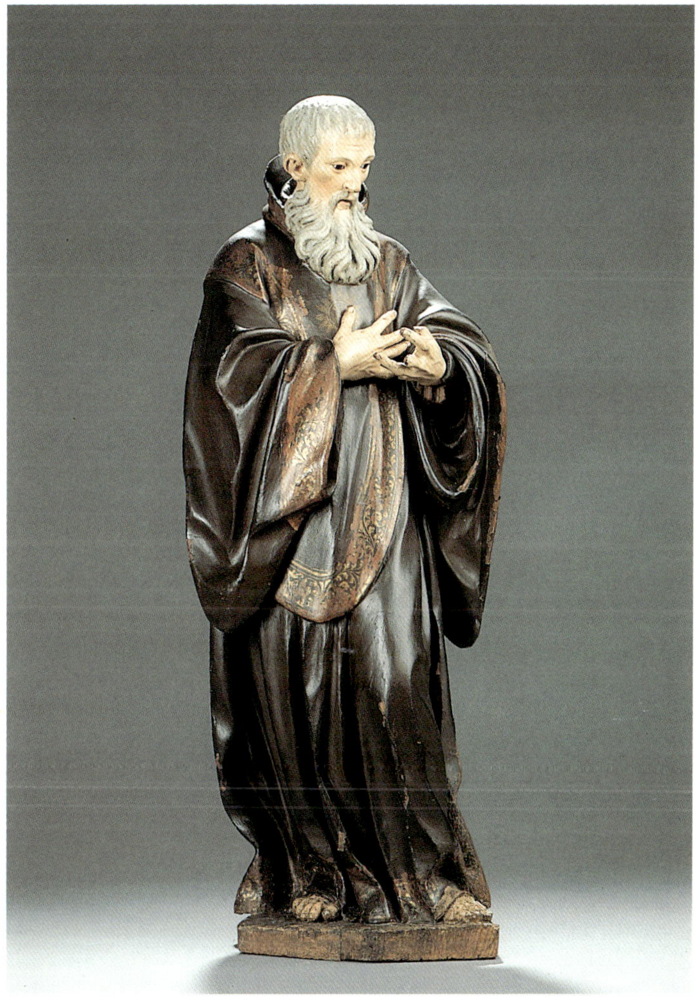

97 Ecole de Grenade, XVIIIe siècle
Saint François de Paule
Bois polychrome, 67,5 x 28 x 26.
Dépôt du musée de Cluny en 1952.
Inv. CL II 228 et D 52–2–2.

recte avec Charles Collet de 1942 à 1944. Après quelques premières œuvres en terre cuite, il séjourne à Paris en 1953 et s'y installe l'année suivante pour devenir l'assistant du peintre Luis Fernández tout en poursuivant un travail sur la céramique avec Jean Payen. Mais c'est le bois qui finit par devenir son matériau privilégié avec la production de pièces complexes, mobiles ou monumentales. Durant les années 60, il fréquente Christian Zervos, René Char et Ossip Zadkine. Ses réalisations sont toujours empreintes d'une grande force et prennent place dans l'espace avec une présence indéniable. Le *Torse cuirassé*,

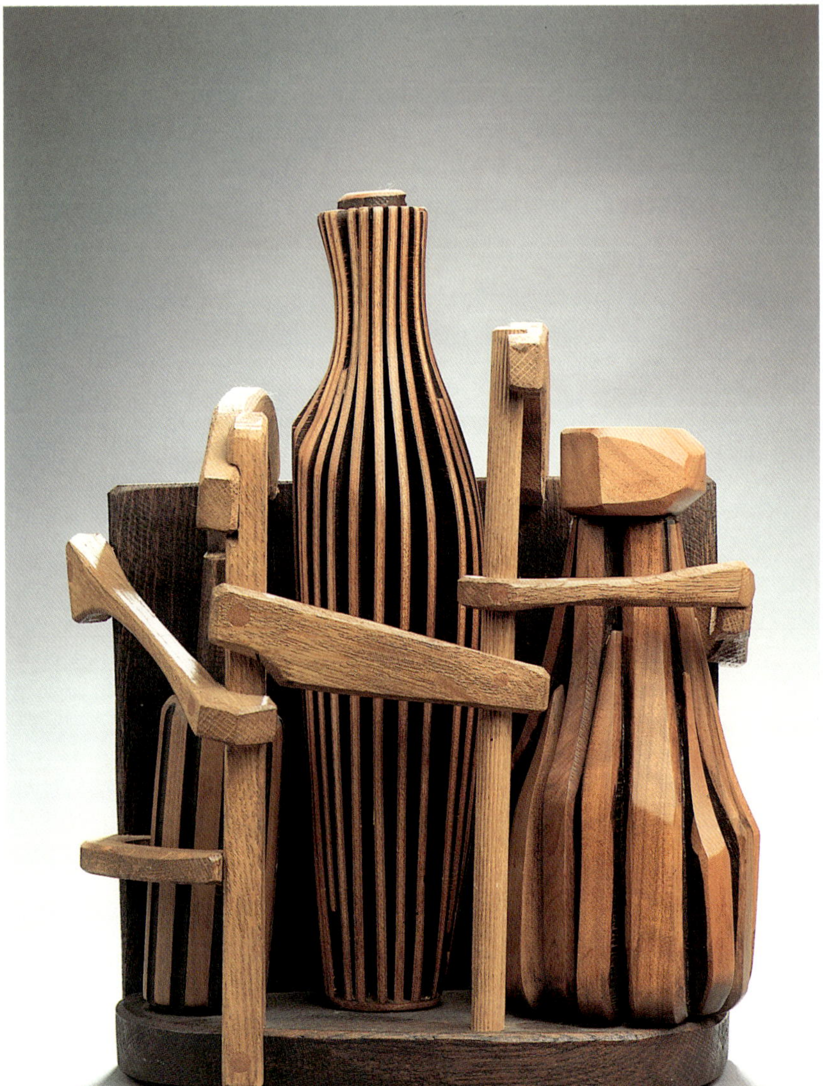

98 José Subira-Puig
Barcelone, 1935
Morandi enfermé. Bois, 43,5 x 35,5 x 17.
Don de l'artiste en 1996. Inv. 97-2-2.

99 Buste-reliquaire
Espagne, XVIe siècle. Bois polychrome, 46 x 35 x 18. Dépôt du musée de Cluny en 1951. Inv. CL 12061 et D 51-5-1.

ressemblant à une armure de la Renaissance, procède d'une référence ancienne. *Morandi enfermé* correspond à une nouvelle démarche de l'artiste qui recompose en trois dimensions des natures mortes de Morandi, Braque et Picasso, leur donnant ainsi un nouvel espace pensé par lui.

Parmi les objets d'art, nous trouvons des pièces d'origine espagnole mais aussi d'origines diverses qui méritent d'être appréciées à plus
100 d'un titre. Le plus ancien est un ciboire catalan daté du dernier quart du XIVe siècle. Cette pièce, exécutée en émail champlevé à la manière limousine, porte sur son couvercle et son pied un certain nombre de scènes de la vie du Christ ou de la Vierge, dont une *Crucifixion* et une

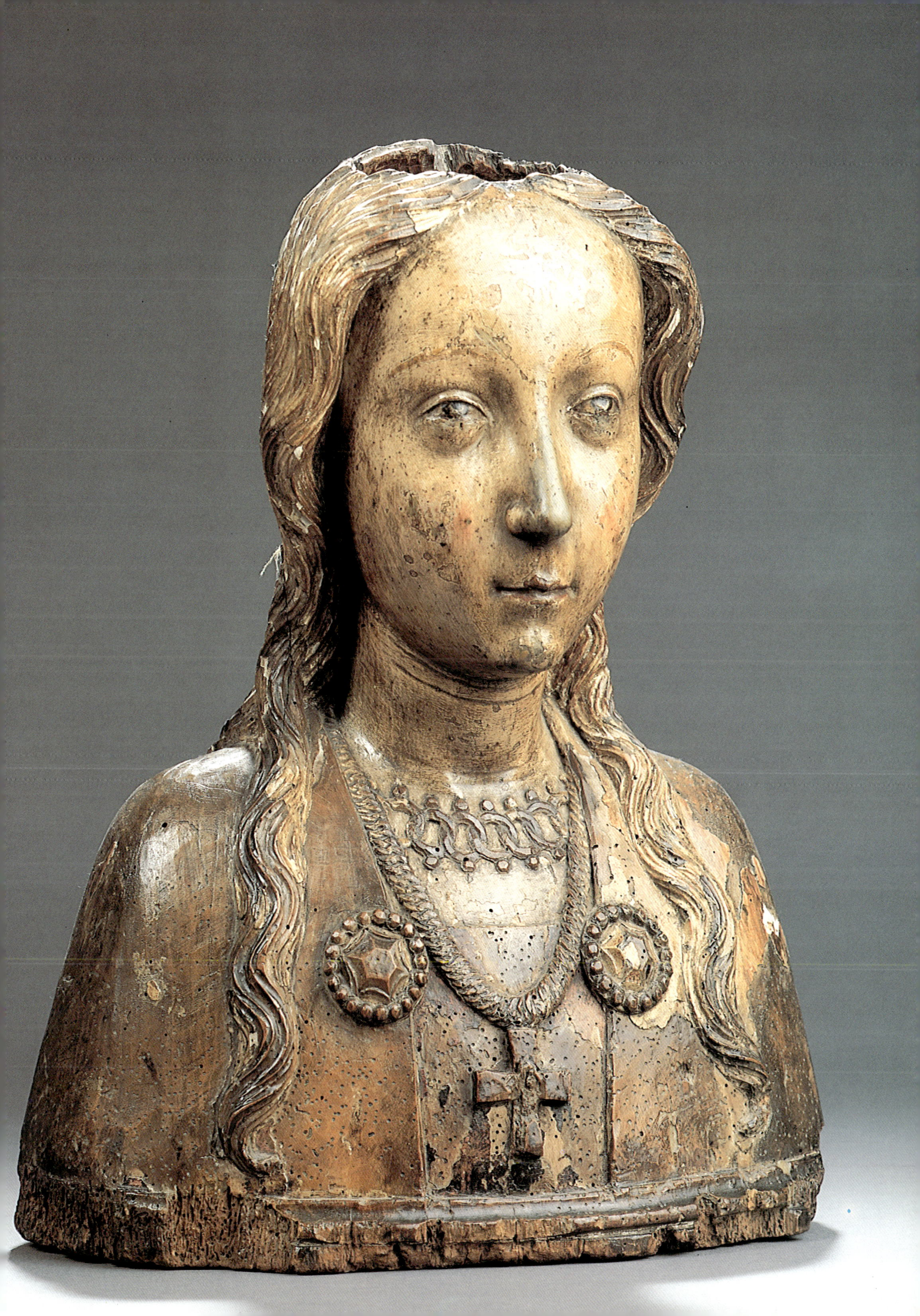

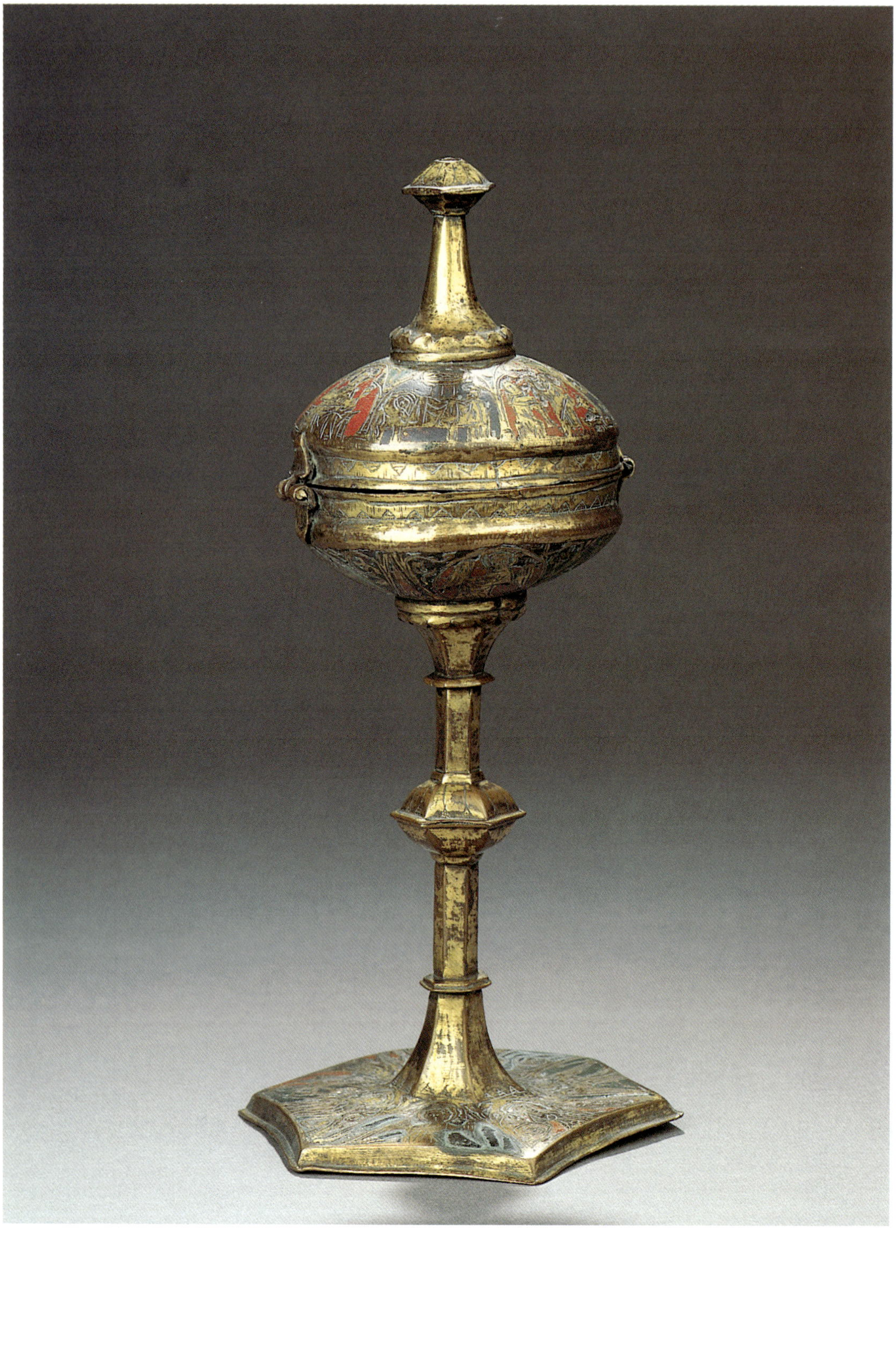

100 Ciboire
Catalogne,
XIVe siècle.
Email champlevé,
28,5 x 14 x 10. Legs
Pierre Briguiboul en
1894. Inv. 894-1-20.

Annonciation. Quoique plus fruste, il est très proche d'un magnifique ciboire (1330-1350) conservé à la National Gallery de Washington et qui proviendrait de Poblet. Le Musée de Cluny, pour sa part, conserve trois ciboires similaires dont les caractéristiques, comme pour celui de Castres, sont une gravure assez schématique et une gamme colorée des émaux somme toute restreinte.

Le buste-reliquaire de femme (dépôt du Musée de Cluny) date du *99*
XVIe siècle et a gardé en partie sa polychromie. Il se situe encore dans la mouvance du courant hispano-flamand de la fin du gothique ca-

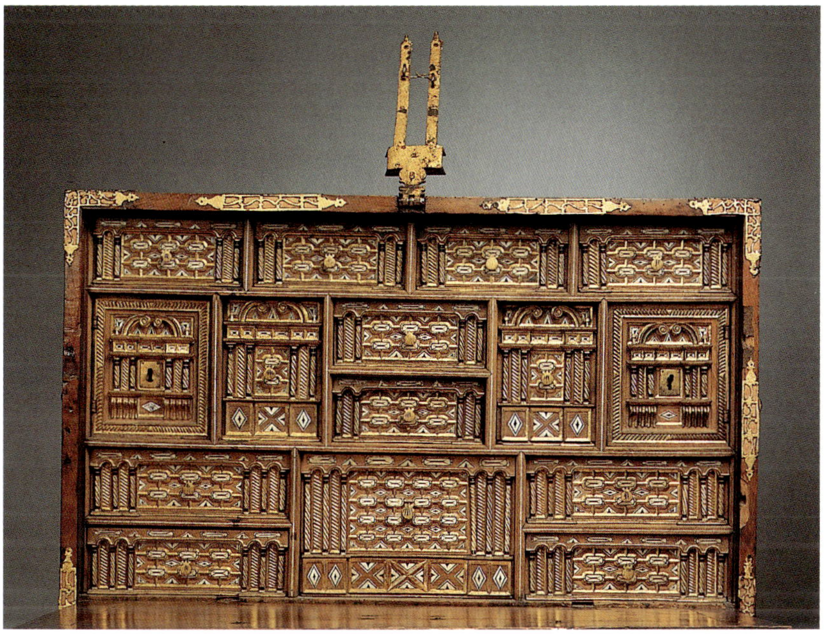

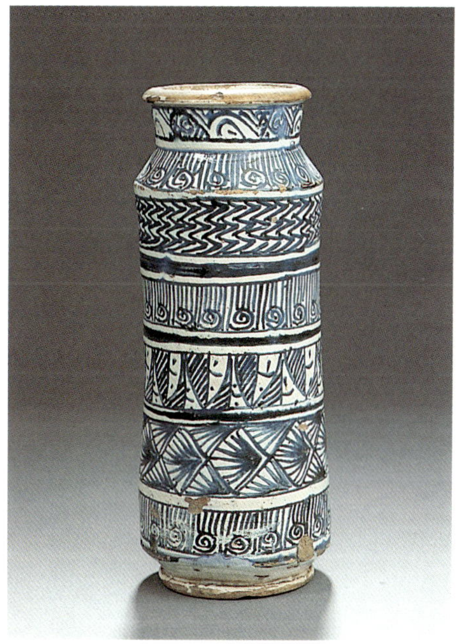

102 Albarelle
Espagne, XVe siècle. Faïence hispano-mauresque (Manises), hauteur : 32 cm, diamètre ; 12 cm. Legs Mme Briguiboul en 1927. Inv. 28-1-235.

101 *Bargueño*
Espagne, XVIe siècle (Tolède). 63 x 104,5 x 41,5. Legs de Mme Briguiboul en 1927. Inv. 28-1-236.

ractérisé par l'ovale marqué du visage, l'absence de lignes accusées, l'étroitesse des lèvres et la découpe très fine des paupières. Malgré la présence des bijoux caractéristiques de l'Espagne, il semble qu'il faille abandonner l'hypothèse de la figuration de sainte Ursule.

Le Musée Goya possède également un petit ensemble de faïences hispano-mauresques du XVe siècle au siècle dernier. Un certain nombre sont issues de la fameuse fabrique de Manises, très active du XVIe au XVIIIe siècle. A côté de plats à décor bleu ou imitant le cuivre rouge,
des albarelles à la forme caractéristique, généralement ornées de mo- *102*
tifs géométriques, de chevrons, de bandes bleues ou encore de feuillages stylisés présentent un réel intérêt pour la connaissance de la vie quotidienne.

Deux *bargueños* du XVIe siècle, meubles de tradition espagnole et an- *101*
cêtres du secrétaire, sont à remarquer pour la richesse de leur décor intérieur de type architectural. Le vocable vient du village de Bargas dans la province de Tolède, où ce type de meuble sur pied était fabriqué. L'ornementation intérieure, en os ou en ivoire, alterne avec des surfaces polychromes ou dorées. Le piètement ou *pie de puente* possède en général des traverses sur lesquelles repose l'abattant du *bargueño* qui peut de la sorte servir d'écritoire. L'ensemble témoigne du raffinement d'un artisanat inspiré par l'art mudéjar.

Parmi les meubles présentés, une autre pièce très exceptionnelle est entrée au musée en 1944 grâce au legs d'Heilhes. Daté de 1592,
le bahut Renaissance en noyer porte sur sa corniche supérieure le *105*
nom de Nicolas Blee. Très représentatif de la seconde Renaissance, il nous offre toute une série grimaçante de satyres et de harpies utilisés

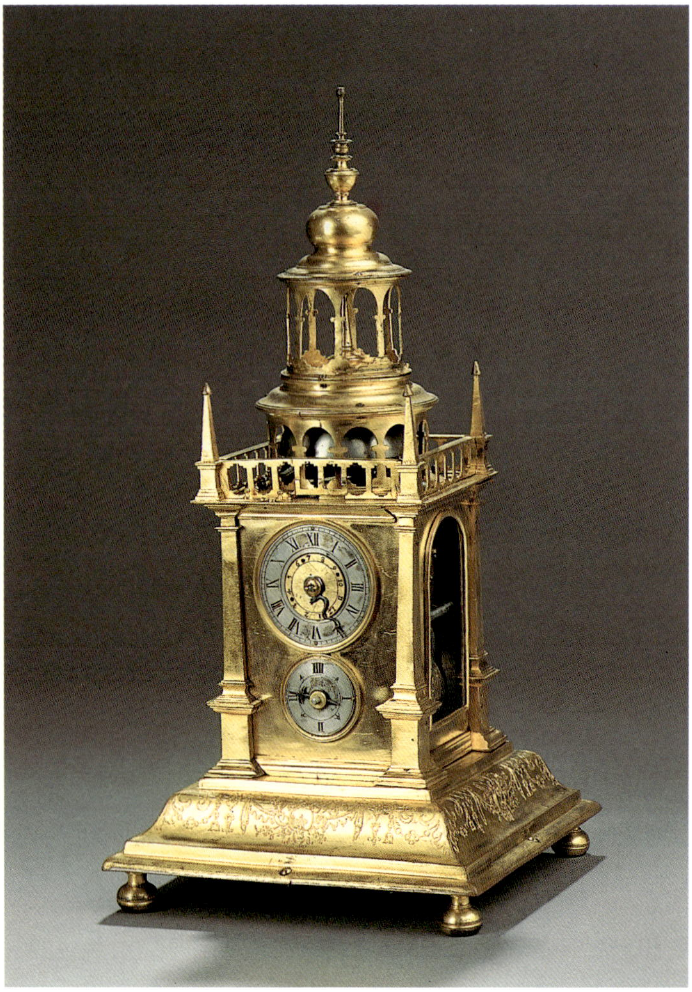

103 Horloge de table
Allemagne, XVIIe siècle (Augsbourg).
Cuivre et laiton, 36 x 17,7 x 18.
Inv. 11-36-1.

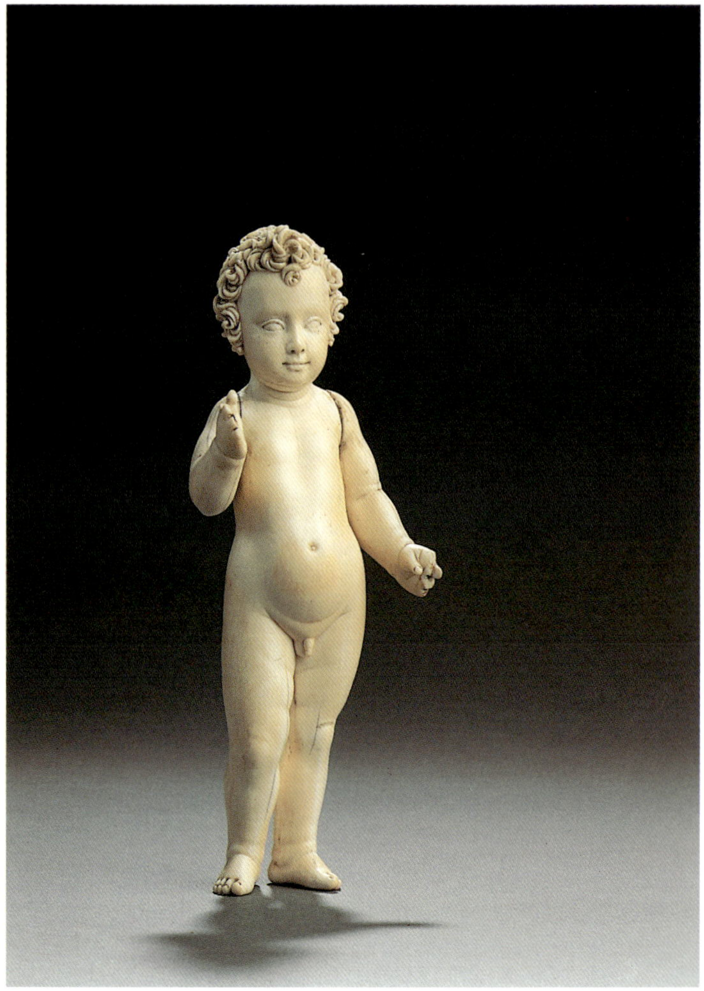

104 *Enfant Jésus*
France, XVIIe siècle.
Ivoire, 23 x 9,5 x 6. Don anonyme
vers 1960. Inv. 60-3-1.

comme atlantes au sein d'un décor foisonnant de rinceaux où apparaissent des sphinges. Entre la partie haute et la partie basse, deux mains différentes peuvent se distinguer dans ce travail soigné qui fit certainement l'objet d'une importante commande.
Quelques tapisseries font également partie intégrante du fonds d'objets d'art. La plupart sont du XVIe siècle et proviennent de Belgique ; d'Audenarde, comme la *Clémence d'Alexandre*, le *Char de Pomone*, un *Joseph vendu par ses frères*, la *Verdure à grandes feuilles*, ou bien encore de Tournai, comme la *Scène de chasse* que l'on peut dater du deuxième

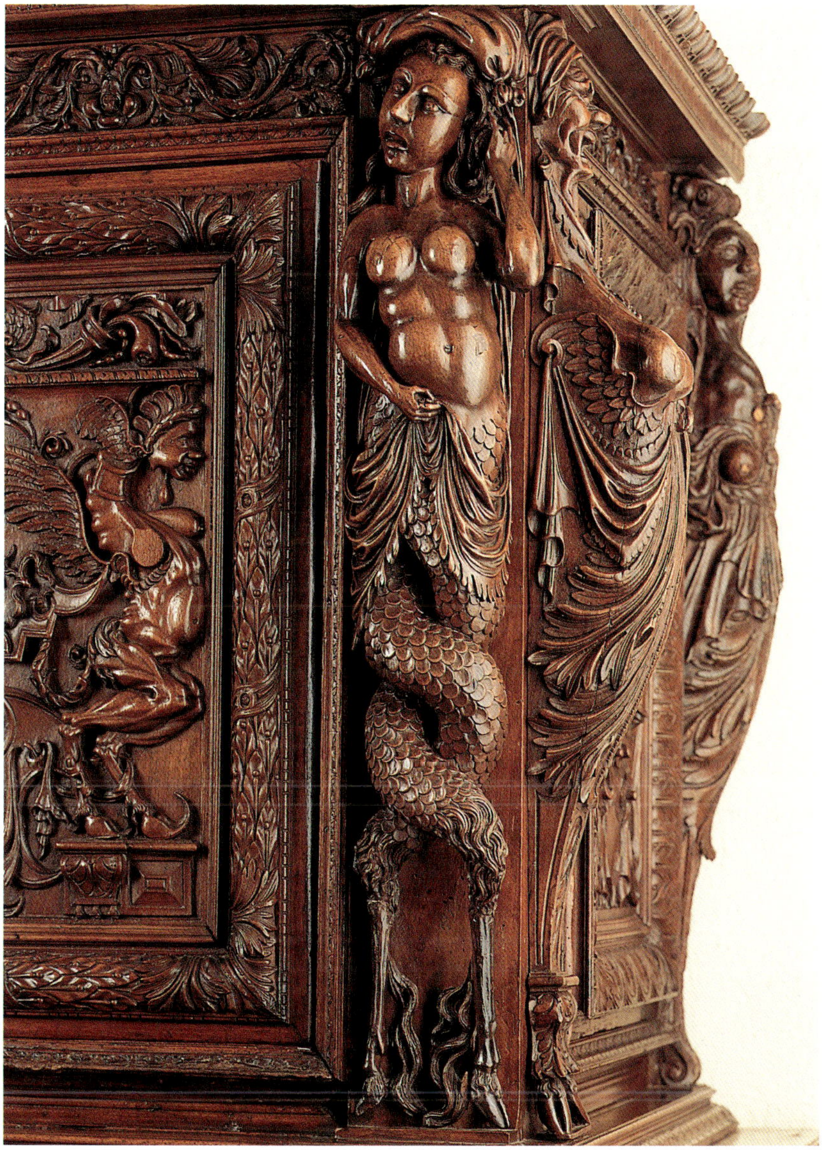

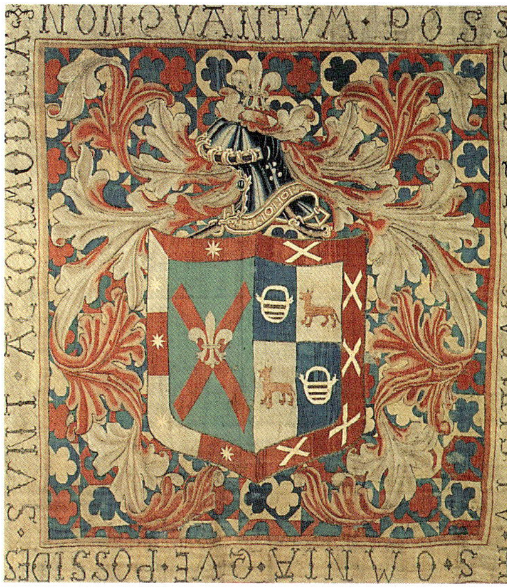

106 Blason avec heaume et lambrequins
Espagne, XVIe siècle. Tapisserie, 273 x 257. Origine inconnue.
Inv. 48-25-1.

105 Bahut Renaissance, détail
Daté 1592 et signé Nicolas Blee (France). Noyer, 182 x 183 x 73.
Legs de Mme d'Heilhes en 1944.
Inv. 45-1-2.

quart du XVIe siècle. Le blason avec heaume et lambrequins est d'ori- *106*
gine espagnole avec deux parties dans le blason : à senestre de sinople à une fleur de lys d'or brochant sur un sautoir de gueules ; à dextre écartelé d'azur à un chaudron d'argent et d'argent à un loup passant de gueules. L'écu est à bordure de gueules à dextre d'argent chargée de cinq flanchis à senestre et de cinq rais à dextre de même. La devise «Non quantum possides sed qualis tu es. Omnia que possides sunt accomodata» signifie : «Tu ne possèdes que ce que tu es. Toutes les choses que tu possèdes sont appropriées.» L'origine espagnole du blason est confirmée par le chaudron, pièce honorable d'Espagne qui serait partie prenante dans des armes originaires du Pays basque espagnol.

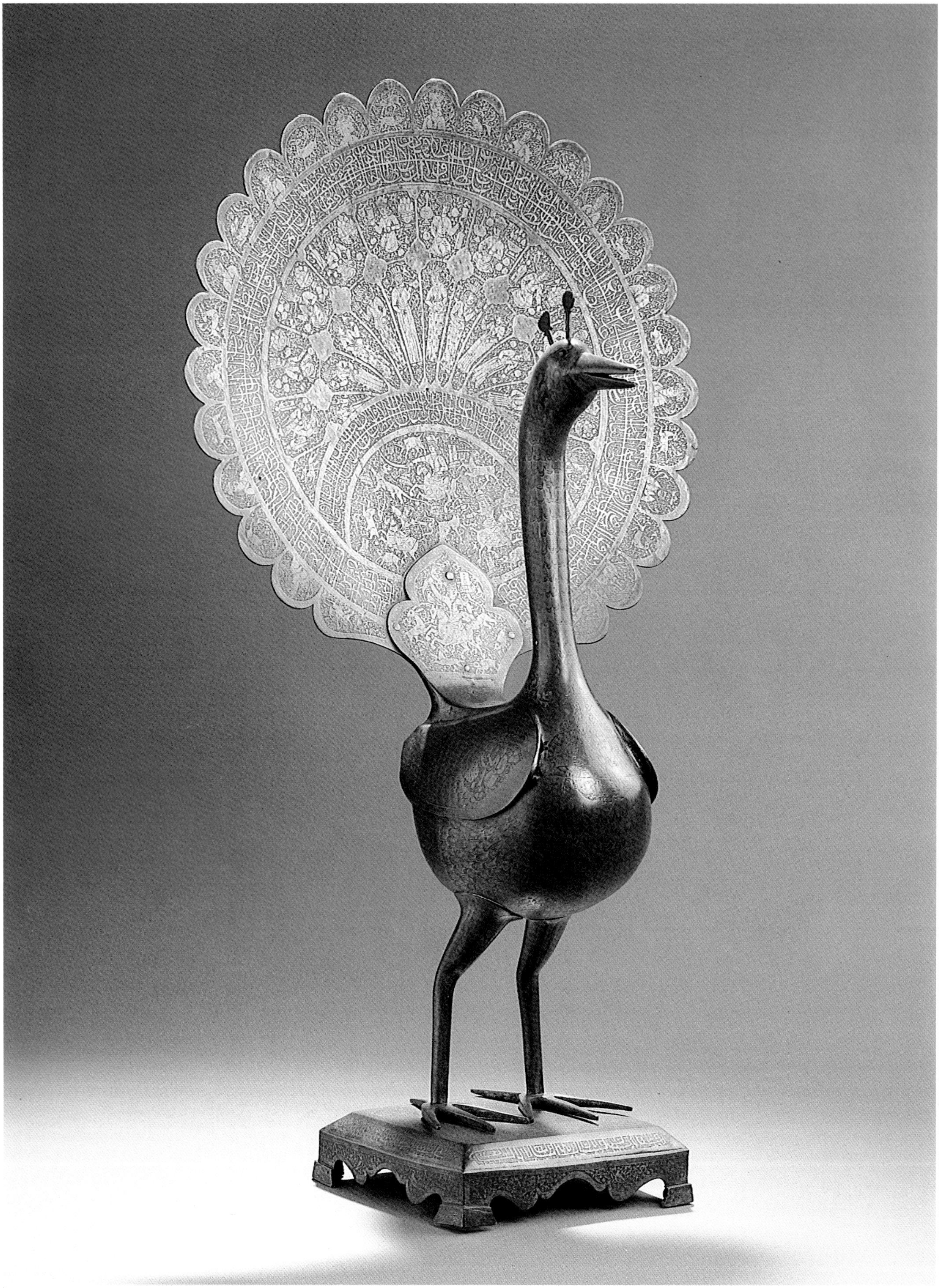

Outre un petit *Enfant Jésus* en ivoire daté du XVIIe siècle, probable- 104
ment d'origine française et ayant perdu le globe terrestre qu'il devait
porter à la main gauche, une horloge de table en cuivre et laiton des 103
environs de 1600 provient du fonds Briguiboul. Il s'agit d'une pièce à
indications astronomiques, à timbre servant de réveille-matin. Elle
donne les heures romaines, les quarts, le compte des heures sonnées
et a été modifiée après 1657 puisque, à l'origine construite à foliot, on
lui a rajouté un pendule. Comme l'indique un poinçon à la pomme
de pin, aux initiales F.G. dans une tête de chouette, la pièce a été fa-
briquée par un horloger d'Augsbourg.

Isaac Thuret (mort vers 1700), horloger de Louis XIV, a réalisé et signé
le magnifique cartel surmonté de la figure du Temps. En 1675, Thu- 108
ret a mis au point le premier ressort spiral sur les indications du phy-
sicien hollandais Huyghens. Il s'agit d'un cabinet Boulle en écaille de
tortue et bronze doré à marqueterie de cuivre. L'horloge est à mou-
vement aux quarts.

Le fonds comporte encore un splendide paon indo-persan vraisem- 107
blablement d'origine iranienne des XVIIe et XVIIIe siècles qui fit partie
du legs Pierre Briguiboul (1894) en compagnie d'armes anciennes eu-
ropéennes ou orientales.

Mais la pièce la plus prestigieuse et la plus admirable reste le casque 91
en ivoire de George II d'Angleterre. Entré dans les collections le 27 septembre 1894 en même temps que les tableaux de Goya, il est attribué à l'ivoirier dieppois David Lemarchand (1674–1726) et la tradition veut qu'il ait été donné par le souverain britannique à Jean-Louis de Ligonier (1680–1770). Ce dernier, protestant exilé lors de la révocation de l'édit de Nantes, fit toute sa carrière militaire dans les armées anglaises et s'opposa à nos troupes lors des batailles de Dettingen (1743), Fontenoy (1745) et Lawfeld (1747). Feld-maréchal couvert d'honneurs, il fut enterré à Westminster.

Sur un tymbre en fer sont disposées des plaques d'ivoire sculptées s'inspirant de motifs de la Renaissance avec des feuillages, des acanthes, des têtes de faunes et des griffons. Sur le bandeau, une plaque ornée de rayons porte les armes d'Angleterre au lion et à la licorne en compagnie des célèbres devises: «Honni soit qui mal y pense» et «Dieu et mon droit». Sur le cimier se tient le dragon de saint Georges, la gueule ouverte, flanqué de deux ailes mobiles. Sous ses griffes un cartouche porte le nom du roi George II et la date de son sacre, 1727. Si les plaques du casque sont anciennes, celle qui porte les armes d'Angleterre ne semble pas être antérieure au début du XIXe siècle, ce qui suggère un remontage. Ce type de casque aurait été porté lors de cérémonies ou de parades comme les carrousels, grands spectacles équestres très en vogue au XVIIIe siècle. Le Metropolitan Museum of Art de New York conserve une pièce assez semblable à celle du Musée Goya et qui aurait appartenu au Roi-Soleil. Tant par la richesse de son répertoire que par la finesse de son exécution, ce magnifique objet d'art mérite la place d'honneur qui lui est assignée au musée.

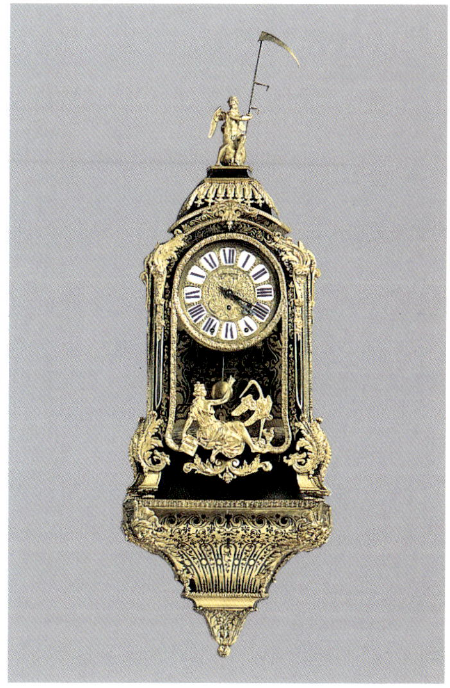

108 Cartel
France, XVIIe siècle, signé
Isaac Thuret (mort vers 1700).
Cuivre, bois, écaille de tortue,
150 x 52,5 x 22,5. Inv. 11–36–1.

107 Paon indo-persan
Iran, XVIIe–XVIIIe siècle.
Métal damasquiné, 84 x 47 x 31.
Legs Pierre Briguiboul en 1894.
Inv. 894–1–19.

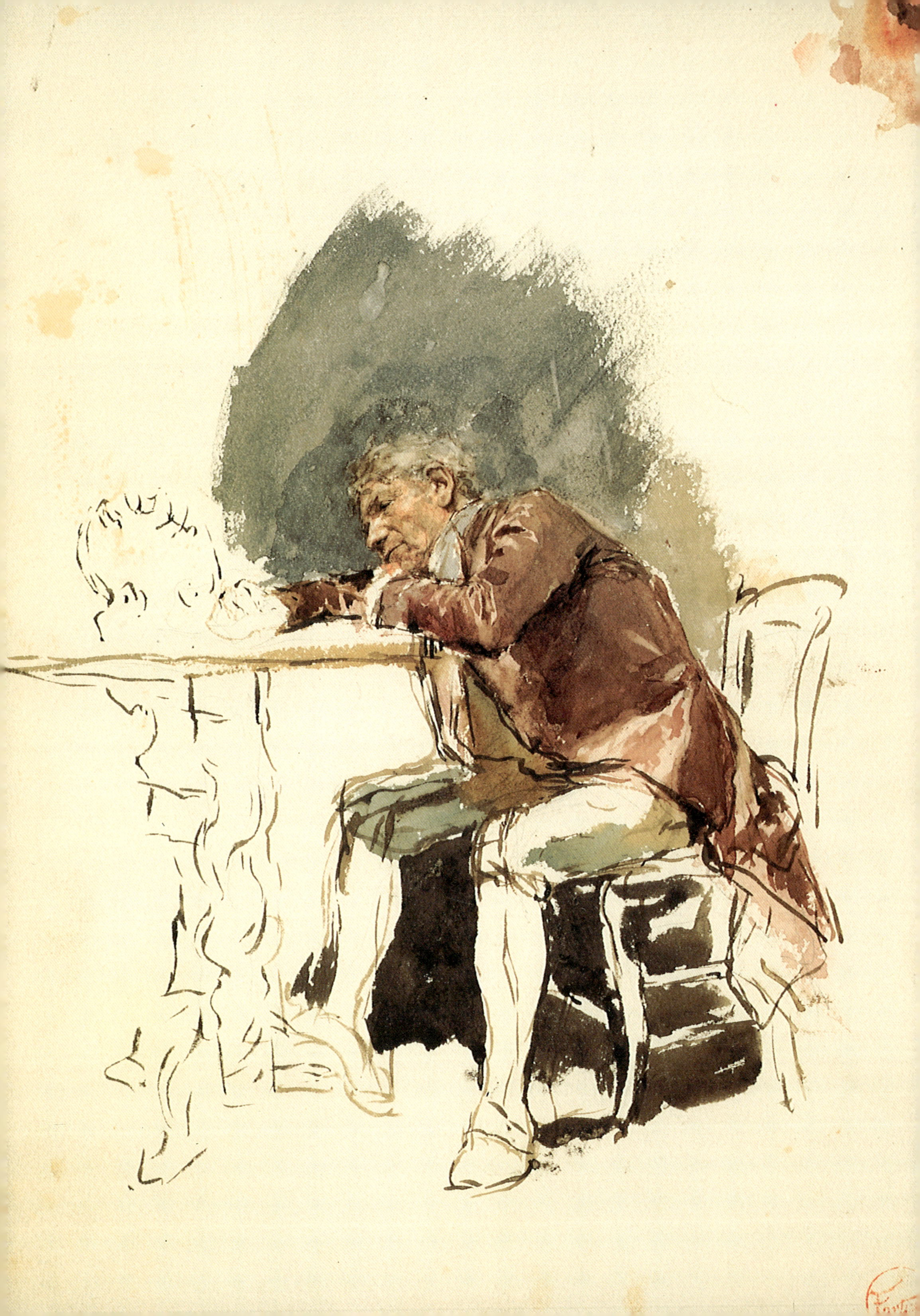

Le cabinet d'art graphique et les gravures de Goya

Le fonds de dessins, d'estampes et de lithographies, sans être très conséquent, comporte toutefois des œuvres de très grande qualité.
Plusieurs gravures de Jusepe de Ribera (1591–1652) ont été acquises depuis moins d'une dizaine d'années. On ne connaît que dix-huit sujets de gravures de la main du «Spagnoletto» dont sept figurent à
Castres. *Le poète* (vers 1620–1621), qui est selon certains Virgile ou selon *111*

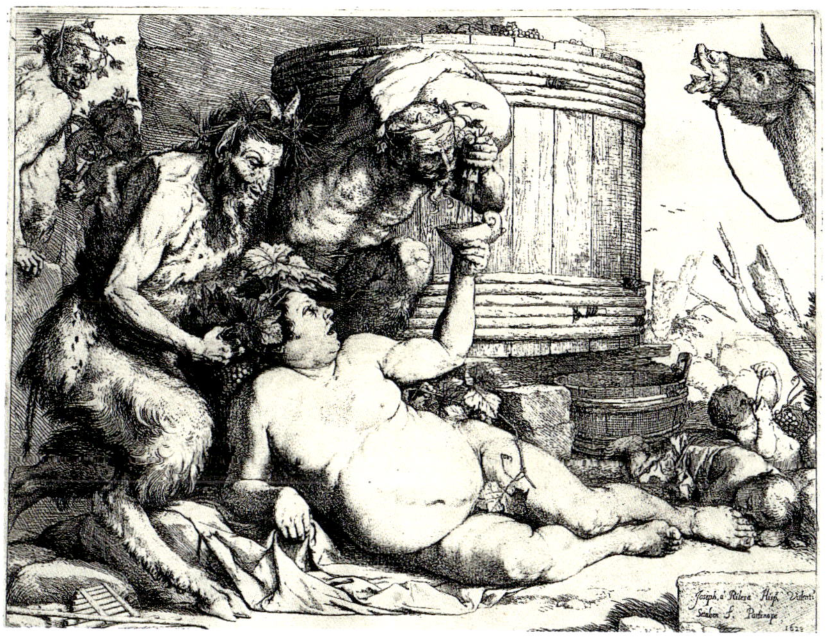

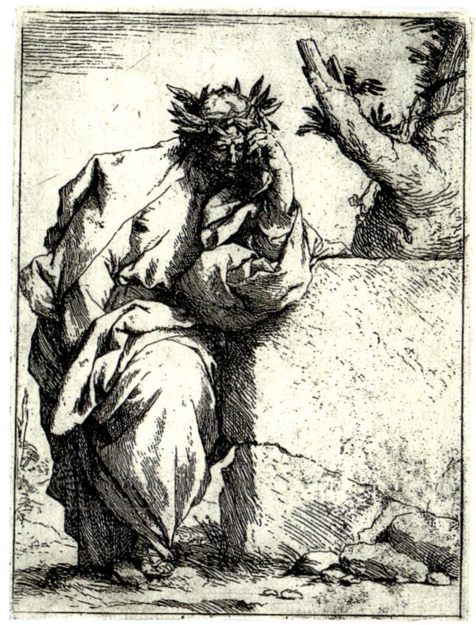

d'autres Dante, le *Saint Jérôme écoutant la trompette du Jugement dernier* *112*
(premier état de 1621 avec la trompette seule ; deuxième état vers 1621 *113*
avec l'ange) d'après le tableau du Musée de l'Hermitage, le *Martyre de saint Barthélemy* (1624) d'après le tableau de la collégiale d'Osuna, le
Silène ivre d'après la toile originale conservée au musée de Capodi- *110*
monte à Naples (premier état avant la dédicace, 1628 ; deuxième état avec dédicace). D'une incroyable maîtrise d'exécution, ces planches à l'eau-forte et au burin sont parmi les plus admirables tant par la finesse du coup de burin que par le rendu de la lumière.
1996 a vu se concrétiser l'achat d'un ensemble de soixante-trois dessins d'Eugène Giraud (1806–1881). Peintre, graveur et caricaturiste, il entre à l'Ecole des Beaux-Arts en 1821 comme élève de Hersent et de Richomme. Lauréat du Prix de Rome en 1826 pour la gravure, il figure de façon régulière au Salon de 1831 à 1866 et fréquente le cercle de la princesse Mathilde. A plusieurs reprises, il voyage en Espagne, se rend en Algérie et en Egypte d'où il ramène des dessins très spontanés ainsi que d'irrésistibles caricatures publiées dans *L'Artiste* et *Le Charivari*.

111 Jusepe de Ribera
Játiva, 1591–Naples, 1652
Le poète, vers 1620–1621. Eau-forte et burin, 16 x 12,5. Achat du musée en 1991. Inv. 91–9–1.

110 *Silène ivre,* 1628. Eau-forte et burin, 1er état, 27 x 35. Achat du FRAM Midi-Pyrénées et de la Ville de Castres en 1994. Inv. 95–12–2.

109 Mariano Fortuny y Marsal
Reus, 1838–Rome, 1874
Homme accoudé à une table.
Aquarelle et mine de plomb sur papier, 32,6 x 23. Legs Henriette Fortuny y Madrazo en 1950. Inv. 50–6–49.

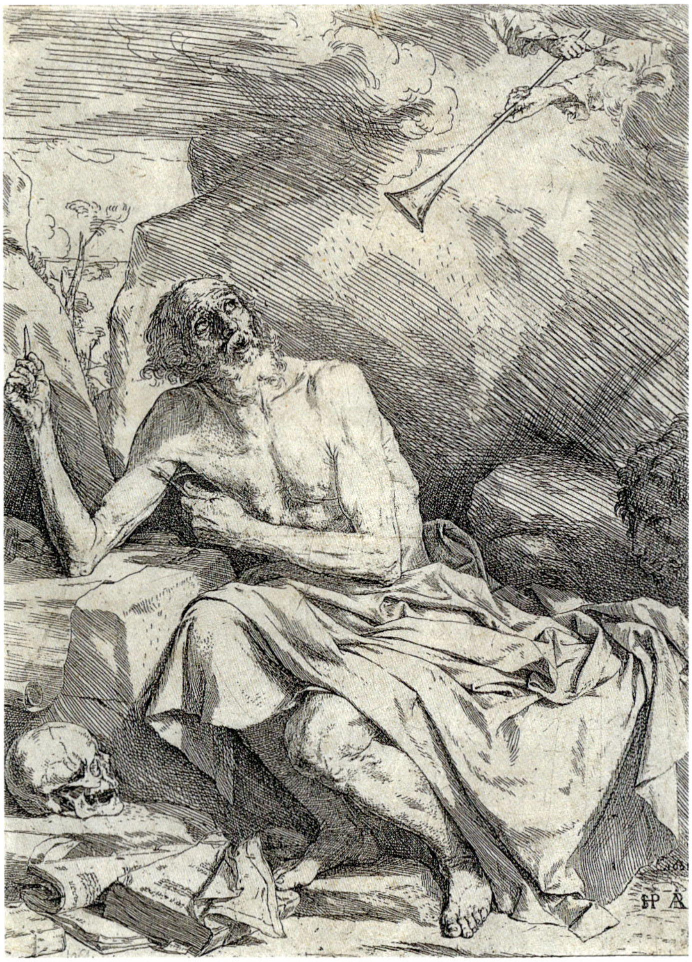

112 Jusepe de Ribera
Saint Jérôme écoutant la trompette du Jugement dernier, 1621. Eau-forte et burin, 1re version (trompette droite), 31,8 x 23,8. Achat du Musée Goya en 1994. Inv. 95–12–1.

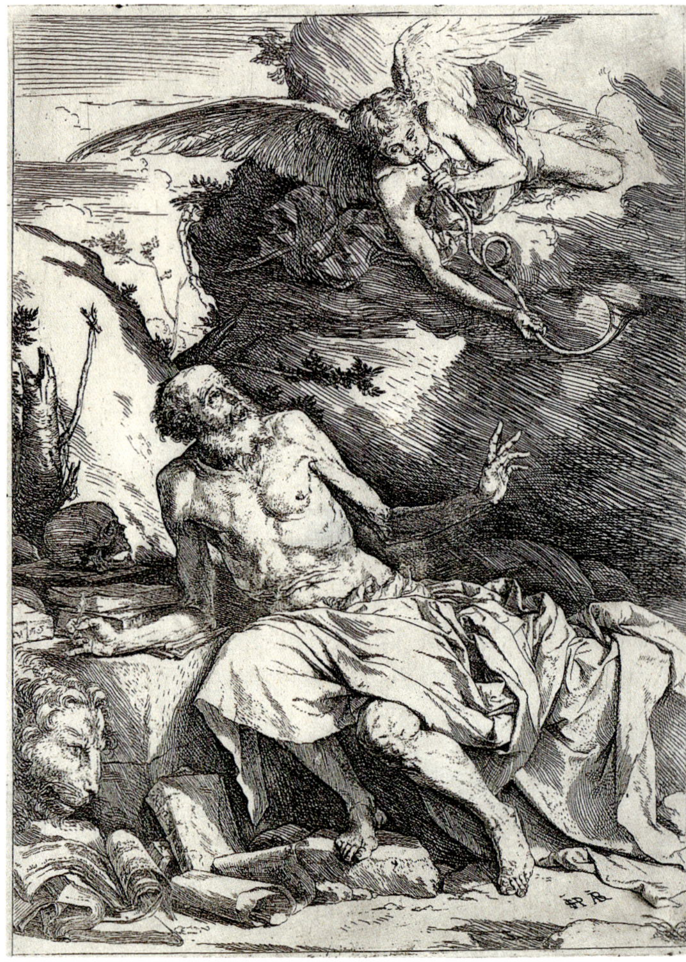

113 Jusepe de Ribera
Saint Jérôme écoutant la trompette du Jugement dernier, 1621. Eau-forte et burin, 2e version (trompette courbe), 31,8 x 23,8. Achat du FRAM Midi-Pyrénées et de la Ville de Castres en 1996. Inv. 96–13–1.

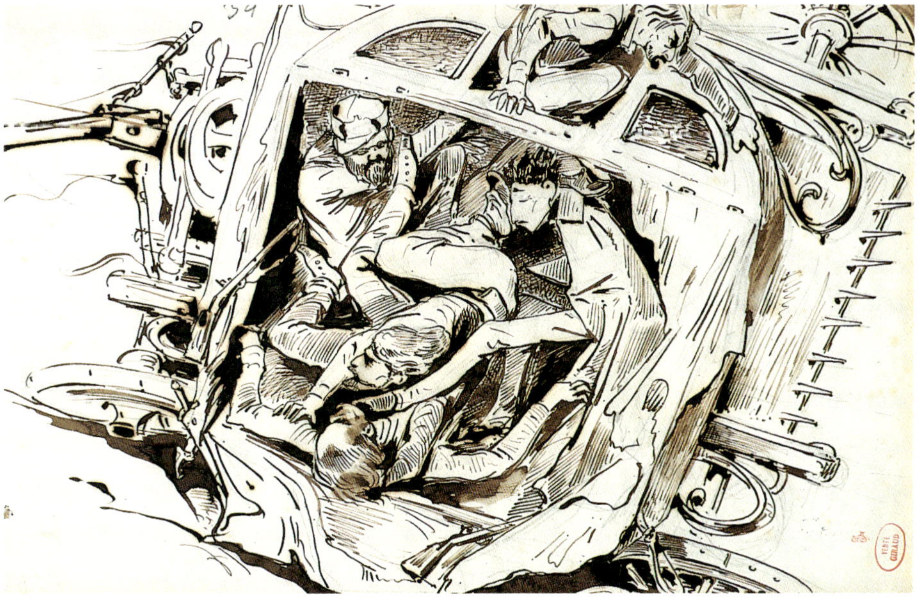

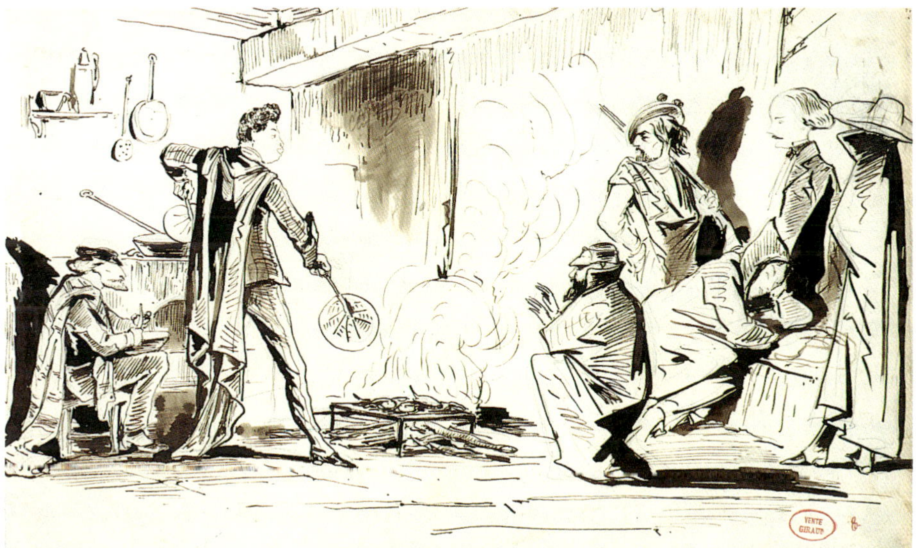

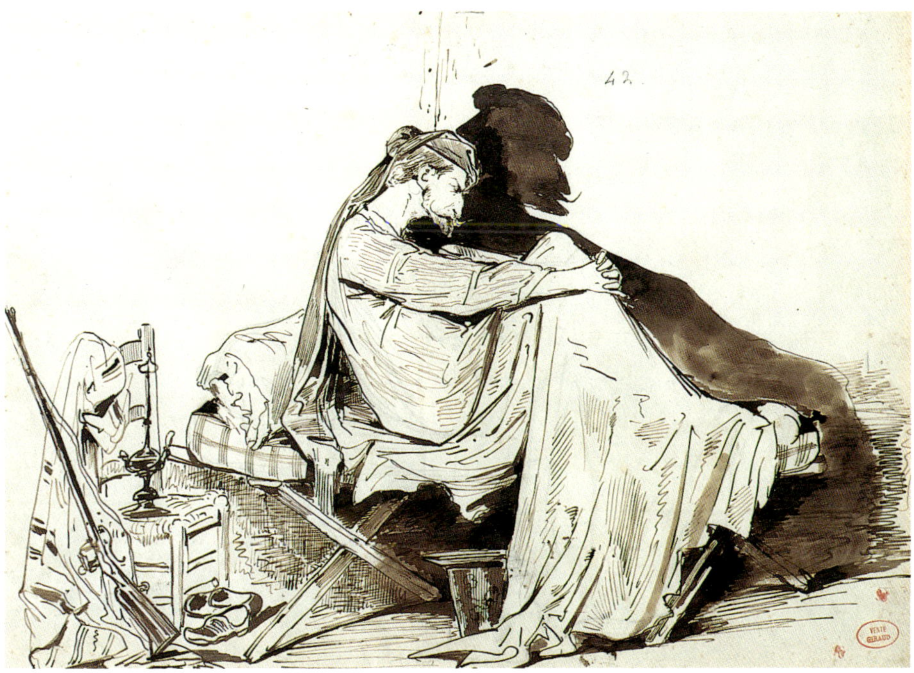

114 Eugène Giraud
Paris, 1806–1881
L'accident (l'affaire change de face), 1846. Encre brune sur papier gris, 27,2 x 43. Inv. 96-14-1.

115 *Alexandre Dumas attisant le feu*, 1846. Encre brune sur papier gris, 26,5 x 43,5. Inv. 96-14-2.

116 *Un lit espagnol*, 1846. Encre brune sur papier gris, 34,8 x 48,1. Inv. 96-14-3.

Achats du FRAM Midi-Pyrénées et de la Ville de Castres en 1996.

L'ensemble des dessins à l'encre brune conservé à Castres provient de la vente Giraud de 1886. Ils se rapportent très précisément aux aventures picaresques d'une joyeuse troupe composée d'Alexandre Dumas père et fils, Louis Boulanger, Auguste Maquet et André Desbarolles, lors d'un voyage de Paris à Cadix effectué en automne 1846 à la suite d'une causerie commune. Alexandre Dumas père publia dix ans plus tard le récit de ce voyage intitulé *De Paris à Cadix*. Les dessins de Gi-
114 raud, très anecdotiques, retracent cette épopée mouvementée : *L'acci-*
115, 116 *dent, Alexandre Dumas attisant le feu, Un lit espagnol, «On leur a dit que la mule*

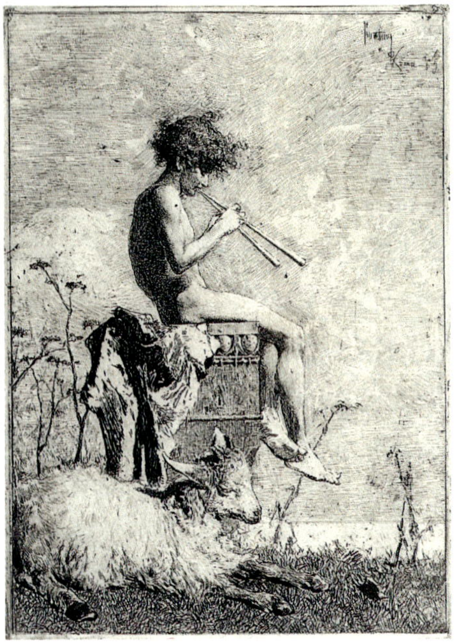

117 Mariano Fortuny y Marsal
Reus, 1838–Rome, 1874
Idylle. Eau-forte sur papier, 20,2 x 14,5. Achat des Amis des musées de Castres en 1987. Inv. 87–2–2.

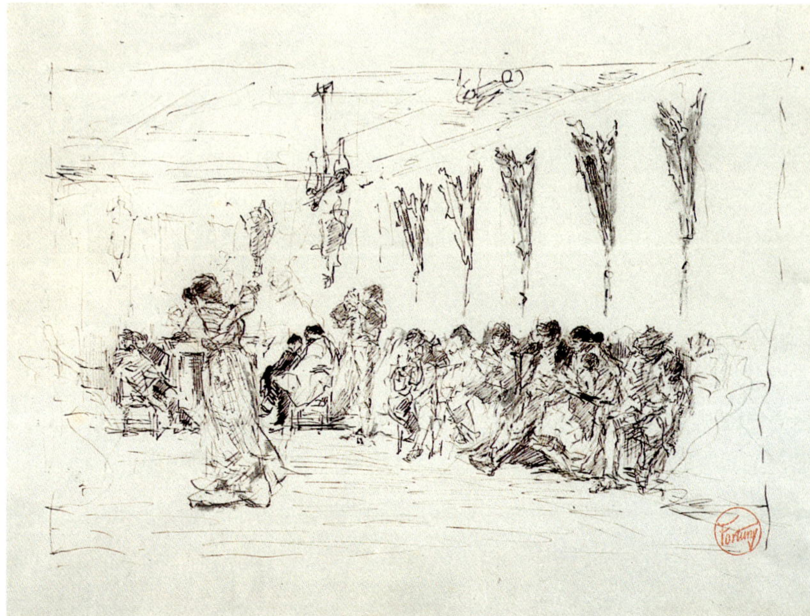

118 *Couple de danseurs au milieu d'une salle.* Plume, encre noire et mine de plomb, 21,5 x 31,7. Legs Henriette Fortuny y Madrazo en 1950. Inv. 50–6–37.

119 *Académie d'homme* ou *Homme vêtu d'un pagne.* Aquarelle et mine de plomb sur papier, 32,5 x 23,1. Legs Henriette Fortuny y Madrazo en 1950. Inv. 50–6–50.

était l'animal le plus facile à conduire», La mère des compagnons du tour d'Espagne sont autant d'instantanés où se mêlent ironie et humour.

Outre deux dessins de Hans Bellmer (1902–1975) datés de 1940 et
122 1942, le fonds recèle un charmant petit dessin de Pablo Picasso. Le modèle a pu être identifié grâce à une carte postale de l'artiste écrite en mars 1903 à Max Jacob où apparaît le fils de Pere Romeu. D'un trait sûr, Picasso campe la petite tête enfantine au regard fixe et à l'expression un peu triste ; même s'il ne s'agit que d'une esquisse, toute la force du jeune artiste y apparaît, trois ans avant le début de la période cubiste.

Mariano Fortuny y Marsal (1838–1874) se trouve largement représenté dans le fonds graphique. Pas moins de trente-sept dessins et aquarelles, issus du legs Henriette Fortuny y Madrazo de 1950, constituent un ensemble complété en 1987 par six gravures dont
117 *L'amateur de jardin* et *Idylle* d'après le tableau conservé au Prado. Qu'il
119 s'agisse d'académies d'hommes, de sujets marocains (Tanger) exécu-
109 tés en 1865, d'études pour des tableaux – *Homme accoudé à une table,* et en particulier celui de *La Vicaria* (1867, musée de Barcelone) – ou en-
118 core de scènes de genre *(Au pilori, Couple de danseurs au milieu d'une salle),* on ne se lasse pas du charme de ces dessins ou de la liberté des aquarelles d'une éblouissante facture, comme l'esquisse du tableau disparu *Le jardin des poètes.* Ainsi peut-on mieux comprendre l'influence de cet artiste, mort à l'âge de trente-six ans, sur la génération des peintres espagnols de la fin du XIXe siècle.

Francisco Goya fut non seulement un peintre de génie mais aussi un incomparable graveur et lithographe. Depuis ses premières réalisa-

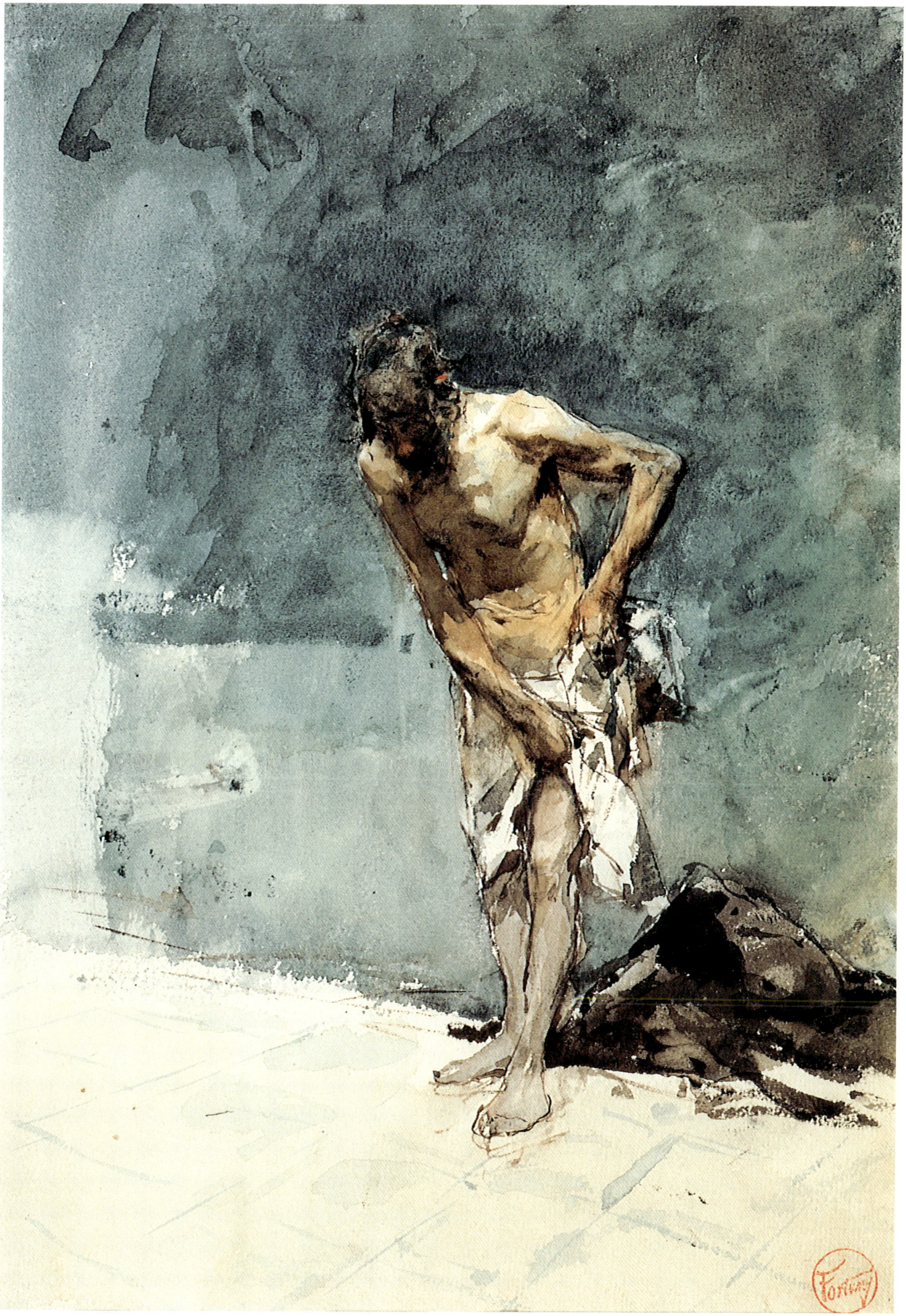
Fortuny

tions à partir de 1775 jusqu'à la fin de sa longue existence en 1828, il n'a cessé de graver des planches d'une étonnante actualité.

Le musée de Castres a la chance de posséder toutes les grandes séries du maître aragonais : les *Caprices,* les *Désastres de la Guerre,* la *Tauromachie* et les *Disparates.* Peu à peu sont acquises les planches isolées comme *Le garrotté* (vers 1778–1780, épreuve du troisième tirage en 1868) ainsi que la série d'après les tableaux de Velázquez réalisée en
120, 123 1778. D'ores et déjà *Le nain «El Primo», L'infant Don Fernando, Marguerite*
121 *d'Autriche* et *Isabelle de Bourbon* ont intégré le cabinet d'art graphique.

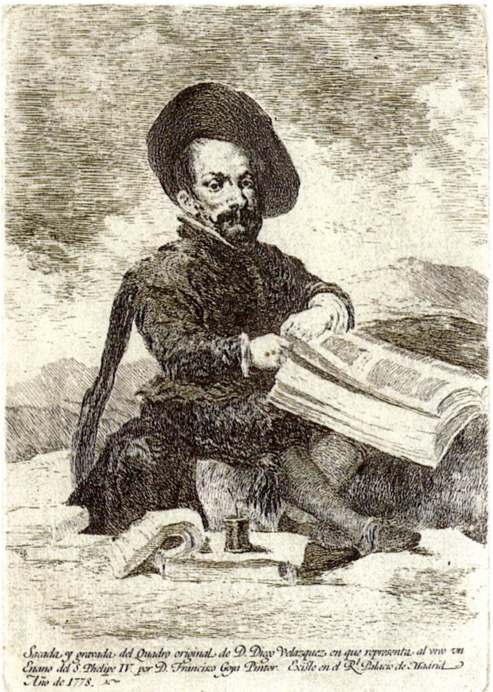

120 Francisco Goya y Lucientes
Fuendetodos, 1746–Bordeaux, 1828
Le nain «El Primo» d'après Velázquez, 1778
Eau-forte, 1re édition, 24,2 x 18. Achat du Musée Goya en 1990. Inv. 90–1–1.

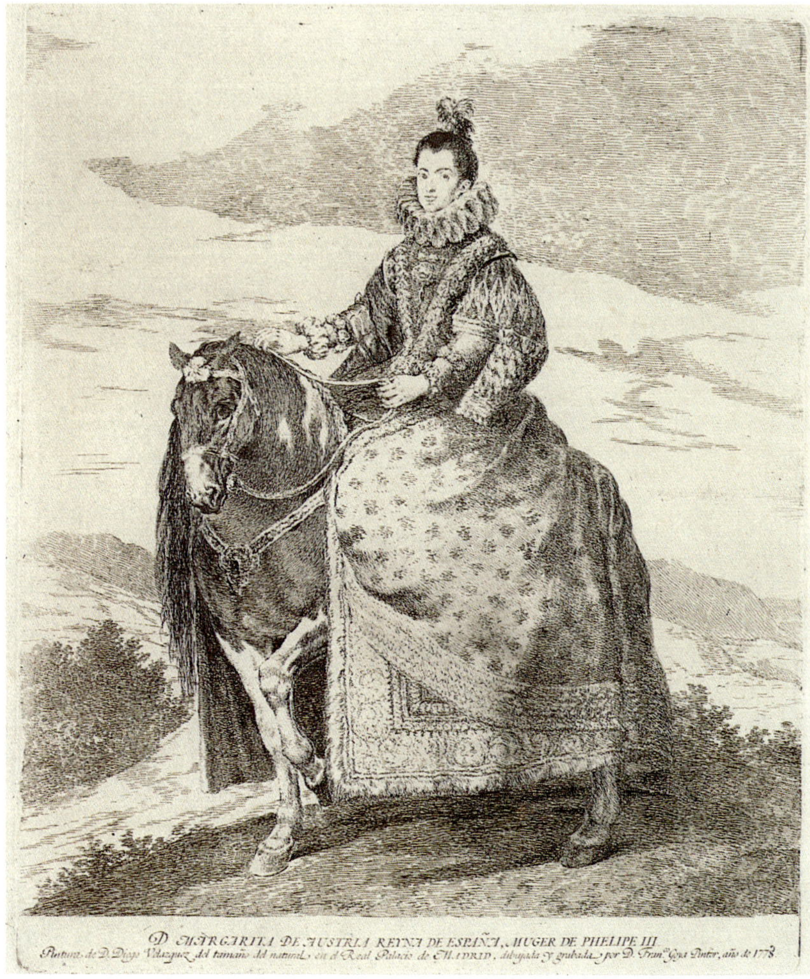

121 *Marguerite d'Autriche,* 1778
Eau-forte, 1re édition, 37 x 31.
Achat du Musée Goya et des Amis des musées de Castres en 1992.
Inv. 92–3–1.

Pour ce qui est des *Caprices,* édités en février 1799 par l'artiste luimême, le musée possède un second tirage issu du fonds Briguiboul et un troisième tirage, daté de 1868. Dans ces quatre-vingts planches tirées initialement à 240 exemplaires, Goya brocarde la superstition
124, 126 populaire (*Lo que puede un sastre,* pl. 52 ; *Que viene el Coco,* pl. 3 ; *A caza de*
127 *dientes,* pl. 12), la bêtise des médecins, l'injustice de l'Inquisition, la
125 prostitution (*Bien tirada está,* pl. 17) ou encore la mode ridicule et les
128, 129 fausses manières (*Nadie se conoce,* pl. 6 ; *Hasta la muerte,* pl. 55). Chez
Goya, la critique sociale va très loin puisqu'il attaque les aristocrates
130 dans *Los chinchillas* (pl. 50). Ces personnages qu'un homme du peuple
aveugle et doté d'oreilles d'âne nourrit à la cuillère sont sanglés dans
des sortes de camisoles sur lesquelles on distingue des armoiries. *Todos*
131 *caerán* (pl. 19) évoque la fortune amoureuse ; des volatiles à têtes humaines se pressent autour d'une oiselle qui a les traits de la duchesse d'Albe, Maria Teresa Cayetana, dont les mœurs légères étaient bien connues. Mais hormis ces brocards, l'argument général des *Caprices*

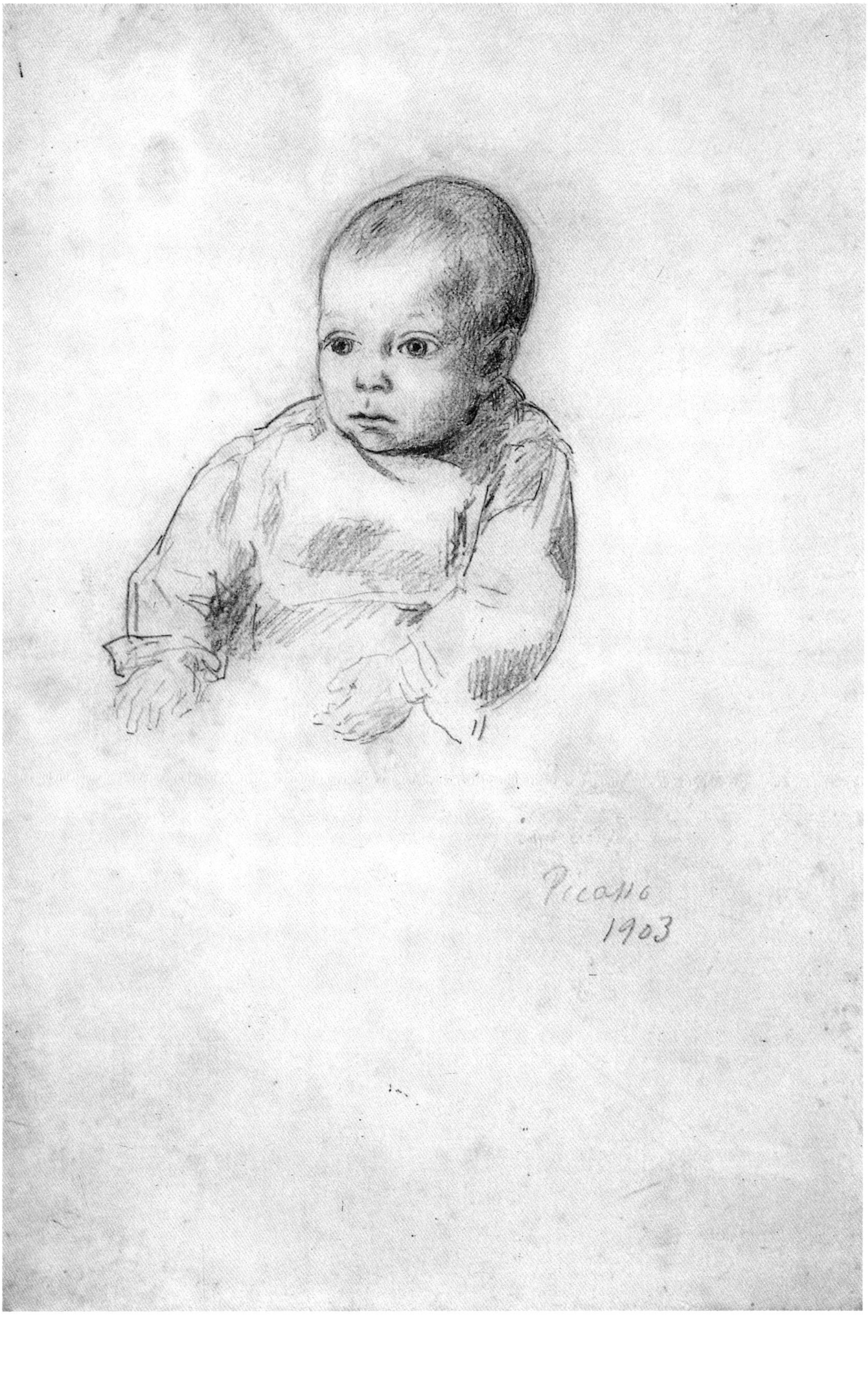

122 Pablo Picasso
Málaga, 1881–
Mougins, 1973
Portrait du fils de Pere Romeu,
1903. Mine de plomb
sur papier, 32 x 22,5.
Achat du Musée Goya
en 1950. Inv. 50–4–1.

demeure bien la pensée des Lumières, chère aux amis *ilustrados* de
132 Goya. La planche 43 intitulée *El sueño de la razón produce monstruos* était en fait initialement prévue pour servir de frontispice à l'ouvrage. Assoupi à sa table de travail, Goya est entouré de figures fantasmagoriques, d'oiseaux de nuit. Le commentaire associé aux planches, quoique parfois sibyllin, ne laisse aucun doute : de la superstition et de l'absence de Raison peut naître tout désordre alors que la fantaisie, lorsqu'elle lui est associée, contribue à l'excellence des Arts. Les
133 scènes de sorcellerie comme la planche 51 (*Se repulen*) ont été prises par

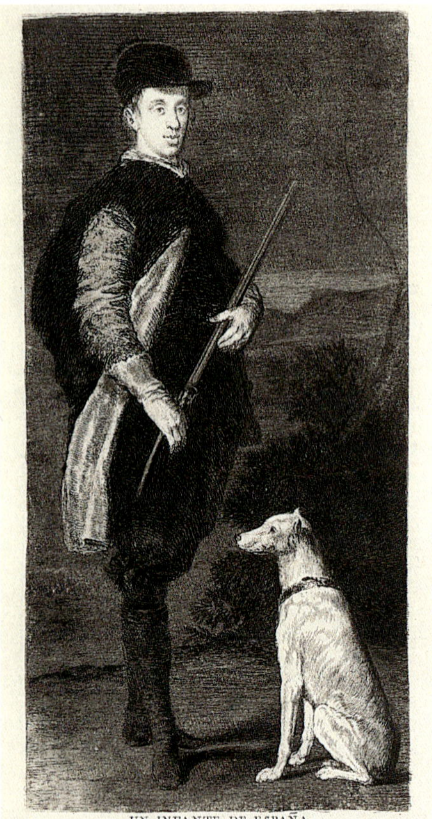

123 Francisco Goya y Lucientes
Fuendetodos, 1746–
Bordeaux, 1828
L'infant Don Fernando, 1778
Eau-forte, pointe sèche et aquatinte, 1re édition, 28,5 x 16,7. Achat du Musée Goya en 1993. Inv. 93–3–1.

(124–133) *Caprices*, 1799, 3e tirage de 1868
Eau-forte et aquatinte, 31 x 22.
Don Jean Lasbordes en 1948 et 1951 (pl. 51).

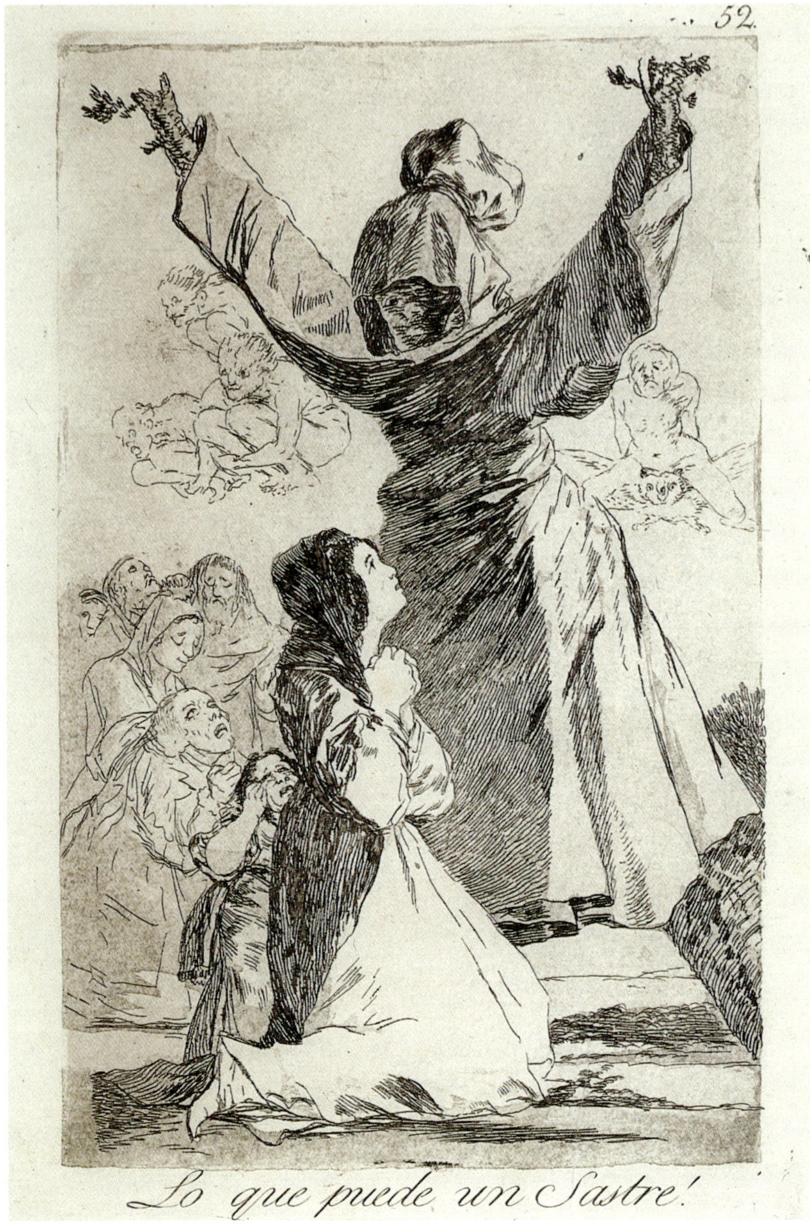

124 *Lo que puede un sastre*
(Ce que peut un tailleur)
Pl. 52. Inv. 48–2–52.

les Romantiques pour de la pure fantasmagorie ; en réalité, Goya condamne encore une fois les fausses croyances en se référant à la littérature du temps comme la célèbre *Relation de l'autodafé de Logroño*, sujet sur lequel le poète Leandro de Moratín, ami du peintre, travaillait alors et qu'il publia en 1811. Ce «langage universel», que l'artiste emprunte aux traités d'allégorie et d'iconologie qu'il connaissait, est plus que jamais d'actualité tant la richesse d'évocation et la portée philosophique de ces planches à l'eau-forte, au burin et à l'aquatinte sont grandes.

125 *Bien tirada está*
(Il est bien tiré)
Pl. 17. Inv. 48-2-17.

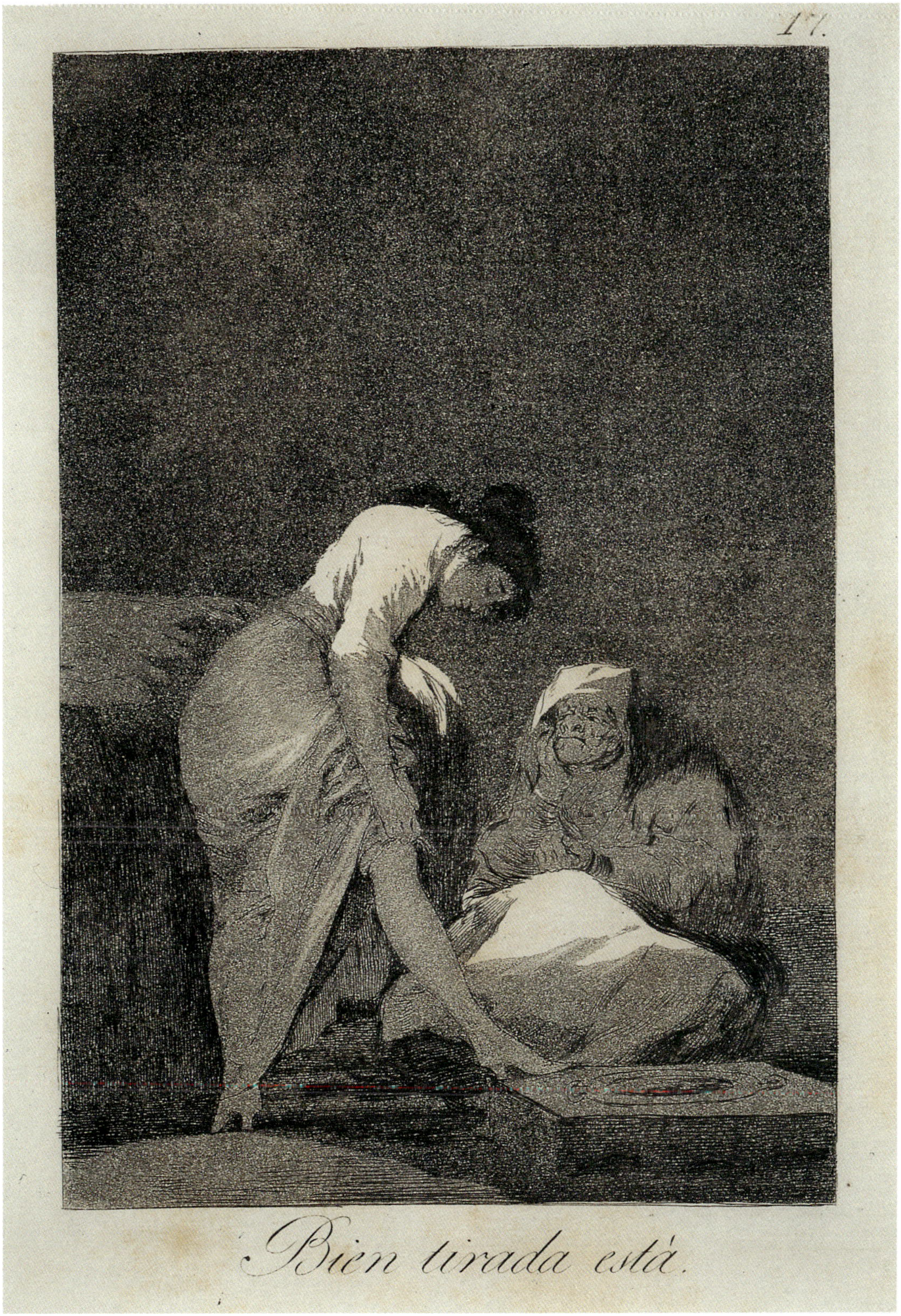

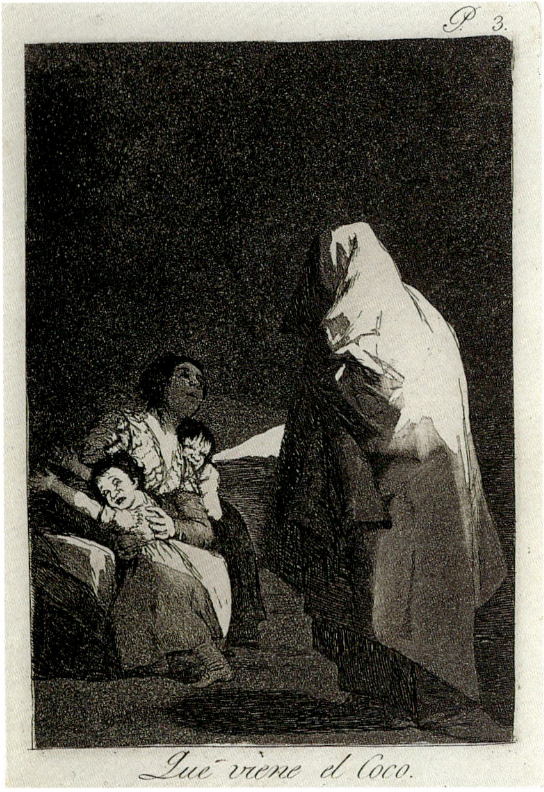

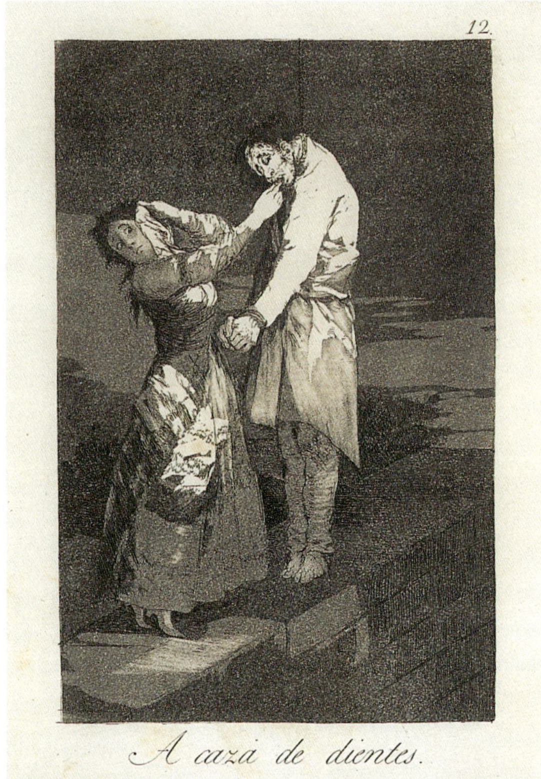

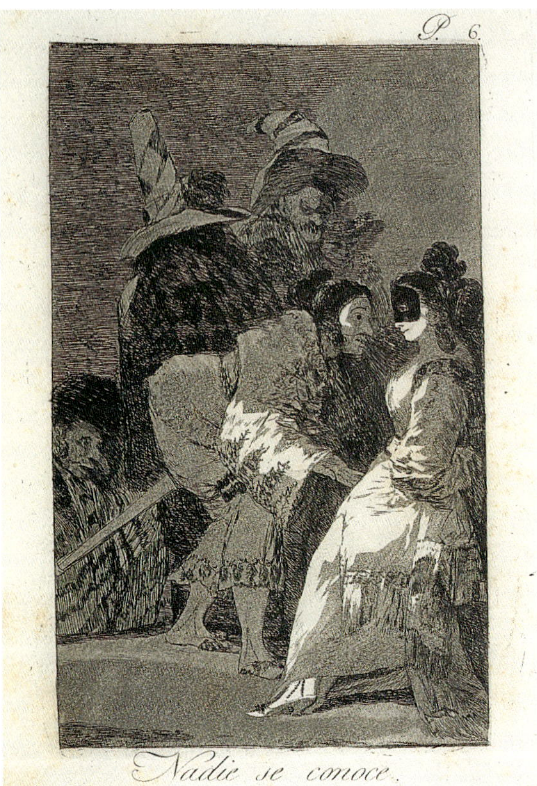

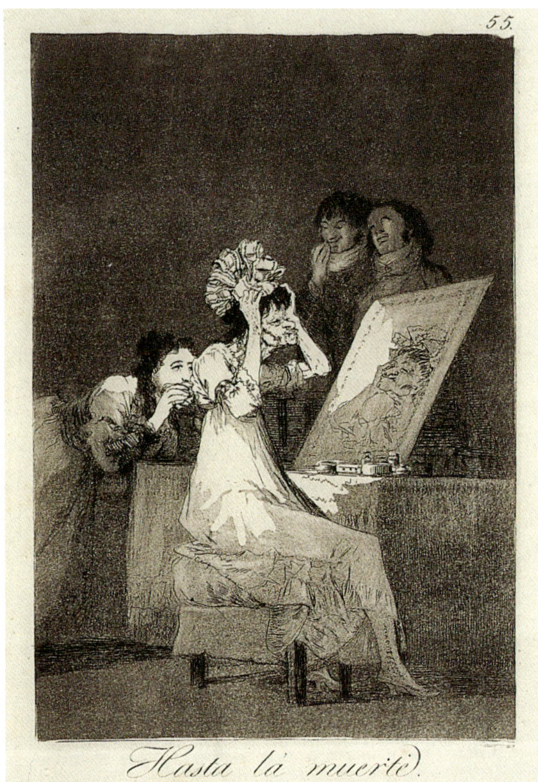

126 *Que viene el Coco* (Voici le croque-mitaine) Pl. 3. Inv. 48-2-3.

127 *A caza de dientes* (La chasse aux dents) Pl. 12. Inv. 48-2-12.

128 *Nadie se conoce* (Personne ne se connaît) Pl. 6. Inv. 48-2-6.

129 *Hasta la muerte* (Jusqu'à la mort) Pl. 55. Inv. 48-2-55.

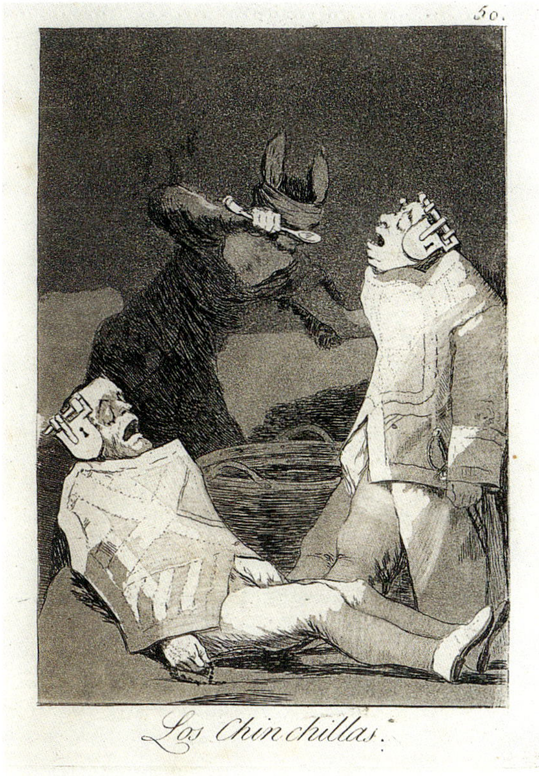

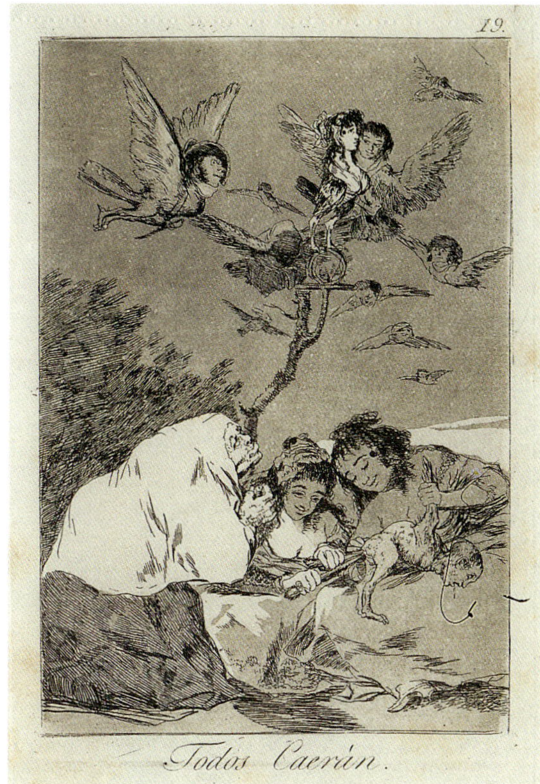

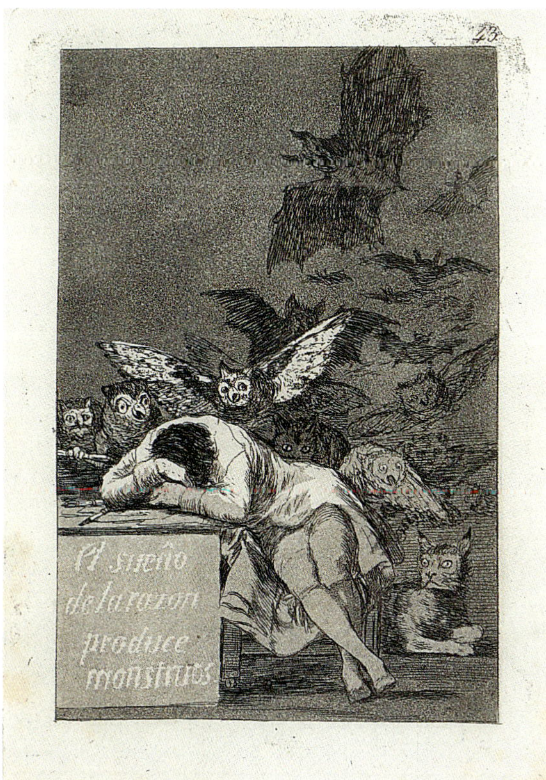

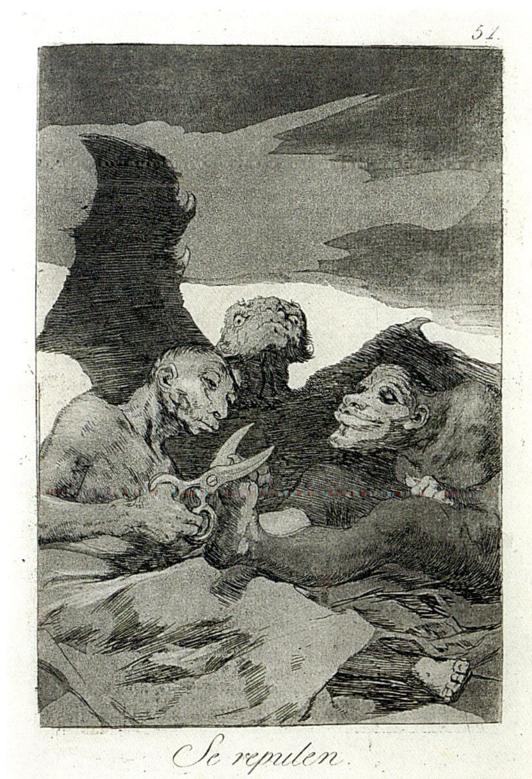

30 *Los chinchillas*
(Les chinchillas)
Pl. 50. Inv. 48-2-50.

31 *Todos caerán*
(Tous tomberont)
Pl. 19. Inv. 48-2-19.

32 *El sueño de la razón produce monstruos*
(Le sommeil de la raison engendre des monstres)
Pl. 43. Inv. 48-2-4.

33 *Se repulen*
(Ils se pomponnent)
Pl. 51. Inv. 48-2-51.

De 1808 à 1813, l'Espagne est occupée par les Français. Dès 1808,
Goya va être mêlé à ces dramatiques événements puisqu'il se rend à
Saragosse, sa ville d'enfance, entre le premier et le second siège de la
capitale de l'Aragon par les armées impériales (juin et décembre
1808). De cette indicible misère, il va tirer, entre 1810 et 1820, les
quatre-vingts planches des *Désastres de la guerre*, éditées après sa mort
en 1863 par l'Académie San Fernando. A l'horreur parfois insoute-
137 nable des scènes, comme la planche 39 *(¡Grande Hazaña! ¡con muertos!)*,
qui montre des cadavres découpés en morceaux, l'artiste ajoute le
courage du peuple espagnol qui s'est battu, presque à mains nues,
contre les terribles soldats de Napoléon (*Con razón o sin ella*, pl. 2).
Aucun fait d'armes héroïque n'est célébré hormis celui d'une toute
jeune femme, la fameuse *Agustina* qui, juchée sur les cadavres des ser-
vants d'une pièce d'artillerie espagnole, fit feu sur les Français (*¡Qué
136 valor!*, pl. 7). Mais chez Goya, le symbole et l'allégorie ont toujours
droit de cité ; il évoque dans plusieurs planches l'effroyable famine
madrilène de 1811–1812 qui fit 20 000 morts, mais il ne peut s'empê-
cher de montrer le mauvais gouvernement chassé à coup de fourche
sous la forme d'un vautour très semblable à l'aigle napoléonienne (*El
135 buitre carnívoro*, pl. 76). Si l'on regarde bien, les nantis tournent le dos à
la scène. La colère de l'artiste fut certainement grande envers les plus
134 hautes institutions, comme le prouve la planche 74 *(¡Esto es lo peor!)*.
Un loup féroce, qui est en fait un ministre cynique, inscrit sur un par-
chemin la phrase de la fable de Giambattista Casti, publiée en 1802 et
tirée des *Animaux parlants* : «Misérable humanité, la faute est tienne.»
Pourtant Goya n'est pas un pessimiste, malgré le thème de la plan-
138 che 69 *(Nada, Ello dirá)*, où un cadavre sort de terre pour inscrire le
mot *Nada* (rien) alors que la Justice porte une balance aux fléaux in-
égaux. La planche 80 *(¿Si resucitará?)* montre la Vérité rayonnante, en-
tourée d'hommes bâillonnés et que des monstres tentent d'écraser à
coups de gourdins et de livres. Une planche additionnelle, non pu-
bliée par les membres de l'Académie de San Fernando, nous donne
la vraie réponse : la Vérité indique au paysan les bienfaits de la cul-
ture et de l'élevage (*Esto es lo verdadero*, pl. 82).

Goya publia de son vivant, en 1816, le recueil des trente-trois plan-
ches de la *Tauromachie*. Voulue comme une sorte d'historique et de
description des *suertes* (manœuvres), l'artiste y représente les *toreros* de
l'époque et relate les événements dramatiques qui se produisirent
139 alors dans l'arène. La mort de Pepe Illo est ainsi relatée avec un œil
de «reporter» (pl. 33). Toujours soucieux d'une composition efficace,
le peintre aragonais recherche l'effet direct plutôt que la description
141 d'un environnement précis (*Echan perros al toro*, pl. 25). Cette maîtrise
absolue de l'instant, Goya l'exerce sur la superbe planche 20, *Ligereza
140 y atrevimiento de Juanito Apiñani en la plaza de Madrid*. D'un seul bond à la
perche, le matador vole au-dessus du taureau qui s'élance. Picasso
saura s'en souvenir dans sa *Tauromachie*.

Les *Disparates* ou Proverbes furent réalisés entre 1816 et 1823. Leur
publication fut aussi très tardive (1864) par l'Académie San Fernando
et les titres des planches imposés alors de façon arbitraire, car Goya
n'avait laissé aucune indication précise. Le musée de Castres en dé-
tient le premier tirage, d'une qualité exceptionnelle. Rien n'est plus
énigmatique que ces compositions fantastiques, proches parfois des
Peintures Noires. Toutefois certaines sont intelligibles, par exemple la
planche 1 *(Disparate feminino)*, qui montre le jeu du pantin de chiffon

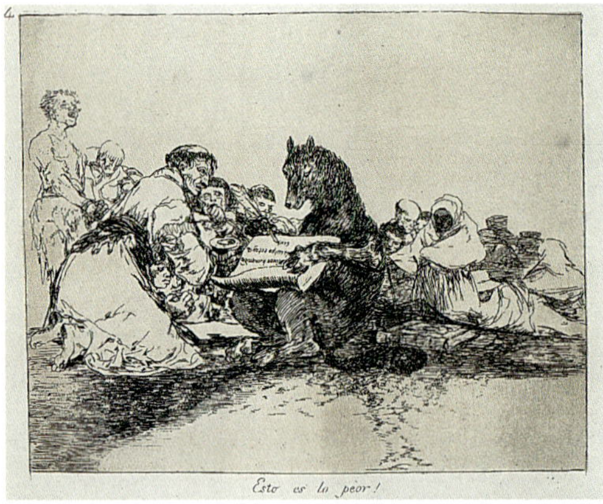

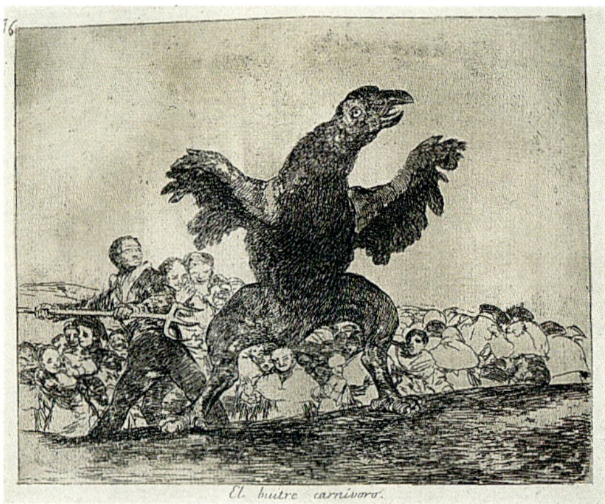

(134–138) Francisco Goya y Lucientes
Fuendetodos, 1746–Bordeaux, 1828
Désastres de la guerre, vers 1810–1820,
eau-forte et aquatinte,
4e tirage de 1906
Achat des Amis des musées
de Castres en 1980.

134 *¡Esto es lo peor!* (Ceci est le pire!)
Pl. 74, 13,8 x 18,8. Inv. 80–1–74.

135 *El buitre carnívoro*
(Le vautour carnivore)
Pl. 76, 17,5 x 22. Inv. 80–1–76.

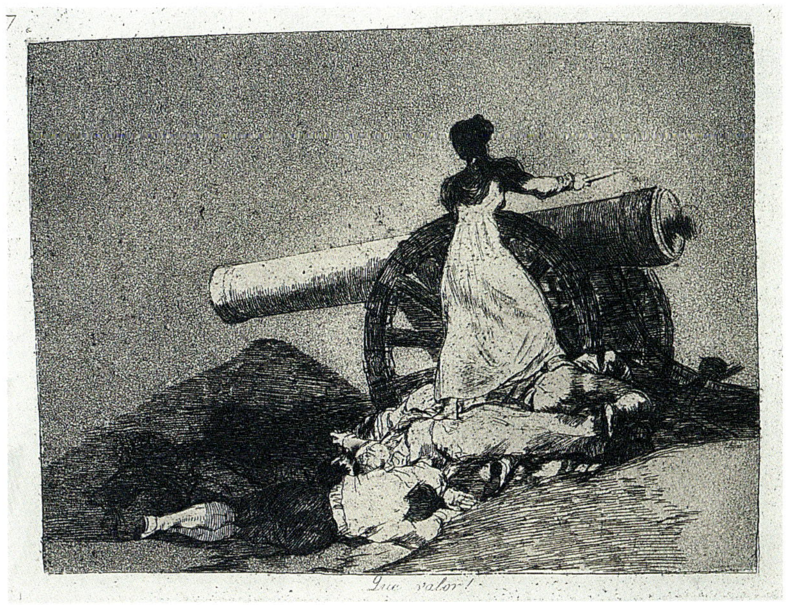

136 *¡Qué valor!* (Quel courage!)
Pl. 7, 13,6 x 18,7. Inv. 80–1–7.

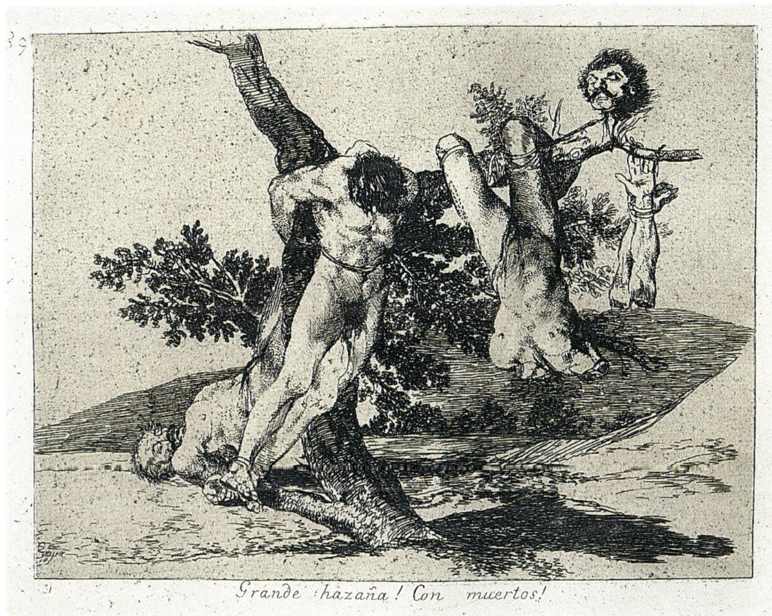

137 *¡Grande hazaña! ¡Con muertos!*
(Grand fait d'armes! Avec des morts!)
Pl. 39, 13,7 x 18,7. Inv. 80–1–39.

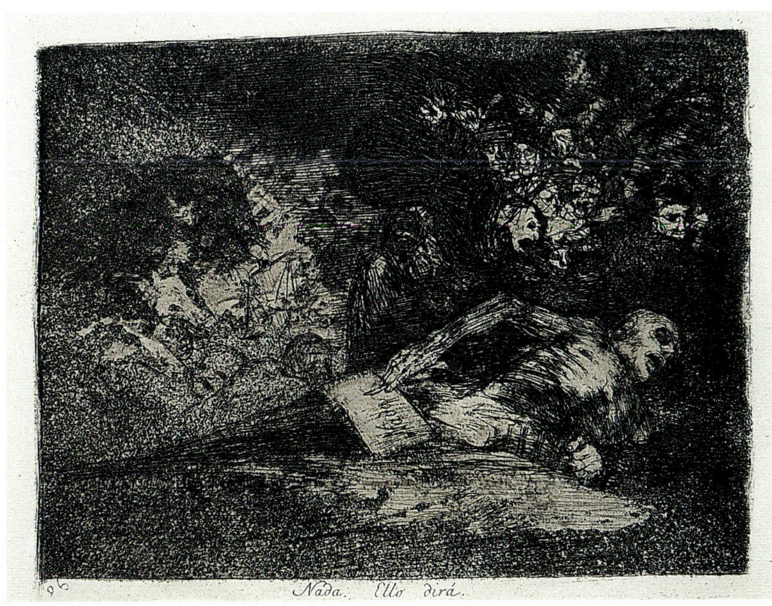

138 *Nada, Ello dirá*
(Rien, [le Temps] le dira)
Pl. 69, 14,4 x 19,6. Inv. 80–1–69.

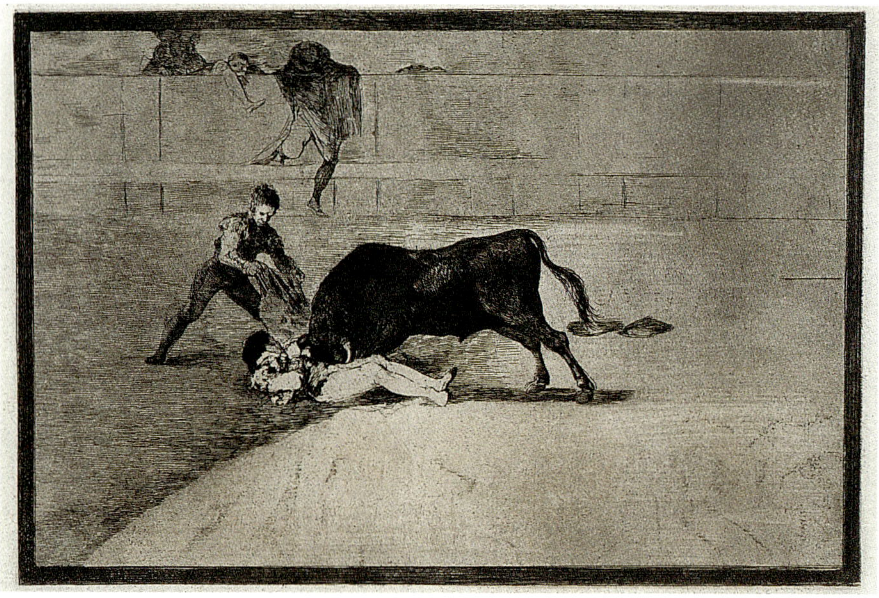

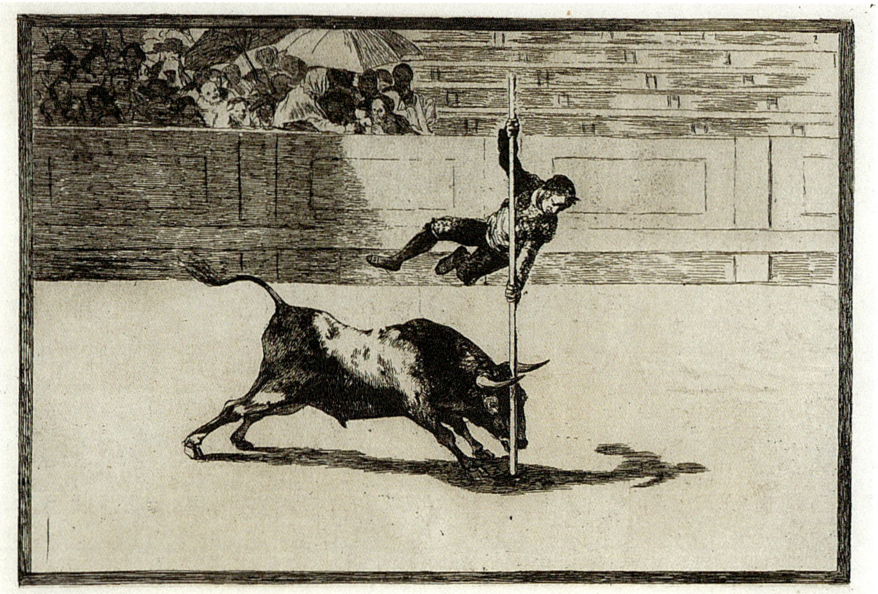

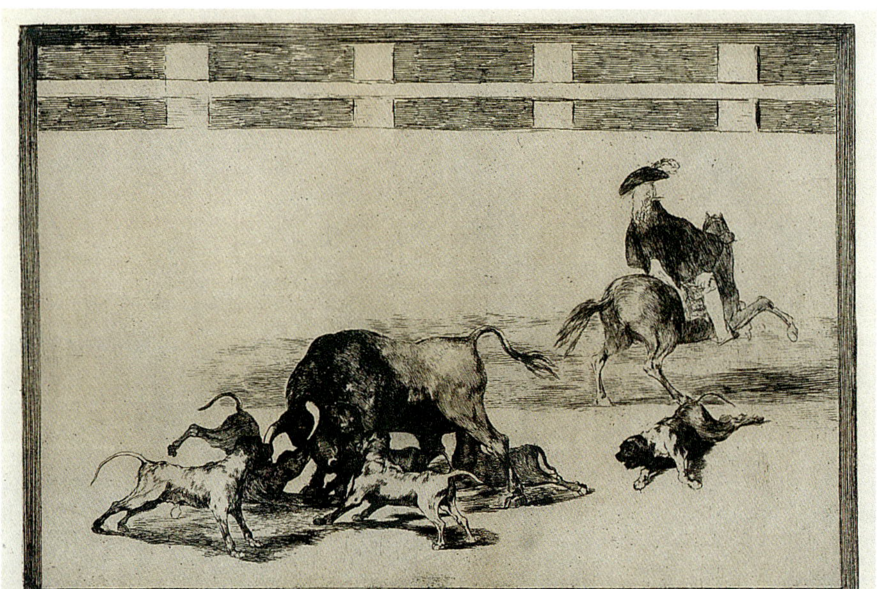

(139–141) Francisco Goya y Lucientes
Fuendetodos, 1746–Bordeaux, 1828
Tauromachie, 1816, 3e tirage de 1876.
Eau-forte et aquatinte, 25 x 35,1.
Achat de la Ville de Castres en 1972.

139 *La desgraciada muerte de Pepe Illo en la plaza de Madrid* (La mort malheureuse de Pepe Illo dans l'arène de Madrid)
Pl. 33. Inv. 72–1–33.

140 *Ligereza y atrevimiento de Juanito Apiñani en la plaza de Madrid* (Légèreté et audace de Juanito Apiñani dans l'arène de Madrid)
Pl. 20. Inv. 72–1–20.

141 *Echan perros al toro*
(Ils lâchent les chiens sur le taureau)
Pl. 25. Inv. 72–1–25.

ou *pelele*, manié par des femmes. Au fond du drap repose un âne, symbole de bêtise, alors que volent dans les airs des pantins habillés en militaires. La planche 10 *(Disparate desenfreno)* reprend une illustration de l'*Iconologia* de Cesare Ripa, recueil d'allégories édité en 1550. La jeune femme au sourire extatique, enlevée par un étalon, est le symbole du «fol désir», de la passion dévorante qui emporte les *143*

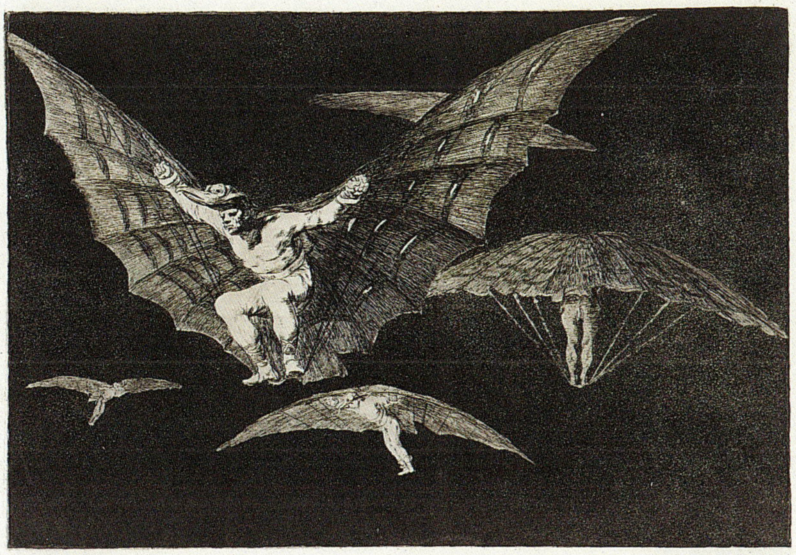

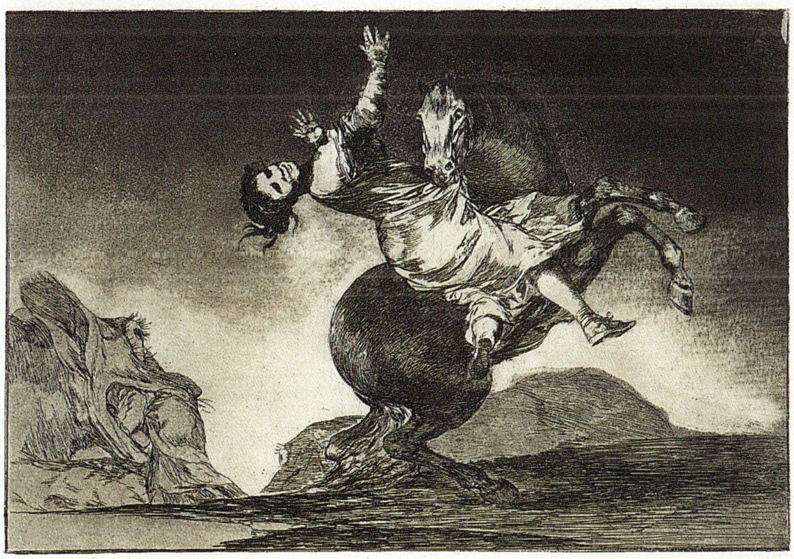

(142-143) Francisco Goya y Lucientes
Fuendetodos, 1746–Bordeaux, 1828
Disparates, 1816–1823.
Eau-forte et aquatinte, 1er tirage de 1864
Achat de la Ville de Castres en 1971.

142 *Manera de volar* (Façon de voler)
Pl. 13, 21,8 x 33. Inv. 71-1-13.

143 *Disparate desenfrenado* (Folie effrénée)
Pl. 10, 21,3 x 32. Inv. 71-1-10.

êtres humains. Au second plan, des rochers monstrueux avalent une femme. La planche 13 intitulée *Manera de volar* reste sans doute la plus étrange. Des hommes affublés d'ailes planent dans les airs, portant sur le crâne des têtes de rapace. Peut-être s'agit-il là de l'évocation des puissants qui volent dans les hauteurs pour s'abattre sur les faibles. *142*

Ainsi, par son amour de la vie, son indomptable énergie et sa lucidité, Goya nous donne-t-il jusqu'à la fin de son existence cette grande leçon de courage et de dignité humaine, servie par une technique admirable, digne de son maître Rembrandt.

Index

Les chiffres en italique renvoient aux illustrations

Bibliographie

Catalogues des collections du musée de Castres

Notice des tableaux exposés dans les deux salles de la Mairie de Castres (Tarn), Castres, 1866.

Catalogue des tableaux, statues et gravures exposés au musée de Castres, Castres, 1884[2]; 1887[3].

Catalogue raisonné du musée, Castres, 1911[4].

Guide sommaire du musée Goya, par L. Granier, 1952.

Guide sommaire du musée Goya et du musée Jaurès, par L. Granier, Castres, 1955.

Guide illustré du musée Goya, par G. Poulain, Castres, 1961[1]; 1964[2]; 1966[3].

Guide illustré du musée Goya, par R. Gaud, Castres, 1972[4]; 1975[5]; 1978[6]; 1981[7].

Petit album des collections du musée Goya, par J.-L. Augé, Castres, 1986; 1987; 1989.

Catalogues d'expositions du Musée Goya

Charles Blanc, 1948
Le maréchal de Ligonier, 1950
Le Catharisme, 1955
Lacordaire, 1961
Marcel Delaunay, 1961–1962
Jean Moulin, 1963
Marat, la médecine et la Révolution, 1966
Las Casas et le «Mémorial de Sainte-Hélène», 1967
L'Académie de Castres, 1970
Eugenio Lucas et les satellites de Goya, 1972
Les femmes peintres au XVIIIe siècle, 1973
Mariano Fortuny et ses amis français, 1974
Louis XVI et son temps, 1976
Salvador Dalí – Hommage à Goya, 1977
Georges Crouzat, sculpteur et modeleur, 1979
Martín Rico, 1979
Les techniques de la chasse à travers les âges, 1984
Picasso chez Goya, 1987
Les élèves espagnols de David, 1989
La France et la conquête de l'Amérique, 1992
Marcel Briguiboul, 1994
Jumel de Noireterre, 1996
Les peintres français et l'Espagne de Delacroix à Manet, 1997

Bibliographie sommaire sur l'art hispanique

Chandler Rathfon Post, *A history of Spanish painting*, 14 vol., 1930–1966.
Tomas Harris, *Goya engravings and lithographs*, Oxford, 1964, 2 vol.
Juliet Bareau-Wilson, *Goya's prints. The Tomas Harris collection in the British Museum*, 1981.
Jeannine Baticle, *Goya d'or et de sang*, Gallimard-Découvertes, Paris, 1986.
Enrique Valdivieso, *Historia de la pintura sevillana*, ediciones Guadalquivir, Sevilla, 1986.
José Gudiol et Santiago Alcolea i Blanch, *Pintura gótica catalana*, Barcelona, éditions Poligrafa S.A., 1987.
Carlos Reyero, *La Pintura de Historia en España. Esplendor de un género en el siglo XIX*, Madrid, 1989.
Joan Ainaud de Lasarte, *La peinture catalane: de la splendeur gothique au Baroque*, éditions Skira, Genève, 1990.
Jean-Louis Augé (dir.), *Le Néoclassicisme en Espagne*, Paris et Castres, éditions de l'Albaron et Musée Goya, 1991.
Jeannine Baticle, *Goya*, Paris, Fayard, 1992.
Alfonso Emilio Pérez Sánchez, *Pintura barroca en España, 1600–1700*, ediciones Arte Cátedra, 1992.
Jean-Louis Augé, *Le Christ servi par les anges de Francisco Pacheco*, série «Regard sur ...» nº 1, Castres, Musée Goya, 1993.
Jeannine Baticle, Jean-Louis Augé, *Les Goya de Castres*, série «Regard sur ...» nº 2, Castres, Musée Goya, 1994.
Museo del Prado, *El cuaderno italiano (1770–1786). Los orígenes del arte de Goya*, 1994.
Jean-Louis Augé (dir.), *Image du Nouveau Monde en France*, Paris, éditions de la Martinière, 1995.

Table des matières

Musées et Monuments de France
Edité avec le concours de la Fondation Paribas

Déjà parus

Amiens	Le Musée de Picardie
Antibes	Le Musée Picasso
Bayonne	Le Musée Bonnat
Besançon	Le Musée des Beaux-Arts et d'Archéologie
Bordeaux	Le Musée d'Aquitaine
Caen	Le Musée des Beaux-Arts
Cambrai	Le Musée de Cambrai
Colmar	Le Musée d'Unterlinden
Dijon	Le Musée des Beaux-Arts
Ecouen	Le Musée national de la Renaissance
Grenoble	Le Musée de Peinture et de Sculpture
Limoges	Le Musée national Adrien Dubouché
Lyon	Le Musée des Beaux-Arts
Lyon	Le Musée des Tissus
Montpellier	Le Musée Fabre
Mulhouse	Le Musée national de l'Automobile (Collection Schlumpf)
Nancy	Le Musée des Beaux-Arts
Nantes	Le Musée des Beaux-Arts
Orléans	Le Musée des Beaux-Arts
Paris	Bibliothèque Nationale
Paris	Le Musée Carnavalet
Paris	Le Musée Gustave Moreau
Paris	Le Musée national d'Art moderne Cabinet d'Art graphique
Paris	Le Musée national d'Art moderne Peintures et sculptures
Paris	Le Musée national du Moyen Age
Paris	Le Musée Nissim de Camondo
Quimper	Le Musée des Beaux-Arts
Rouen	Le Musée des Beaux-Arts
Saint-Etienne	Le Musée d'Art moderne
Saint-Tropez	Le Musée de l'Annonciade
Versailles	Le Musée national du Château

Crédits photographiques
Hugo Maertens, Bruges
Musée Goya, Castres – Photo Jean-Claude Ouradou

Mise en pages
Stéphan Alberty, Bruxelles

Production
Ludion, Gand

Jean-Jacques Goron
41, Avenue de l'Opéra
75002 Paris
Tél. : 01 42 98 16 04
Fax : 01 42 98 14 11

ISBN 2-7118-3600-2
Dépôt légal : septembre 1997